JN438997

# 동화 문학사

# 동화문학사

1판 1쇄 찍은날 2018년 1월 20일
1판 1쇄 펴낸날 2018년 1월 25일

지은이 이성훈
펴낸이 민상기

펴낸곳 건국대학교출판부
등록 / 제 4-3 호(1971. 6. 21.)
주소 / 05029, 서울특별시 광진구 능동로 120 건국대학교
전화 / (02) 450-3891 ~ 3
팩스 / (02) 457-7202
홈페이지 / http://press.konkuk.ac.kr
e-mail / press@konkuk.ac.kr

책임편집 박명희

찍은곳 ㈜동화인쇄공사

정가 15,000원



**ISBN 978-89-7107-748-1 03800**

이 도서의 국립중앙도서관 출판예정도서목록(CIP)은 서지정보유통지원시스템 홈페이지(http://seoji.nl.go.kr)와 국가자료공동목록시스템(http://www.nl.go.kr/kolisnet)에서 이용하실 수 있습니다.(CIP제어번호: CIP2017035598)

# 동 화
# 문학사

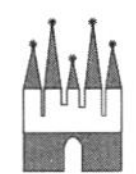

이성훈 저

건국대학교출판부

# 머리말

동화에 대한 문학사적 고찰을 위해 이 책이 나왔다. 동화가 아동문학의 상위개념임에도 불구하고, 아동문학사에 대한 연구는 다양하게 이루어졌지만, 동화에 대한 문학사적 연구는 미미한 편이다. 따라서 동화연구에 반평생을 바친 저자의 역량으로 『동화문학사』를 출판하게 되었다.

'동화는 언제부터 시작되었을까?'라는 의문을 스스로 품으면서 자료를 조사하고 집필을 하는 동안 동화는 태초부터 있었다는 결론에 도달했다. 왜냐하면 인간과 삼라만상이 이 세상에 창조된 이야기가 바로 동화이기 때문이다. 그러나 동화라는 장르를 독립해서 문학사로 엮은 책은 이번이 처음이다. 그만큼 동화에 대한 학술적인 연구가 그전에는 없었고 20세기에 와서야 활발해졌기 때문이다. 사실 아동문학의 80% 이상이 동화이다. 동화를 중심으로 동화문학사를 기술하기 위해 기존 문학사 틀을 활용하여 서술했다. 그래야 독자들이 보다 쉽게 동화문학사에 접근할 수 있으며, 대부분의 동화작가들이 동화만을 창작한 게 아니라 시·소설·드라마들과 함께 창작활동을 했기 때문이다.

어쨌든 동화라는 카테고리에서 문학사적으로 다뤄야 할 시대에 따른 구분이나 해당 작가와 작품에 대한 나열로 한 권의 동화문학사를 엮을 수 있어서 다행이다. 아무쪼록 동화에 대한 이해와 지식을 넓히는 귀한 책으로 본 저서가 활용되길 기대한다.

끝으로 동화연구에 지속적인 관심과 출판에 도움을 주신 건국대학교출판부 관계자 여러분께 심심한 감사의 마음을 전한다.

2018년 1월

이 성 훈

# 목 차

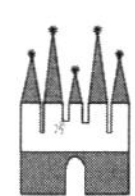

# Ⅰ.

## 고대

(750년 이전)

# I.

# 고대
## (750년 이전)

'태초에 동화가 있었다.'라는 말에 어울리게 동화는 인류와 함께 시작된 문학 장르이다. 구약성경 창세기에 나오는 '천지창조' 이야기는 농화의 효시라고 해도 과언이 아니다. 그렇게 인간이 글자가 없던 시대에 말로 전해 내려오던 이야기를 글로 쓰기 시작한 이후 태초의 이야기가 동화로 승화되어 오늘날까지 전해진 것이다. 그래서 동화는 끝없는 이야기라고도 할 수 있다.

고대古代는 '먼 옛날'을 의미한다. 대부분의 전래동화는 "옛날 옛날에…"로 이야기를 시작한다. 따라서 동화가 고대부터 내려온 이야기라는 점이 틀린 말이 아니다. 문학사적으로 고대는 원시시대와 중세 사이, 곧 그리스 로마 시대를 말한다. 이 시대의 대표적 이야기는 신화이다.

# 1. 신화

신화神話는 글자 그대로 신의 이야기이다. 그리스 로마 시대는 수많은 신들이 존재했고 인간들처럼 사랑, 권력, 미움, 질투, 미美, 부富, 이별, 만남 등이 신들의 목표였다. 다시 말해, 고대 신화는 인간과 격리된 그들만의 삶이 아니라 인간과 함께한 하나의 세계에서의 삶이었다. 그렇게 하늘은 우라노스(우라누스)가, 땅은 가이아(테라)가, 바다는 포세이돈(넵튠)이, 지하세계는 하데스(플루토)가 다스리고 각각 자신의 영역이 있으면서도 서로 유기적인 관계에서 이야기가 서술되는 것이다. 다음은 고대 신들의 이름과 역할이다.

① 신들의 왕: 제우스(주피터), ② 미의 여신: 아프로디테(비너스), ③ 사랑의 신: 에로스(큐피드), ④ 지혜의 여신: 아테나(미네르바), ⑤ 바다의 왕: 포세이돈(넵튠), ⑥ 지하세계의 왕: 하데스(플루토), ⑦ 술(도취)의 신: 디오니소스(바커스), ⑧ 태양의 신: 아폴론(아폴로), ⑨ 달의 여신: 셀레네(루나), ⑩ 사냥의 여신: 아르테미스(다이애나), ⑪ 전쟁의 신: 아레스(마스), ⑫ 전령의 신: 헤르메스(머큐리), ⑬ 승리의 여신: 니케(빅토리아), ⑭ 불의 신: 헤파이스토스(벌컨), ⑮ 풍요의 여신: 레아(시빌리), ⑯ 예술의 여신: 무사이(뮤즈), ⑰ 땅의 여신: 가이아(테라), ⑱ 영혼의 신: 프시케(사이키), ⑲ 새벽의 신: 에오스(오로라), ⑳ 농경의 신: 크로노스(새턴) 등등.

이와 같은 신들은 신들끼리만이 아니라 인간들과도 사랑을 나눈다. 특히 신들이 매우 아름다운 인간 여자나 남자를 만나 때로는 반 강제적으로 때로는 진정한 사랑으로 반신반인半神半人의 불사조 영웅을 창조하는 이야기는 동화 같은 경이로운 이야기이다. 그렇게 페르세우스, 아킬레스, 헤라클레스, 오르페우스 등이 신과 인간이 결합하여 태어난 고대 신화의 주인공들이다.

더욱이 신들이 올림포스라는 신전神殿에 모여 제우스의 주도하에 회의도 하고 정치를 하는 모습은 인간의 세계와 별로 다르지 않다. 즉 하늘과 땅과 바다의 삼차원 세계가 올림포스라는 일차원의 공간에서 하나가 되어 유기적으로 이야기가 전개되는 것이다.

여기서 삼차원의 세계가 일차원의 공간에서 잘 묘사된 신화 「오르페우스와 에우리디케」의 이야기를 알아보자.

오르페우스는 아폴론과 칼리오페 사이에서 태어난 아들이다. 그는 아버지에게서는 리라 연주 재능을, 어머니에게서는 아름다운 목소리를 물려받았다. 그가 리라를 연주하고 노래를 부르면 인간들은 물론이거니와 동식물들 심지어 무생물들까지도 음악에 취해 세상의 모든 고통과 슬픔을 잊어버리거나, 움쩍달싹 움직이지 못 하곤 했다.

오르페우스는 숲의 요정 에우리디케와 사랑에 빠져 두 사람은 결혼하게 된다. 그러나 결혼식 날 결혼의 신 히메나이오스Hymenaios가 들고 있던 축복의 횃불이 꺼져 피어오른 연기 때문에 하객들이 기침에 시달리는 불길한 징조가 일어난다.

이러한 불길한 징조는 곧 현실로 나타난다. 결혼한 지 얼마 되지 않은 어느 날 에우리디케는 들핀으로 나들이 나갔다가 양치기 아리스다이오스Aristaios와 마주친다. 아리스타이오스는 에우리디케의 미모에 매료되어 그녀에게 덤벼든다. 겁에 질린 에우리디케는 필사적으로 달아나다가 풀밭에 숨어 있던 독사에 발을 물려 즉사하고 만다.[1)]

신혼의 단꿈에 젖어 있던 오르페우스는 졸지에 찾아든 사랑하는 아내를 잃은 엄청난 비극으로 비탄에 빠진다. 그는 리라를 연주하면서 슬픔을 달래보려 했지만 소용없는 일이었다. 마침내 그는 저승 세계로 가서 사랑하는 아내를 되찾아오기로 작심한다. 하지만 살아 있는 몸으로 저승 세계를 찾아가는 것은 불가능한 일이다. 그러나 산천초목까지 감동시키는 오르페우스의 음악이 이를 가능케 한다. 그는 저승으로 가는 길목을 지키는 뱃사공 카론과 삼두견 케르베로스를 리라 연주로 제압하고 마침내 저승의 주인인 하데스와 페르세포네 앞에 서게 된다. 여기서 그는 아름다운 리라 반주에 맞춰 아내를 돌려달라는 노래를 부른다.

오르페우스의 아름답고 구슬픈 노래는 저승의 망령들을 감동시키기에 충분

1) http://100.daum.net/encyclopedia

했다. 끝없는 갈증에 시달리는 탄탈로스Tantalos는 물을 마시려는 행동을 멈추었으며, 익시온Ixion의 불 수레도 멈추었다.

끊임없이 물을 붓고 있던 다나오스Danaos의 딸들은 항아리에 물을 붓는 일을 멈추었으며, 시시포스Sisyphos도 굴리던 바위를 멈춰 세우고 리라 소리에 귀를 기울였다.

염라대왕 하데스와 그의 아내 페르세포네 또한 무한한 감동을 받고 오르페우스의 청을 들어주기로 한다. 그런데 한 가지 조건이 있다. 에우리디케가 그를 뒤따라가게 될 텐데, 그녀가 저승을 완전히 벗어나기 전까지 오르페우스가 절대 뒤를 돌아봐서는 안 된다는 것이다. 그리하여 오르페우스가 앞서 가고 에우리디케가 뒤따르면서 저승에서 이승으로 나오려는 행동이 시작된다. 오르페우스는 인내심을 갖고 어두운 저승길을 앞장서 걷는다. 그러나 저승 세계를 벗어나기 직전 혹시나 하는 마음으로 뒤를 돌아보고 만다. 그 순간 에우리디케는 애처로운 눈빛을 남기며 저승 세계로 다시 끌려 들어간다. 오르페우스는 사라져 가는 아내를 잡으려고 팔을 내밀었으나 캄캄한 허공만 움켜쥘 뿐이었다.

에우리디케와 또다시 헤어진 오르페우스는 혼신의 노력으로 리라를 연주하면서 저승문을 두드리지만, 한번 닫힌 문은 두 번 다시 그를 받아들이지 않는다. 실의와 비통에 빠진 오르페우스는 세상과 등진 채 은둔의 삶을 택한다. 이후 수많은 여인들이 그의 마음을 사로잡으려 애를 태우지만, 에우리디케만을 마음에 담고 있는 오르페우스는 냉랭하게 외면한다.

한번은 디오니소스 제전에 참여한 트라키아의 여인들이 실의에 잠긴 오르페우스를 발견하고 분노하여 돌을 집어 던진다. 그러나 돌들은 그가 연주하는 리라 소리에 힘을 잃고 발밑에 떨어져 버린다. 그러자 여인들은 소리를 지르고 악을 써 음악 소리를 잠재우면서 돌을 계속 던진다. 오르페우스는 날아온 무수한 돌에 몸이 찢겨 피투성이가 되어 쓰러진다. 광기에 사로잡힌 여인들은 그의 사지를 갈기갈기 찢고 그의 머리를 리라에 박아 에브로스 강에 던져 버린다.

오르페우스의 머리가 박힌 리라는 강물에 떠내려가면서도 슬픈 음악을 연주한다. 무사이 여신들은 찢어진 그의 시신을 수습하여 장례를 치르고, 제우스는 오르페우스의 리라를 하늘의 별자리로 박아 준다. 망령이 된 오르페우스는 저승으로 내려가 에우리디케와 다시 만나게 된다. 그들은 이승에서 못 다 이룬 신혼생활을 엘리시움에서 행복하게 보내고 있다.[2)]

---

2) http://100.daum.net/encyclopedia

「오르페우스와 에우리디케」의 이야기는 아름답고 사랑스런 러브스토리이다. 신화의 두 주인공 오르페우스와 에우리디케는 동화의 주인공처럼 절대미를 가진 격리된 존재들이다. 그래서 두 사람의 사랑은 주변의 가해자와 조력자에 의해 죽음과 이별과 재회, 또다시 이별과 죽음과 재회의 영적 해피엔딩으로 끝을 맺는다. 전통적인 동화의 행복한 결말답게 슬픈 사랑의 이야기가 사후세계의 행복한 결말로 끝나는 것이다. 여기서 놓치지 말아야 할 것은 지상세계와 지하세계의 이동이 하나의 공간인 양 그리 어렵지 않게 오가는 장면이다. 또한 이승과 저승에 대한 구분이 지리적으로는 명백히 구분되지만 정신적으로는 하나의 공간처럼 느껴진다는 점이다. 그래서 신화는 동화의 토대土臺이며, 다양한 신화가 동화로 재창작되는 현상이 일어나는 것이다.

## 2. 이솝 우화

『이솝 우화』는 이솝이 쓴 동물이야기이다. 이솝은 아이소포스Aesopos(B.C. 620~B.C. 560)라는 그리스의 우화 작가이며, 이솝Aesop은 그의 영어명이다. 기원전 6세기에 아이소포스라는 노예가 살았고 우화를 만들었으며, 노예 신분에서 해방된 뒤에 비명횡사를 했다는 것은 사실로 보인다. 하지만 이집트의 여신 이시스의 숭배와 그리스의 현자 이야기, 바빌로니아의 『아히카르 이야기』 등의 영향을 받아 생긴 것으로 보이는 『아이소포스 전』이라는 책은 거의 옛날이야기나 설화에 속한다. 그 책에 의하면 아이소포스는 외모가 흉측한 벙어리였는데, 입을 열고나서부터는 그 뛰어난 기지로 주인을 골탕 먹이기도

하고, 도와주기도 했다고 한다. 또한 그는 자유로운 몸이 된 뒤에는 리디아 왕이나 바빌로니아 왕 밑에서 일하기도 하고, 적국에서 낸 갖가지 수수께끼를 풀어서 현자로 칭송을 받기도 했다고 한다. 그 가운데 술에 취한 주인이 큰 바다를 송두리째 마셔 버리겠다고 내기를 하여 위기에 처했을 때 바다를 마시겠으니 강물이 흘러 들어오는 것을 막아 달라고 하라고 주인에게 귀띔해 주었다는 이야기는 유명하다.[3)]

『이솝 우화』 또는 『아이소포스 우화집』은 정해진 형태가 있는 것은 아니다. 아이소포스라고 하는 인물이 기원전 6세기에 그리스에 실재했고, 사람들에게 재미있는 우화를 들려주었다는 것은 사실이지만, 그 이전에도 이와 비슷한 동물우화動物寓話가 존재하고 있었고, 책을 남기지 않은 소크라테스도 별로 재미있지 않은 우화를 만들었다가 죽음을 기다리는 옥중에서 그것을 시로 개작했다는 이야기도 전해지고 있다. 그러다가 기원전 600년 무렵 아이소포스의 이름으로 수집되고 편찬된 것이 제대로 격식을 갖춘 최초의 우화 작품이며, 그 이후 라틴어를 비롯한 각국의 언어로 번역되는 과정에서 깎이거나 덧붙여지면서 지금의 이솝 이야기가 만들어지게 되었다.

아이소포스가 노예였다는 점 때문에 이솝 우화집도 일하는 사람의 처세술을 알려 주는 것으로 간주된다. '분수를 알아라', '욕심 부리지 마라', '악이 벌을 받지 않는다 해도 하는 수 없다' 등과 같은 처세훈을 다룬 이야기가 다수이다. 인간의 삶 속에 다양한 형태로 존재하는 성악설과 나쁜 본성은 결코 고쳐지지 않는다는 사상을 가진 민중이 아이소포스의 말투를 빌려 이야기한 것이 이 우화집이라고 해도 과언이 아니다.

『이솝 우화』는 동물들을 주인공으로 한 짧은 내용이 대부분이지만, 인간이 주인공으로 등장하는 이야기도 많다. 우화는 읽고 나면 교훈을 얻을 수 있는 내용으로 되어 있다. 실제로 출간된 『이솝 우화』에는 대부분 우화의 끝에 편집자들이 덧붙인 해당 우화의 교훈에 대해 설명하는 코멘트가 달려 있다.

---

3) http://100.daum.net/encyclopedia

『이솝 우화』에서 의도하는 교훈은 단지 착하고 바르게 살라는 식의 도덕적인 교훈에 국한되지 않으며, 세상을 사는 데 필요한 처세술에 대한 이야기가 많다. 『이솝 우화』의 대표적인 작품들을 소개하면 다음과 같다.

① 「값진 유산」

한 농부가 늙어 죽게 되어서 아들들에게 "내가 남기고 간 것을 너희들은 포도밭에서 발견하게 될 것이다."라는 유언을 남기고 며칠 뒤에 숨을 거두었다. 아들들은 아버지의 장례를 마친 뒤에 아버지가 남겼다는 것이 무엇인지 포도밭을 열심히 파헤쳐 보았다. 물론 그들은 금은보화 같은 보물을 떠올린 것이었다. 그런데 아무리 파고 파도 보물은 나오지 않았고, 아들들은 실망했다. 그러나 이 철저한 밭갈이로 튼튼해진 포도나무로부터 전례가 없을 만큼 훌륭한 포도송이를 얻었다. 이 젊은 농부들의 고생에 대해 지나칠 정도로 보답해 주었던 것이다. 근면 그 자체가 보물이라는 교훈을 주고 있다.

② 「개미가 된 욕심쟁이」

어느 욕심쟁이 농부가 있었다. 농부는 열심히 일을 했지만, 그럼에도 불구하고 수확량이 이웃집의 농부영감에 비해서 턱없이 부족했던 터라 매우 샘을 냈다. 욕심쟁이 농부는 도둑질을 하기로 결심하고 이웃집 농부의 창고를 몽땅 털었다. 하지만 그래도 만족하지 못한 욕심쟁이 농부는 다른 농부들의 곡식도 훔치기로 결심하자 이를 하늘에서 본 제우스는 욕심쟁이 농부를 개미로 만들었다. 그 뒤 욕심쟁이 농부는 자기가 개미가 되었다는 것을 알았음에도 불구하고 잘못을 뉘우치기는커녕 계속해서 도둑질을 했다. 이 때문에 개미들이 지금도 곡식을 옮기는 것이 다 이 욕심쟁이에게 보고 배워서 그런 거라고 한다. 물욕은 성욕처럼 인간의 본능적 욕구이기 때문에 비록 벌을 받아 개미가 되었을지라도 계속 욕심을 내는 것이다.

③ 「거북이의 집」

어느 날 제우스가 생일을 맞아서 모든 동물들이 축하를 해 주러 왔는데,

거북이만은 안 오는 것이었다. 그래서 제우스는 거북이를 찾아가서 왜 안 오냐고 물었다. 그러자 거북이가 "집이 좋으니까요. 집만큼 좋은 곳이 어디 있어요?"라고 대답했다. 이에 제우스는 화가 나서 거북이가 어디를 가든지 등에 집을 지고 다니게 만들었다. 그래서 거북이는 오늘날에도 어딜 가든지 간에 등에 집을 지고 다니게 된 것이다.

④「거짓말은 들키기 마련」

오랫동안 배를 타고 항해를 해야 하는 선원들은 무료함을 달래기 위해 원숭이나 다른 동물들을 배에 태우고 다니곤 했는데, 그리스를 향해 가던 어느 날 심한 폭풍우를 만나 배가 난파되었다. 물에 빠진 한 원숭이가 바닷가에서 허우적거리고 있을 때 마침 지나가던 돌고래가 원숭이를 인간으로 착각하고 구해 주었다. 돌고래는 원숭이에게 아테네로 가느냐고 물었다. 원숭이는 그렇다고 했고 돌고래는 피레우스 항구를 아느냐고 물었더니 원숭이가 피레우스를 인간의 이름으로 착각하고 자기와 친하다느니 하면서 온갖 거짓말을 하자, 이에 제대로 삐친 돌고래는 원숭이를 그냥 바다에 빠뜨려 익사하도록 방치하고 떠나 버렸다. 거짓말쟁이는 사회에서 매장당하기 십상이라는 교훈을 주고 있다.

⑤「고양이는 역시 고양이」

평소 눈이 상당히 높은 어여쁜 고양이 한 마리가 있었다. 많은 고양이들이 그녀에게 프러포즈를 하였으나, 그녀는 몽땅 거절하기 일쑤였다. 그러던 어느 날, 고양이는 길을 걷다가 미청년 한 명을 보게 되었고 바로 사랑에 빠졌다. 그리고 여신 아프로디테에게 가서 자기를 사람으로 만들어 달라고 했고, 고양이는 바로 여자가 되었다. 아가씨가 된 고양이는 그 미청년을 찾아가서 프러포즈를 했고, 결혼까지 하게 되었다. 며칠 뒤에 아프로디테는 완전히 사람으로 됐는지 알아보기 위해 쥐를 그 고양이가 사는 방으로 보냈는데, 글쎄 이 고양이가 본색을 드러내며 쥐를 잡아먹으려고 이리저리 날뛰는 것이었다. 이 장면을 보고 깜짝 놀란 아프로디테는 아가씨를 도로 고양이로 되돌려 버렸고, 다시 고양이로 돌아온 것을 안 고양이는 눈물을 펑펑 흘렸다. 얌전한 고양이가 부뚜막에 먼저 오른다고, 자기 이익을 다 챙기려다간 손해 본다는 교훈을 주고 있다.

⑥ 「구두쇠」

재산이 많은 한 구두쇠가 있었다. 구두쇠는 자신의 재산을 누가 훔쳐가지 않을까 항상 걱정하며 살았다. 그러던 어느 날 구두쇠는 자신의 모든 재산을 금으로 바꾸고 그 금들을 금괴로 만들어 자신만이 아는 확실한 장소에 묻어 두었다. 그렇게 하면 자신의 재산을 누군가에게 도둑맞을 염려는 없다고 생각한 거다. 구두쇠는 그 금괴를 마치 자신의 심장과 영혼인 것처럼 소중히 여겼다. 구두쇠는 날마다 자신이 묻어둔 보물이 있는 곳에 가서 흡족한 듯이 금괴를 바라보았다. 그런데 구두쇠의 행동을 수상하게 여긴 한 사람이 구두쇠의 뒤를 몰래 따라가서 땅속에서 무엇인가를 꺼내 보고 다시 묻는 것을 보게 되었다. 그 사람은 그날 밤 그곳의 땅을 파 보았다. 그러자 그곳에서 많은 금괴가 나왔고 그 사람은 금괴를 훔쳐 달아났다. 다음 날 구두쇠는 금괴가 없어진 사실을 알고는 자신의 머리를 쥐어뜯으며 울부짖었다. 마침 그곳을 지나가던 이웃이 슬프게 울고 있는 구두쇠를 발견하고 그 이유를 물었다. 자초지종을 모두 듣고 난 이웃은 구두쇠에게 말했다. "그런 일로 절망하지 마세요. 당신이 금괴를 가지고 있었을 때에도 진짜로 가지고 있었다고 할 수는 없습니다. 이제 돌멩이를 묻어 놓고 금괴라고 생각하세요. 당신이 금덩이를 묻어 놓고 사용하지 않는 것은 돌멩이를 묻어 놓은 것과 같으니까요." 재물이 아무리 많더라도 적절하게 사용하지 않고 모아두기만 한다면 그 재물은 없는 것과 같다는 교훈을 주고 있다.

⑦ 「그림자」

어느 날 저녁, 늑대 한 마리가 어슬렁거리고 있었다. 저녁 무렵 해가 지느라 늑대의 그림자가 길게 늘어졌다. 그 그림자를 보고 늑대는 자기가 왕이라고 생각하며 "나는 왕이다!"라고 숲을 향해 외쳤다. 그러자 이 소리를 들은 사자가 나타나서 늑대를 마구 물어뜯었다. 늑대는 사자에게 용서를 빌면서 이렇게 한탄했다. "그림자가 아니라 진짜 내 모습을 봤어야 했는데…." 망상 때문에 현실을 망각하지는 말라는 교훈을 주고 있다.

⑧「꿀벌과 제우스」

사람들이 꿀을 자꾸 가져가는 것에 대해 불만을 가졌던 꿀벌들이 있었다. 결국 이들은 더는 견딜 수가 없어서 제우스에게 가서 아주 무서운 독침을 달라고 요구했다. 그러자 제우스는 그들의 소원대로 아주 무서운 독침을 주면서 이렇게 말했다. "그 독침을 사용하는 순간 너희들도 같이 죽게 될 것이다." 결국 꿀벌들은 이 소원을 후회했다. 나쁜 소원을 빌면 벌을 받는다는 것이 이 이야기의 교훈이다.

⑨「농부와 독수리」

어떤 농부가 길을 걷다가 덫에 걸린 독수리를 발견하고 덫을 풀어서 독수리의 목숨을 구해 주었다. 농부에 의해 살아난 독수리는 나중에 꼭 은혜를 갚기로 했다. 그리고 며칠 뒤, 그 은혜를 갚게 될 좋은 기회가 포착됐는데, 지친 농부가 담벼락에 기대서 잠을 자는 모습을 발견한 것이다. 그 모습을 본 독수리는 농부의 모자를 낚아채서 날아갔다. 이를 본 농부는 불같이 화를 내며 쫓아가자 독수리는 다시 농부에게 모자를 떨어뜨려서 돌려주었다. 모자를 집어든 뒤 농부가 아까 그 담벼락 쪽으로 다시 가 보니까 담벼락이 다 무너져 내려앉아 있었다. 그제야 농부는 독수리가 자신의 목숨을 구하기 위해 그랬다는 것을 알고 독수리에게 고마워했다. 은혜를 베풀면 은혜를 받는다는 보은담이다.

⑩「늑대의 흉계」

사자가 병이 들어서 모든 동물들이 사자의 동굴로 병문안을 왔는데, 유독 여우만은 오지 않는 것이었다. 그러자 늑대는 지금이 기회라고 생각하고 여우의 온갖 잘못들을 미주알고주알 거짓으로 꾸며 고해바쳤다. 바로 이때 여우가 등장했고 사자는 여우를 보자마자 불같이 화를 냈다. 여우는 변명할 기회를 달라고 한 뒤에 사자에게 이렇게 말했다. "제가 어떻게 당신을 해칠 생각을 하겠습니까? 저는 그동안 유명한 의사를 찾아다니며 당신의 병을 고치려고 하고 있었습니다."라고 하자 사자는 그것이 무엇이냐고 물었고, 여우는 "늑대의 가죽을 벗겨서 아픈 곳에 붙이면 됩니다."라고 말했다. 결국 늑대는 이 한마디로 인하여 목숨을 잃었으며, 그다음, 여우는 이렇게 말했다. "남에게 고자질하여 악의를 갖게 하는 자는 벌을 받아 마땅하다." 남을 해치려는 자는 결국 자신에게 화가 미친다는 교훈이다.

⑪ 「당나귀의 꾀」

어느 당나귀가 소금 짐을 지고 길을 걷다가 그만 발을 헛디뎌 옆의 시냇가에 빠졌는데 다시 나와서 걷게 되었을 때 물에 의해 소금이 몽땅 녹아 짐이 가벼워졌음을 알고 무척 기뻤다. 그래서 당나귀는 다음에도 일부러 물에 빠지기로 결심했다. 며칠 뒤에 짐을 지고 가게 되었고 다시 시냇가가 보이자 이번에도 전과 똑같이 일부러 물에 빠졌는데, 이번엔 소금 짐이 아닌 솜뭉치를 실었다는 것을 당나귀는 몰랐고, 물에 의해 솜뭉치가 더 무거워진 바람에 결국 당나귀는 자기 꾀에 자기가 넘어가 몇 배로 고생했다. 사필귀정事必歸正의 교훈담이다.

⑫ 「독수리와 쇠똥구리」

어느 날 독수리에게 잡아먹히게 된 토끼가 쇠똥구리에게 도움을 청했다. 쇠똥구리는 독수리에게 토끼를 살려 주라고 했으나, 독수리는 무시하고 토끼를 데려가 잡아먹었다. 이에 앙심을 품은 쇠똥구리는 독수리가 어디에다 알을 까나 지켜본 뒤 알을 까는 족족 지상으로 내려뜨려서 깨뜨렸다. 이 때문에 독수리는 제우스에게 알을 보살펴 달라고 하고 제우스의 무릎 위에다 알을 까자, 쇠똥구리가 자기가 뭉친 쇠똥을 제우스의 무릎 위에 던졌고, 제우스는 똥을 치우기 위해 옷을 흔들어서 치웠는데, 그만 그 과정에서 독수리의 알들이 다 깨지고 말았다. 다시 돌아온 독수리는 알들이 다 깨진 것을 안 뒤 한탄을 하면서 쇠똥구리에게 용서를 빌었고, 그 뒤로 쇠똥구리가 나타나는 계절에는 독수리는 둥지를 치지 않는다는 이야기이다.

⑬ 「독수리 흉내를 내려던 까마귀」

한 까마귀가 양 사냥을 아주 멋들어지게 하는 독수리를 보고 매우 부러워했다. 그래서 까마귀는 그것을 똑같이 따라 하기로 하고 양을 잡아서 독수리 흉내를 냈으나, 그만 양의 털에 의해 발톱이 박히는 바람에 옴짝달싹 못 했다. 그러자, 이 모습을 본 양치기가 까마귀를 잡아서 날개의 끝을 자른 다음, 아이들에게 보여 주었다. 힘 있는 자와 함부로 겨루려고 하면 아무것도 이루지 못할 뿐더러 엎친 데 덮친 격으로 웃음거리만 된다는 교훈을 가진 우화이다.

⑭ 「멍청한 까마귀」

어떤 까마귀가 고기 한 조각을 훔쳐서 입에 물고 나뭇가지에 앉아 있었다. 그곳을 지나가던 여우가 이것을 보고 고기를 뺏어 먹기로 하고 까마귀에게 다가가서 "너는 정말 아름답고 목소리도 곱구나! 동물들의 왕이 될 수도 있겠어. 한번 노래를 불러봐."라고 꼬드겼다. 까마귀는 여우의 꾐에 넘어가 노래를 부르려고 입을 벌리면서 그만 입에 물고 있던 고기 조각을 떨어뜨리고 말았다. 여우는 그것을 얼른 먹어 치우고 까마귀에게 말했다. "까마귀야, 목소리가 좋은 건 알겠는데, 재치는 부족하구나." 그렇게 말하고 여우는 자리를 떴고, 까마귀는 뒤늦게 자기의 고기가 없어진 것을 알았다. 이미 지나간 버스는 다시 돌아오지 않는다는 교훈담이다.

⑮ 「목소리를 잃어버린 솔개」

평소 백조처럼 목소리가 고와서 숲의 동물들에게 칭찬이 자자한 솔개 한 마리가 있었다. 하지만 솔개는 자기 목소리에 영 만족을 못했고, 새로운 목소리를 연구하다가 말이 지나가면서 울음소리를 내는 것을 보고 "그래, 저거다!"라고 다짐하면서 말의 울음소리를 흉내 내었다. 며칠 뒤에 동물들 앞에서 말의 소리를 흉내 내자 동물들은 너무 무섭다고 했다. 두 번째에는 더 찢어지는 목소리를 내는 바람에 동물들은 경악하면서 솔개를 향해 돌을 던졌고, 결국 솔개는 한참 뒤에 자기의 곱던 목소리를 잃은 것을 알게 되었지만 이미 상황은 끝났다. 자기 본연의 것이 더 소중하다는 교훈이다.

⑯ 「바늘 도둑이 소 도둑 된다」

어느 날 아들이 반에서 친구의 공책을 훔쳐 와서 엄마에게 훔친 공책이라고 자랑스럽게 자랑을 했다. 그러자 엄마는 그걸 보고 꾸중을 하기는커녕 오히려 잘 했다고 칭찬을 해 주는 것이었다. 그리고 며칠 뒤에는 아들이 또 다른 친구의 망토를 훔쳐서 가져왔는데, 이번에도 엄마는 오히려 칭찬을 해 주는 것이었다. 이런 식으로 아들은 나이가 들수록 점점 더 고급스런 물건들을 훔치게 되는 큰 도둑이 되어 버렸고, 마침내는 큰 가게에서 도둑질을 하다가 체포되고 말았다. 결국 아들은 법정에 서게 되었다. 아들은 재판을 받기 전에 판사에게 엄마에게 할 말이 있다고 한 뒤에 엄마에게 다가가더니 불효막심하게 엄마의 귀를 마구 물어뜯는 것이었다. 이때서야 엄마는 아들을 마구 꾸중했고, 이에 아들은 엄마에게 이렇게 말했다. "제가 처음으로 공책을 훔쳐 왔을 때 엄마가 저를 마구 꾸중했더라면 저는 이런 꼴이 안 났을 거라고요!" 바늘 도둑이 소도둑 된다는 교훈담이다.

⑰「배부른 여우」

몇날 며칠을 굶은 여우 한 마리가 먹을 것을 찾아다니다가 나무 속에 있던 빵과 고기를 발견했다. 양치기가 그곳에 뒀다가 먹으려고 했던 것이었다. 그것을 발견한 여우는 나무 속으로 들어가 빵과 고기를 배부르게 다 먹어치웠다. 그런데 문제는 여우가 너무 배부르게 많이 먹는 바람에 뱃살 때문에 나무 속에서 나오지 못하게 된 것이다. 여우는 밖으로 나오기 위해 갖은 안간힘을 썼지만 어떠한 수를 써도 나올 수가 없었고, 결국 여우는 펑펑 울었다. 그러다가 마침 그곳을 지나던 다른 여우가 그 장면을 목격했고, 그 여우는 나무 안에 갇힌 여우에게 이렇게 말했다. "그렇다면 네가 처음에 그 구멍에 들어갔을 때만큼 배가 홀쭉해질 때까지 기다려봐. 그러면 쉽게 빠져나올 수 있을 테니까." 욕심을 부리면 이렇게 훗날 낭패를 보게 된다는 교훈을 주고 있다.

⑱「사기꾼 의사와 할머니」

나이가 들어서 시력을 잃어가던 한 할머니가 있었다. 그래서 할머니는 안과 의사에게 눈을 치료해 달라고 부탁했다. 그런데 알고 보니 이 의사는 사기꾼이었다. 사기꾼 의사는 매번 할머니에게 연고를 발라 주었고, 할머니가 눈을 감은 틈을 타서 할머니의 물건들을 훔쳐 가는 도둑질까지 했다. 며칠 뒤에 할머니는 시력을 완전히 찾는 데 성공했고, 의사는 돈을 달라고 했다. 그런데 시력은 완전히 돌아왔는데, 가재도구가 하나도 보이지 않는 것이었다. 그래서 할머니는 돈을 안 줬고, 결국 의사는 소송을 걸었다. 그래도 할머니는 돈을 안 줬고, 결국 법정까지 가게 되었다. 법정에서 할머니는 이렇게 말했다. "이 사람의 말은 다 사실입니다. 제 눈만 낫게 해 주면 그에게 많은 돈을 주기로 약속했죠. 하지만 전 여전히 눈이 먼 걸요. 그러니 그에게 한 푼도 줄 수가 없어요. 지금 그는 제 눈이 다 치료되었다고 주장하지만 그건 그의 주장일 뿐이고 전 제 눈이 여전히 안 보인다는 확신이 들어요. 왜냐면 제가 시력을 잃었을 때에도 그나마 보였던 여러 가재도구들과 귀중품들이 어째 제 눈이 다 나았다고 그가 말했을 때는 하나도 안 보이거든요." 재치 있는 할머니의 반격에 사기꾼 의사는 할 말을 잃었다.

⑲「사자와 당나귀와 여우」

사자와 당나귀와 여우가 연합해서 사냥을 나섰다. 사냥감이 얼마만큼 되자 사자가 당나귀에게 나누어 보라고 해서 당나귀는 똑같이 3등분으로 나누어 사자에게 마음에 드는 것을 먼저 고르라고 하자 사자는 화를 내며 당나귀를 잡아먹었다. 그런 뒤에 사자는 여우에게 사냥감을 나누어 보라고 했다. 여우는 힘이 센 사자의 속셈을 알고 사냥감을 모아 자기 몫으로는 조금만 남기고 사자의 몫을 많게 나누었다. 사자가 기분이 좋아 누가 이렇게 나누는 법을 가르쳐 주었는지 물었더니 여우는 "방금 죽은 당나귀가 가르쳐 주었어."라고 대답을 했다. 어리석은 당나귀와 재치 있는 여우의 처세술을 배우는 교훈담이다.

⑳「여우와 염소」

여우 한 마리가 길을 걷다가 웅덩이에 빠지고 말았다. 여우는 나가기 위해 애를 썼지만, 너무 높아서 나갈 수가 없었다. 이때 목이 마른 염소 한 마리가 왔고, 여우는 염소에게 감언이설로 꽤서 내려와 보라고 했다. 염소는 너무 목이 말랐기에 웅덩이로 내려와서 물을 마구 마셨다. 그리고 둘이서 어떻게 나갈까 생각을 하다가 여우는 염소에게 이렇게 말했다. "좋은 생각이 났어. 우리 둘에게 도움이 될 일을 네가 기꺼이 한다면 말이야. 앞발을 벽에다 대고 두 뿔을 똑바로 치켜세우고 있어 봐. 그러면 내가 대뜸 올라가서 너를 끌어올릴 테야." 염소는 고개를 끄덕였고, 여우는 재빨리 지상 위로 올라간 뒤에 도망쳐 버렸다. 염소는 여우에게 약속을 어겼다고 마구 따졌다. 그러자 여우가 다시 와서 염소에게 말했다. "염소야, 너는 턱수염은 많지만 머릿속의 골은 비어 있어. 그렇지 않고서야 올라올 생각도 않고 무턱대고 내려가지는 않았을 거야."

지각 있는 사람은 앞일을 내다보지 않은 채 무슨 일을 꾀하지 않는 법이란 교훈을 주고 있다.[4]

고대 신화와 우화야말로 동화의 소재로서 널리 활용되기 때문에 동화문학사에서 반드시 알고 넘어가야 할 중요한 사항이다. 글이 없었던 원시 인류에게 말과 몸짓과 손짓·발짓으로 소통의 역할을 했고, 이야기를 만들어 후세에 구전으로 전해질 때 신화와 우화로, 동화와 옛날이야기로 그 내용과 교훈이 전이된 것이다. 그래서 동서고금을 막론하고 신화와 우화와 동화와 옛날이야기 속에는 인간이 살아가면서 경험하고 생각한 다양한 이야기가 살아 숨 쉬는 것이다.

4) https://namu.wiki

# Ⅱ.

# 중세

(750~1500년)

ZUR ERINNERUNG
1870

# Ⅱ.

# 중세
## (750~1500년)

중세는 문학의 암흑기라고 한다. 그 이유는 인간 중심의 이야기가 전개되거나 고대 신화처럼 다양한 신들의 이야기가 전개되거나 하지 않고 오직 유일신에 대한 이야기가 서술되었기 때문이다. 중세의 가장 큰 특성은 그리스도교라는 종교적 영향력이다. 초기인 5~8세기에 유럽에서는 그리스도교를 믿는 독립 국가들이 들어서면서 그리스도교가 급속히 퍼져 유럽 전체의 문화와 언어를 통일했다 다른 민족 지도자들의 개종은 이교신앙을 근절하는 데 중요했다. 481년부터 프랑크족 클로비스 왕을 필두로 8세기에 샤를마뉴 대제의 개종은 유럽에서 그리스도교의 영토를 넓히는 데 기여했다. 교황의 권위는 크게 높아졌고, 로마가 직접 다스리는 교회 정부가 세워졌다. 교회 조직의 핵심은 주교 관구였는데 13세기부터 로마 교회 정부가 중앙집권화하자 다양한 역할을 맡아 관리할 교육받은 일반인이 나타났다. 이들은 종래 성직자만이 맡았던 일을 대신할 수 있게 됨으로써 교회 정부의 자치권을 위협했다. 그나마 고대 말기부터 중세 초기까지에는 영웅담이 동화문학의 뿌리로 자리 잡았다.

# 1. 영웅담

영웅담英雄譚은 영웅들의 이야기이다. 이 시기 가장 유명한 영웅담은 69행의 서사시로, 810~820년경 '풀다'라는 도시에서 두 명의 수도사가 기도서祈禱書의 앞뒤 표지 뒷면에 기록한 『힐데브란트의 노래*Hildebrandslied*』이다. 내용을 요약하면 다음과 같다.

> 디트리히 폰 베른 왕의 충실한 신하인 영웅 힐데브란트가 왕과 더불어 원정遠征의 길을 떠나 30년 만에 훈족族의 도움으로 귀향하는데, 아버지가 죽은 것으로만 아는 아들 하두브란트는 그동안 장성하여 국경 수비의 임무를 맡고 있었다. 이들 부자가 결국은 적대하여 맞싸우게 된다는 대목에서 단편의 기록은 끝나지만 이 서사시의 흐름으로 보아 아버지가 아들을 죽이게 되는 비극적인 종말을 짐작하게 한다. 한편 13세기에 중中고지 독일어로 쓰인 『신新 힐데브란트의 노래』에서는 아버지와 아들이 화해하여 함께 고향으로 돌아간다는 결말로 처리되었다.[5)]

아버지와 아들의 비극적 싸움으로 미완성으로 끝난 영웅담이지만 훗날 기록에서 부자父子가 오해를 풀고 금의환향錦衣還鄕하는 결말에서 동화적 모티브가 내재되어 있다고 하겠다. 너무나 단순한 줄거리의 짧은 이야기이지만 전해 내려오는 영웅담을 두 명의 수도사가 기록했다는 점이 눈에 띈다. 즉 중세시대에는 이야기 전달자나 창작자가 일반백성이 아니라 높은 계급에 속한 승려라는 점이다. 그렇게 승려에 의해 중세시대에는 그리스도교 문학이 널리 보급되었고, 라틴어로 글을 쓰는 라틴어 문학이 주를 이루었으며, 기사들이 쓴 민네장(연애가)도 유행했다. 이 시기의 영웅담으로 ① 『베오울프』, ②

5) http://terms.naver.com

『아서 왕』, ③『모세』, ④『삼손』, ⑤『다윗』, ⑥『솔로몬』, ⑦『알렉산더의 노래』, ⑧『롤랑의 노래』, ⑨『니벨룽겐의 노래』 등의 이야기가 유명하다. 이 중에서 먼저 『베오울프』의 줄거리를 소개하면 다음과 같다.

옛날에 데네(덴마크)의 나라에 흐로트가르 왕이 살았다. 그는 거대한 궁전을 지을 만큼 대단한 권력을 가진 왕이었지만 많은 보물을 백성들에게 나눠 주는 너그럽고 현명한 왕이기도 했다.

어느 날부터인가 그렌델이라는 식인괴물이 나타나 매일 밤 궁전을 습격하기 시작했다. 그렌델은 포악한 성격에 몸이 매우 날렵했으며 주로 사람을 잡아먹었다. 괴물이 밤마다 궁전을 점거하는 사태가 12년간이나 계속되자 데네의 나라는 생지옥으로 변하고 말았다.

한편 게아타스의 나라에 베오울프라는 용감한 영웅이 있었다. 그는 데네 나라의 소식을 듣고 존경하는 왕 흐로트가르를 돕기 위해 튼튼한 배를 만들고 용감한 전사들을 선발하여 함께 데네로 떠났다.

데네의 나라에 도착한 베오울프는 궁전에서 그렌델을 기다렸다. 그는 갑옷과 투구를 벗고 검까지 부하에게 건네준 후 잠자리에 들었다. 그는 자신의 힘과 신의 가호를 믿고 맨손으로 괴물과 싸울 작정이었던 것이다.

드디어 그렌델이 궁전에 나타났다. 베오울프는 눈을 감고 있는 자신에게 덤벼드는 그렌델의 팔을 억센 팔로 잡아 비틀었다. 손이 으깨진 그렌델은 겁에 질려 도망치려 했다. 그러나 베오울프가 괴물의 한쪽 팔을 더욱더 세게 비틀자, 뼈가 부러지고 살이 찢어지는 소리가 나며 그렌델의 팔이 쑥 뽑혔다. 한 팔을 잃은 채 집으로 돌아온 그렌델은 몸을 비틀며 괴로워하던 끝에 결국 심한 출혈로 죽고 만다.

베오울프가 흐로트가르 왕과 축하 파티를 열고 있을 때 그렌델의 어미 요녀妖女는 아들의 복수를 다짐한다. 사실 그렌델은 이 요녀와 흐로트가르 왕의 아들이었다.

요녀는 데네의 궁전을 습격하여 전사들을 살해했다. 그 와중에도 요녀는 비몽사몽 간의 베오울프와 동침하여 사랑을 나눈다. 이때 줄거리 뒷부분에 등장할 화룡이 잉태된다. 이번에도 직접 보복에 나선 베오울프는 맨손으로 요녀를 집어던졌으나, 요녀도 이에 굴하지 않고 무시무시한 힘으로 그를 덮쳐 왔다. 쓰러진 베오울프를 향해 요녀의 마검이 날아왔으나, 가슴에 걸친 갑옷

덕분에 그는 간신히 목숨을 건진다. 다시 일어선 베오울프는 갖고 있던 무기 중에서 거인이 만들어 준 거대한 검을 뽑아 요녀에게 일격을 가했다. 요녀가 단말마의 비명을 지르며 죽자 베오울프는 흐로트가르 왕의 궁전으로 돌아갔다.

베오울프는 게아타스의 나라로 돌아가 휴게라크 왕에게 데네에서의 싸움을 보고하고 공물을 헌상한다.

세월이 흘러 휴게라크 왕이 죽고 그 아들도 전사하자 베오울프가 왕위를 잇는다. 그 후 베오울프는 50년간 태평성대를 이룩하여 백성들의 칭송을 받는다.

그러던 어느 날 화룡火龍이 나타나 백성들을 죽이고 대지를 유린하기 시작했다. 그러나 이 괴물과 맞서 싸우겠다고 나서는 전사는 아무도 없었다. 노왕老王 베오울프는 이것이 자신의 마지막 싸움이 되리라는 사실을 알면서도 화룡 퇴치에 나선다. 이 화룡은 다름 아닌 베오울프와 그가 죽인 요녀의 아들이었다.

투구와 갑옷으로 무장한 베오울프는 방패를 들고 화룡이 사는 절벽 밑에 섰다. 화룡이 내뿜는 독기가 바위 사이에서 새어 나오고 있었다. 베오울프는 날카로운 칼을 빼들고 화룡 앞으로 나아갔고 화룡도 몸을 사리며 동굴 속에서 기어 나왔다. 얼마간 계속된 격렬한 싸움 끝에 베오울프가 화룡의 머리를 향해 검을 내리치는 순간 칼날이 빗나가고 만다. 이때 곁에서 지켜보던 베오울프의 부하 위그라프가 황금방패를 들고 싸움에 가세한다. 두 사람은 가까스로 화룡을 쓰러뜨리지만, 베오울프는 이미 목덜미에 깊은 상처를 입은 후였다. 깊은 상처로 베오울프가 숨을 거두자 부하들은 그의 유언대로 시신을 화장했다.[6)]

영웅담 『베오울프』는 두 편의 에피소드가 결합되어 3,182행의 두운시로 이루어진 대서사시이다. 이야기의 전반부는 영웅 베오울프와 괴물 그렌델이 주인공과 적수의 관계로 이야기를 전개한다면, 후반부는 베오울프와 화룡이 역시 주인공과 적수의 관계로 이야기를 이끈다. 물론 두 적수를 도와주는 요녀가 주인공의 입장에서는 가해자 역할을, 적수의 입장에서는 조력자 역할을 한다고 할 수 있다. 물론 중세시대에 문학 장르로서 동화가 존재하지 않았기 때문에 동화적 분석이 가능하냐고 반문할지 모르지만, 분명한 것은 영웅담의 서사적 구조가 동화와 많은 부분에서 일치한다고 할 수 있다. 그래서

6) http://terms.naver.com

고대 신화에 이어 중세 영웅담도 동화의 뿌리라는 주장은 틀린 말이 아니다.

영웅담의 최고봉은 1200년경 오스트리아 기사가 두 개의 전설, 곧 '지크프리트 전설'과 '부르군트족의 멸망사'를 소재로 쓴 비극적 영웅서사시 『니벨룽겐의 노래*Nibelungenlied*』이다.

네덜란드의 왕자 지크프리트는 뛰어난 무예 능력으로 용과 맞서 싸워 니벨룽겐의 보물을 얻었고, 용의 피를 뒤집어쓰고 불사신이 되었다. 지크프리트는 부르군트족의 매우 아름다운 공주 크림힐트에게 청혼하기 위해 보름스 궁으로 가서 군터 왕을 도와 많은 공을 세우며 신뢰를 쌓았다. 한편 아일랜드의 여왕 브룬힐트와 혼인하기 위해 그녀와의 결투에서 이겨야만 하는 상황에 놓이게 된 군터는 지크프리트에게 도움을 청한다. 지크프리트는 마법망토를 이용하여 군터가 브룬힐트를 이기도록 도와주고, 그 대가로 크림힐트와 혼인하게 된다.

결혼식 이후에도 군터 왕은 힘에서 밀려 브룬힐트 여왕과 첫날밤을 치르지 못한다. 어느 날 밤 군터의 요청으로 지크프리트는 마법망토를 입고 군터 왕을 도와 침실에서 브룬힐트를 제압한다. 그때 지크프리트는 왕비의 반지와 처녀대를 훔쳐 크림힐트에게 선물로 준다. 어느 날 교회로 입장할 때 서로 먼저 들어가려는 크림힐트와 브룬힐트 간의 서열 다툼이 일어나게 되는데 브룬힐트가 지크프리트를 자기 남편의 부하라고 비하하자 크림힐트는 반지와 처녀대를 보여 주면서 군터의 사기결혼의 진실을 폭로한다.

이를 발단으로 군터가 점점 지크프리트를 견제하기 시작한다. 평소 지크프리트를 질투하던 군터의 부하 하겐은 음모를 꾸며 크림힐트에게 남편을 보호한다는 미명하에, 불사신 지크프리트의 약점인 나뭇잎이 떨어져서 용의 피가 묻지 않은 어깨 부분을 실로 표시하게 하고는, 그 부분을 창으로 찔러 살해하고 니벨룽겐의 보물을 탈취한 후 수장시켜 버린다.

13년이 지난 후 크림힐트는 남편의 복수를 위해 훈족의 왕 에첼과 결혼한다. 치밀한 복수를 계획하고 있는 크림힐트는 군터와 하겐을 축제에 초대한다. 군터가 이끄는 부르군트족과 훈족 간에 치열한 싸움이 벌어지고, 군터와 하겐은 포로가 된다. 크림힐트는 이들을 죽여 복수에 성공하지만 본인 역시 망명객 힐데브란트에 의해 무참히 살해당함으로써 니벨룽겐의 노래는 끝난다.[7)]

7) http://terms.naver.com

『니벨룽겐의 노래』는 그리스도교 문화가 영향을 미치는 시기에 써졌지만 종교적 내세관보다는 인간관계에서 나타나는 복수, 명예, 사랑, 비극적 운명 등과 같은 인문학적 소재가 주를 이룬 점이 이채롭다. 특히 몸을 감추는 '마법망토'를 등장시켜 동화의 가베Gabe를 활용한 점과 용의 피를 뒤집어쓰고 불사조가 된 지크프리트 전설이 교묘하게 뒤엉킨 점이 놀랍다. 그래서 훗날 이 작품을 소재로 헵벨은 희곡 『니벨룽겐』을 썼고, 바그너는 악극 『니벨룽겐의 반지』를 만들었다.

## 2. 민중본

중세 말기에는 봉건제도와 기사계급이 몰락하고 시민계급이 중앙으로 등장한다. 십자군 원정이 가져온 상업과 기술의 발달이 삶을 부요케 했고, 신흥도시를 중심으로 시민계급이 새로운 세력으로 등장했다. 따라서 문학의 담당자도 승려와 기사계급에서 시민계급으로 급속히 옮겨졌고, 장소도 성에서 도시로 바뀌었다. 그러나 시민은 많은 교양과 다양한 지식이 결여되어 독자적인 문학을 만들 수는 없었고, 단지 전에 만들어지거나 구전되어 온 내용을 대중화시켰다는 점에 의미가 있다. 그래서 작품을 시로 묘사했던 시대가 지나가고 산문으로 서술하는 시대가 왔다고 할 수 있다. 수공업자들이 쓴 직장가, 전해 내려온 노래를 정리한 민요, 민중들에 의해 써진 민중본, 종교극과 세속극 등의 연극의 발전이 시민계급에 의해 풍자적이고 해학적으로 만들어졌다.

여기서는 동화에 가장 영향을 미친 민중본에 대해서 알아보자. 민중본이란 중세 말기에 민중을 위해 써진 풍자적이고 교훈적인 이야기책이다. 다시 말해, 민중본은 중세 말기에 널리 퍼진 옛 전설이나 소설을 통속적으로 개작한 것으로서 예술적인 형식보다 소재에 치중하여 민중의 수준 낮은 취미에 맞춘 내용을 담은 산문의 이야기책을 말한다.

당시에 발달한 인쇄술 덕택으로 많이 쏟아져 나온 대표적 민중본으로는 『트리스탄과 이졸데』, 『불사신 지크프리트』, 『불행한 게노베바』, 『아름다운 마겔로네』, 『겸손한 그리젤디스』, 『물의 요정 멜루지네』, 『파우스트 박사』, 『틸 오일렌슈피겔』, 『영원한 유태인』 등이 있다. 이 가운데 비극적 사랑이야기 『트리스탄과 이졸데*Tristan und Isolde*』의 줄거리를 알아보자.

트리스탄은 콘월Cornwall에 있는 자신의 삼촌인 마크 왕의 궁정에서 멋있고 용감한 사나이로 자란다. 그가 보여 준 최초의 영웅적 행동은 아일랜드의 거인 몰오르트를 없앤 것이다. 어느 날 마크 왕은 자신의 조카에게 신부를 구해 오라고 한다. 트리스탄은 마크가 참새에게 얻은 금발金髮의 주인인 여자를 찾아내야 한다. 트리스탄은 아일랜드 왕의 궁정에 이르러 그녀를 찾게 된다. 그곳에서 그는 삼촌의 이름으로 왕의 딸에게 구혼한다. 그녀가 바로 금발의 여주인공 이졸데이다. 그는 이졸데를 콘월의 마크에게 데려가도 된다는 아일랜드 왕의 허락을 받는다.

그런데 아일랜드에서 콘월로 항해하던 도중에 트리스탄과 이졸데의 운명을 결정짓는 사건이 벌어지고 만다. 그들은 이졸데와 그녀의 장래 남편이 될 마크를 위해 신부의 어머니가 만들어 준 사랑의 미약媚藥을 그만 실수로 마셔 버린다. 그 후 트리스탄과 이졸데는 영원히 사랑으로 결합된다. 그들은 이미 배 안에서 사랑을 나누었다.

콘월에 도착하여 이졸데는 마크의 부인이 된다. 그녀는 결혼식 날 밤에 자신이 아직 처녀라는 것을 나타내는 땋은 머리를 보여 준다. 하지만 그녀는 계속해서 비밀리에 트리스탄을 만난다. 한동안 그들은 간통처럼 보이는 관계를 비밀리에 지속할 수 있었다. 그러나 그들의 비밀 행각은 마침내 탄로가 나고 사형을 받을 위기에 빠진다. 트리스탄은 사형 집행 장을 도망쳐 나와 이졸데가 비참히 죽어 가도록 유배된 나병 환자들의 지역에서 그녀를 구해 낸다.

트리스탄과 이졸데는 '기이한 계곡'으로 도피한다. 그곳에서 그들은 힘든 생활을 보낸다. 사랑만이 그 어려움을 견딜 수 있게 한다. 그러던 어느 날 밤, 그들에게 기만당한 마크가 나타나서 자고 있는 그들을 덮친다. 그런데 놀랍게도 그들은 옷을 입은 채로 침대에 누워 있었고, 그들 사이에는 트리스탄의 검이 놓여 있었다. 마크는 이런 광경에 부인의 정조가 더렵혀지지 않았다고 여기고 마음을 누그러뜨린다. 마크는 그 둘을 사면하고 이졸데를 다시 부인으로 받아들인다. 하지만 트리스탄은 콘월을 떠나야 했다. 고통스러운 이별을 맞게 되자 이졸데는 "우리들은 한 존재라서 영원히 분리할 수 없어요."라고 말하면서 그 누구도 자신들을 떼어 놓지 못할 것이라고 맹세한다.

이후 트리스탄은 브르타뉴 지방으로 여행한다. 그곳에서 그는 사랑하는 '금발의 이졸데'와 꼭 닮은 친구의 여동생을 만난다. 그 여자도 이졸데라고 불렸는데, 정식 이름은 '흰 손의 이졸데'였다.

트리스탄은 그 여자를 좋아했고, 그녀 역시 그를 사랑했으며, 이제 모든 것이 잘되는 듯싶었다. 그러나 트리스탄은 양심의 가책으로 고통스러워한다. 왜냐하면 그가 첫사랑 금발의 이졸데를 배반하게 될 것이기 때문이다.

결혼식 밤에 트리스탄은 자신이 단지 '금발의 이졸데'에 대한 그리움으로 '흰 손의 이졸데'를 부인으로 맞아들인다는 사실을 깨닫게 된다. 결국 그는 '흰 손의 이졸데'와 혼인을 치르지 않는다.

얼마간의 세월이 지나고 트리스탄이 전쟁터에서 심하게 부상을 당하자 그의 옛사랑인 '금발의 이졸데'를 불러와야 했다. 그녀만이 그를 구할 수 있는 약을 만드는 법을 알기 때문이다. 바다를 건너 도착한 배가 흰 돛을 달고 오면 그녀가 그를 구하러 오는 것이고, 검은 돛을 달면 오지 않는다는 의미로 알기로 한다. 이제 멀리 수평선에 흰 돛이 나타난다. 하지만 이를 질투한 '흰 손의 이졸데'가 트리스탄에게 돛이 검다고 알린다. 트리스탄은 비탄에 빠져 그 자리에서 죽는다. 곧이어 도착한 '금발의 이졸데' 역시 트리스탄을 품에 안고는 슬픔으로 죽고 만다.[8]

『트리스탄과 이졸데』는 소위 '깃발 모티프'를 잘 보여 주는 동화풍의 민중본이다. '흰 깃발'은 삶이고 '검은 깃발'은 죽음을 의미한다. 사랑의 미약에

8) http://terms.naver.com

의해 트리스탄과 '금발의 이졸데'가 성욕이 불타올라 한 몸이 된다. 이후 서로에 대한 사랑을 잊지 못한 채 삼촌에 의해 강제로 헤어져 살지만, "우리들은 한 존재라서 영원히 분리할 수 없어요."라는 이졸데의 고백처럼 그들은 다시 만나야 한다. 행복한 결말로 끝나야 할 것 같은 이 이야기는 '흰 손의 이졸데'의 등장으로 삼각관계에 의해 비극적인 결말로 끝난다. 즉 '금발의 이졸데'와 이루어질 수 없는 사랑에 얽매인 트리스탄은 그녀와 이름이 같은 '흰 손의 이졸데'와 부부의 연을 맺으려 한다.

사랑하는 이를 잊으려면 닮은 여성이나 남성을 만나 사랑의 고통에서 벗어나는 게 일반적인 현상이듯이, 트리스탄은 '흰 손의 이졸데'를 통해 '금발의 이졸데'를 잊으려고 시도한다. 그러나 전장에 나가 심한 부상을 당하고 마지막 숨을 거두기 직전에 트리스탄은 '금발의 이졸데'가 온다면 살아날 가능성이 있다고 믿는다. 왜냐하면 '금발의 이졸데'에 대한 그리움도 있겠지만, 무엇보다도 그녀가 엄마에게 배운 묘약妙藥을 제조할 줄 아는 약사이기도 했기 때문에, 트리스탄은 마지막 순간에도 '금발의 이졸데'를 그리워하는 것이다.

하지만 트리스탄 옆에 있는 '흰 손의 이졸데'는 무엇인가? 자신 앞에서 죽어가는 사랑하는 트리스탄이 자기보다도 '금발의 이졸데'를 더 애타게 찾으니 그녀의 질투가 하늘을 찌르지 않겠는가? 그래서 그녀는 '금발의 이졸데'가 '흰 돛'을 달고 오지만 트리스탄에게는 '검은 돛'을 달고 온다고 거짓말을 한다. '흰 깃발'을 눈앞에 그리면서 목숨을 이어갔던 트리스탄에게 '검은 깃발'은 죽음을 상징하기에 곧 숨을 거둔다. 다시 말해, 여성의 질투에 의해 남자주인공의 삶의 의지는 사라지고, 결국 '금발의 이졸데'가 도착했을 때는 이미 숨을 거둔 뒤였다. 꿈에서도 그리워하던 트리스탄이 죽자 '금발의 이졸데'는 그 상실감과 슬픔으로 그를 따라 죽음으로써 이 이야기는 대단원의 막을 내린다. 전쟁에서 얻은 외적 상처보다 내적 상실감이 보다 큰 상처로 두 연인을 죽음으로 몰고 간 것이다.

# 3. 천일야화

『천일야화千一夜話』또는『아라비안나이트』는 중세 페르시아에 전해 오던『하자르 아프사나크*Hazar Afsanak*』(1,001가지 이야기라는 뜻)를 토대로 만들어졌다. 그 가운데 인도 페르시아 계열의 이야기는 이슬람교 이전의 모습을 나타내고 있고, 이집트 계열이나 십자군 시대를 다룬 이야기는 상당히 후대의 모습을 그리고 있어 최종적으로는 14~15세기에 이집트에서 정리된 것으로 보인다.

9세기의 한 단편적인 글에서『천일야화』에 대한 최초의 기록을 볼 수 있으며 그 후 947년 알 마수디가 이란·인도·그리스의 전설적 이야기를『천일야화』에 삽입했다. 1,001가지의 많은 모험 이야기에는 큰 바다를 건너 먼 나라로 가는 항해가나 상인들이 종종 등장하고, 먼 나라에서 가지고 돌아오는 진귀한 물건들이 나와서 동서 간의 왕래가 왕성했음도 보여 주고 있다.

『천일야화』는 중세 이슬람 세계를 아는 데 매우 귀중한 기록이다. 이 작품은 서양 전래동화의 일부가 되었고, 전설·우화·기사담·동화 등의 많은 이야기들이 하나의 '이야기 틀'로 구성되었다. 이런 매력적인 이야기 모음이 유럽에 알려지게 된 것은 프랑스인 앙투안 갈랑이 18세기 초에 이 이야기의 일부를 번역해 출간하면서부터이다. 그 무렵 동방 세계에 눈을 돌리기 시작한 유럽 사람들은 이 환상적인 이야기를 매우 흥미롭게 받아들였다. 그 뒤 레인의 영어 번역과 바일의 독일어 번역, 페인의 영어 번역으로 이어졌고, 19세기 후반이 되자 유명한 버턴의 영역판이 나왔다.

『천일야화』는 페르시아 왕 샤리아르와 대신의 딸 샤흐라자드의 이야기이다. 아랍어 원제인『알프 라일라 와 라일라*Alf laylah wa laylah*』는 이야기의 처음과 마지막에 놓인 '이야기 틀' 속에 낀 형태로, 180편이나 되는 장편과 단편이 1,001일 밤사이에 이야기된다는 데에서 유래되었다. '이야기 틀'의 줄거리는 다음과 같다.

중세 페르시아의 샤리아르 왕은, 사마르칸트의 왕인 동생 샤자만이 보고 싶어서 자신의 수도로 초청했다. 동생은 형이 살고 있는 수도를 향해 출발했다가 잊어버린 물건이 생각나서 궁전으로 되돌아갔다. 그때 자기 아내가 흑인 노예와 불륜을 저지르고 있는 장면을 목격하고 두 사람을 죽인 뒤 형에게로 갔다. 그러나 샤자만은 마음이 즐겁지 않아 형이 사냥하러 가자고 하는 것을 거절하고 궁전에 남아 있었다.

그런데 샤자만은 형의 부인도 흑인 노예와 불륜을 저지르고 있는 모습을 창문을 통해 보고는 이런 일이 자기한테만 일어나는 것이 아님을 깨닫고 활기를 되찾았다. 울퉁불퉁한 근육질의 흑인은 섹스의 심벌symbol로 간주된다. 사냥에서 돌아온 형은 동생이 힘을 되찾은 것을 보고 그 이유를 물었다. 샤리아르는 동생이 말한 대로 일단 궁전에서 나갔다가 몰래 되돌아와 왕비가 간통하고 있는 모습을 보았다.

그 뒤에 두 사람은 세상이 모두 이런 것일까 싶어 여행을 떠나 마신魔神이 데리고 있던 미녀로부터 유혹을 당한다. 그녀는 마신이 잠든 사이에 570명의 남자와 간통했나고 사랑한다. 이 모습을 본 샤리아르 왕은 동생을 데리고 궁전으로 돌아가 부정을 저지른 왕비와 그 상대, 이를 흉내 내고 있던 남녀 신하들을 모조리 죽였다.

이로 인해 여자들에 대한 불신을 갖게 된 샤리아르 왕은 매일 한 사람씩 처녀를 데리고 오게 하여 같이 자고는 죽여 버렸다. 마지막으로 대신의 두 딸인 샤흐라자드와 둔야자드밖에 남지 않게 되었는데, 동생 샤흐라자드가 재미있는 이야기를 시작하는 바람에 왕은 그 이야기를 도중에서 그만두게 하기가 아까워 드디어 1,001일 밤 동안 그 이야기를 듣는다. 그 뒤로 여자들에 대한 증오심이 사라진 샤리아르 왕은 샤흐라자드를 왕비로 맞아들여 행복한 결말을 맺는다.[9]

마치 '틀소설'처럼 『천일야화』의 시작과 끝 사이에 1,001가지 이야기가 전개된다. 샤흐라자드의 입에서 나오는 1,001가지 이야기는 크게 세 가지

9) http://100.daum.net/encyclopedia

종류, 즉 모험 이야기, 사랑 이야기, 우화로 나뉜다. 이야기의 다양성과 출처의 지리적 범위, 곧 인도·이란·이라크·이집트·투르크·그리스 등으로 보아 단일 작가의 작품 같지는 않고 여러 작가가 긴 세월 동안 쓰고 정리한 책이라고 하겠다. 왜냐하면 『천일야화』의 문체가 꾸밈이 없이 간결하고 자연스러우면서도 구어체 말투가 섞여 있기 때문이다.

『천일야화』는 원래 구전되어 수세기에 걸쳐 내려오면서 발전된 대중적인 이야기에 다른 시대와 장소들에서 다소 우연하게 자료들이 추가된 혼성 작품이다. 다시 말해, 이 작품은 처음에 바그다드에서 전해진 이야기로 시작하여 나중 시기에 이집트에서 쓰인 긴 이야기가 첨가되는 등 여러 단계를 거쳐 만들어진 작품이라는 것이다. 심지어 19세기 말에 호프만스탈은 『천일야화』의 제목을 흉내 내어 창작동화 『672번째 밤의 동화』(1895)를 썼다.

『천일야화』 중에서 잘 알려진 이야기는 「신드바드의 모험」, 「알리바바와 40인의 도적」, 「알라딘과 요술 램프」, 「청동 도시」, 「바소라의 하산」, 「바그다드 짐꾼과 세 여자 이야기」, 「아지즈와 아지자」, 「알리 샤르와 주무루드 이야기」 등이다. 이 가운데 「신드바드의 모험」에 대해 알아보자.

① 신드바드의 첫 번째 항해(1. Reise)

신드바드는 자신의 재산을 모아 배를 타고 첫 번째 항해에 나선다. 항해 도중에 녹지가 많은 섬에서 다른 선원들과 함께 내렸는데 알고 보니 큰 고래의 등이었다. 고래가 바닷속에 가라앉으면서 선원들은 익사하고 만다. 널빤지에 의지한 채 혼자 살아남은 신드바드는 한 섬을 발견하고 상륙하게 된다. 왕으로부터 환대를 받은 신드바드는 자신의 모험을 그에게 설명했다. 왕의 도움으로 신드바드는 원래의 배를 타고 돌아온다.

② 신드바드의 두 번째 항해(2. Reise)

신드바드는 두 번째 항해에 나서던 도중에 무인도에 상륙했다. 신드바드는 거대한 새인 로크의 다리에 자신을 묶고 무인도를 탈출했지만 다이아몬드

광산이 있는 험준한 산에 도착하게 된다. 산 안에는 커다란 뱀들이 우글거리고 있었다. 신드바드는 고기 덩어리를 새의 가슴 앞에 매달아서 로크가 날아가는 대로 살아남았다.

③ 신드바드의 세 번째 항해(3. Reise)

신드바드는 세 번째 항해에서 원숭이가 사는 섬에 도착했다. 수많은 새끼 원숭이들이 배를 공격했기 때문에 선원들은 섬에 상륙하지 못했다. 원숭이들은 신드바드 일행을 섬으로 실어 나른 뒤에 배를 해안에서 먼 곳으로 끌고 갔다. 섬에 살던 붉은 두 눈을 가진 시커먼 거인은 선장과 선원들을 잡아먹었다. 신드바드 일행이 그 거인의 두 눈을 창으로 찌르고, 뗏목을 타고 도착한 다른 섬에는 거대한 뱀이 살고 있었다. 신드바드의 동료들은 차례대로 뱀에게 잡아먹혔지만 신드바드는 몸에 나무와 널빤지를 묶어서 잡아먹히지 않았고, 지나가던 상선에 의해 구조되었다.

④ 신드바드의 네 번째 항해(4. Reise)

신드바드는 네 번째 항해에 나서던 도중에 폭풍우를 만나면서 배가 난파되었고 식인종들이 사는 섬에 표류하게 된다. 식인종들은 신드바드와 일행들에게 음식을 줬는데 제공된 음식을 먹으면 이성을 잃고 가축처럼 되었다. 신드바드는 혼자서 음식에 손에 대지 않아 탈출할 수 있었고 섬 반대편에 있는 해변에 도착하게 된다.

⑤ 신드바드의 다섯 번째 항해(5. Reise)

신드바드는 다섯 번째 항해에서 한 섬에 도착한다. 신드바드와 함께 배에 탑승한 선원들은 섬에서 로크 새의 알을 부순 것에 대한 보복으로 인해 배가 난파되었다. 섬에는 노인이 살고 있었는데 신드바드에게 어깨로 매어서 강으로 데려다 줄 것을 요구했다. 그대로 하면 노인은 어깨에 매달린 채로 내려가면서 두 발로 신드바드의 목을 조이려는 것이다. 신드바드는 포도주로 취하게 한 다음에 노인을 죽였다. 신드바드는 지나가던 배를 타고 무사히 집에 올 수 있었다.

⑥ 신드바드의 여섯 번째 항해(6. Reise)

신드바드는 여섯 번째 항해에 나서던 도중에 배가 산에 부딪히면서 난파되었고 섬에 도착했다. 신드바드와 동승한 선원들 가운데 일부는 살아남았고 같이 해안으로 상륙하게 된다. 보석과 향나무가 많은 섬이었지만 식량이 없던 선원들은 하나둘씩 죽어가게 된다. 음식을 아낀 신드바드는 섬에 계속 잔류하는 동안에 보석 등을 모으기 시작했다. 뗏목을 만든 신드바드는 동굴 깊숙이 들어오는 강을 타고 섬을 탈출하게 된다. 신드바드는 무사히 집으로 귀환하게 된다.

⑦ 신드바드의 일곱 번째 항해(7. Reise)

신드바드는 일곱 번째 항해에서 세상의 끝으로 가려고 했다. 신드바드는 도중에 폭풍우와 바다괴물이 배를 통째로 삼키는 사고를 당하게 된다. 이름 모를 섬에 도착한 신드바드는 백단나무를 이용해 작은 배를 만들어 타고 강으로 내려갔다. 한 도시에 도착한 신드바드는 친절한 노인의 도움으로 뗏목의 재료였던 백단향을 시장에서 비싼 값에 팔았다. 노인은 자신의 딸과 함께 재산을 물려주겠다고 밝히자 신드바드는 그의 사위가 된다. 노인이 사망한 이후에 신드바드는 자신의 아내와 함께 노인의 막대한 유산을 상속받았다. 얼마 지나지 않아 신드바드는 아내로부터 그 도시에 사는 남자들은 악마의 형제이며 신드바드가 아내와 살던 그 도시는 불신의 도시였음을 알게 된다. 이를 계기로 신드바드는 아내와 함께 바그다드로 귀환했고 신드바드의 모험 또한 끝나게 된다.[10)]

동화의 주인공이 집을 떠난 모험가이자 방랑자이듯이 「신드바드의 모험」의 주인공 신드바드도 집을 떠나 다양한 모험을 하고 집으로 돌아오는 해피엔딩을 맞이한다. 비단 「신드바드의 모험」뿐만 아니라 『천일야화』의 다양한 등장인물들이 방랑자이자 모험가의 모습이며, 여기에 동화적 특징이 숨겨 있다고 볼 수 있다. 『천일야화』에는 아랍·인도·페르시아·그리스의 영향에 따라 다양한 등장인물들이 나타나며, 동화처럼 환상적인 내용이 현실인 양 이야기 속에 묘사되고 있다. 그렇게 요술램프, 요술반지, 괴조怪鳥 로크, 주문으로 열리는 문, 하늘을 나는 양탄자 등이 재미있게 환상적인 이야기를 꾸며 주고 있다.

10) https://de.wikipedia.org

# Ⅲ.

# 르네상스와 종교개혁

(1500~1600년)

# Ⅲ.

# 르네상스와 종교개혁 (1500~1600년)

르네상스란 '재생' 또는 '문예부흥'을 의미한다. 곧 고대 문화예술의 부활을 말한다. 중세의 신 중심 세계에 환멸을 느낀 인류가 고대의 인간 중심 세계로 돌아가서 인간 중심의 문화예술 창조를 부르짖게 되었다. 이것이 인문주의의 시작이요 종교개혁의 단초가 되었다. 르네상스의 3대 발명은 ① 화약, ② 나침반, ③ 인쇄술이다.

중세의 신의 굴레에서 벗어나고자 르네상스 인들은 고대의 정신 형태에 매력을 느꼈고, 고대의 철학과 예술 속에서 진정한 인간의 가치를 발견했다. 인간성을 다시 찾고, 신보다 인간 자체를, 개성과 개인의 인격을 존중하며, 인간 중심의 문화를 창조하려는 운동이 인문주의이다.

인문주의의 개인 존중사상과 비판정신이 종교계 내부까지 침투하여 가톨릭교회의 횡포와 부패에 대한 반성의 촉구가 고조되었다. 루터가 교회의 면죄부 판매를 공격하고, 개인 신앙의 우위를 부르짖음으로써 종교개혁 운동이 시작되었다. 신과 신도를 연결해 주는 매개체로서 교회를 부정하고, 외적 권위의 매개 없이, 개인이 직접 성경의 복음에 따라 신앙과 행동으로 구제받을 권리를 주창한 것이다.

# 1. 보카치오

보카치오Giovanni Boccaccio(1313~1375)는 이탈리아 소설가로서 단테의 『신곡神曲』에 비해 '인곡人曲'이라고 불리는 단편소설집 『데카메론』을 쓴 대중소설의 선구자이다. 보카치오는 피렌체 근처의 체르탈도에서 사생아로 태어났다. 그의 출생에 관해서는 피렌체 상인이었던 아버지가 파리에 있을 때, 어느 공주와 사랑을 맺어 생긴 자식이라는 말이 있다. 또한 보카치오가 소설을 쓰게 된 동기는 엄한 계모를 피하여 나폴리에 왔다가 로베르토 왕의 서출庶出인 마리아와 사랑하게 되어, 그녀를 위하여 소설가가 되었다는 낭만적인 이야기가 전해진다.

보카치오는 소년시절 스승의 영향으로 단테의 위대성에 대해 강렬한 인상을 받았으며, 그 인상이 확대되어 평생토록 단테를 존경하였는데, 후에 『단테전傳 *Vita di Dante*』(1364)을 집필한 일과 만년에 피렌체의 교회에서 『신곡』 강의를 한 사실 등이 이를 증명한다. 그가 문학자로서의 천재성이 성숙成熟되어 『데카메론』의 내용이 되는 갖가지 에피소드를 모을 수 있었던 것은, 1325년부터 약 3년 동안 상업을 익히려고 찾아간 활기찬 항구 도시 나폴리에서 다양한 경험을 한 것과, 근무처인 바르디 은행의 융자로 번영하고 있던 로베르토 왕의 궁정에서 생활할 수 있었기 때문이다.

보카치오는 나폴리에서 화려하고 방종한 향락생활을 직접 경험했다. 그러나 1340년 그의 나이 27세 때에 바르디 은행이 파산하자, 비탄 속에서 피렌체로 돌아왔는데, 상인도 못되고 문학자도 못된 초조감 때문에 그는 생애의 중도에서 하나의 전환점에 서게 되었다. 그러던 중 1348년에 페스트가 피렌체에 퍼지자 많은 주민들이 죽어갔다. 이 끔찍한 장면을 보카치오는 『데카메론』 서화序話에서 묘사하며, 이때부터 1353년까지 약 5년에 걸쳐 대작을 완성한다.

『데카메론』은 당시 인문주의 문단의 냉담한 평가를 받았지만, 그와는 반대로 일반 민중으로부터는 폭발적인 인기를 모았다. 이 이야기는 바르디 은행의 지점을 통하여 외국에까지 퍼져 나갔고, 서민들 사이에 급속히 보급되어서 거리에서는 병사들이 그 이야기들을 늘어놓을 정도가 되었다. 인쇄술도 없었고, 종이도 귀한 시대에 설화說話 형식의 단편 문학이 구전으로 퍼진 것이다. 여기에 사용된 이탈리아어는 이른바 보카치오식 산문이라는 것으로서 오래도록 산문의 본보기가 되었다.

인문주의자로서의 보카치오의 활동에는 1350년에 밀라노에서 만난 페트라르카(1304~1374)의 영향이 크다. 또한 페트라르카는 보카치오가 신앙적인 위로를 구하였을 때, 맹신盲信에 흐르는 것을 막아 주었으며, 수도사 차니의 협박으로 그의 모든 산문 작품을 태워 버리려고 하자 현명한 충고로 이를 저지했다. 보카치오는 1373년에 피렌체에서 『신곡』을 강의했으나, 병 때문에 몇 달 후에 중단하고, 1375년 62세의 냐이로 체르탈도에서 사망했다.[11]

① 『데카메론*Decameron*』(1353)

『데카메론』은 100편의 기상천외한 이야기이다. 1348년 이탈리아를 강타한 페스트가 피렌체까지 이르렀을 때 이 시의 산타마리아노벨라 교회의 미사에 참석했던 7명의 귀부인들은 잘 아는 3명의 신사들을 초대해 전염병이 잠잠해질 때까지 교외의 별장에 은둔할 결심을 한다. 이들 10명의 청춘 남녀는 무료함을 달래기 위해 각자가 매일 한 가지씩 열흘 동안 이야기함으로써 도합 100가지의 재미있는 이야기를 서로에게 들려준다.

그 이야기들을 『데카메론』은 엮어서 만들었다. '데카메론'이란 '열흘 이야기'라는 뜻이다. 이야기에 등장하는 인물들은 매우 다양하다. 교황, 추기경, 왕, 귀족, 제후, 주교, 수도원장, 재판관, 시장, 신사, 숙녀, 기사, 병사, 예술가, 고리대금업자, 공증인, 의사, 직공, 요리사, 농부, 도둑 등 사회의 다양한 계층에 있는 사람들이 망라되어 있다.

11) http://terms.naver.com

이 작품의 특징은 담화 형식으로 이야기를 구성하고 있다는 점이다. 그것은 보카치오가 고안한 형식이라기보다는 『천일야화』 등 동양에서 받은 영향이라고 할 수 있다. 그러나 『데카메론』의 질서 정연한 서술 형식은 보카치오만의 특징이다. 열흘 사이에 열 명의 화자가 이야기를 하고, 매일 한 사람씩 사회자를 선출하며, 이야기가 끝나면 사회자의 명령으로 노래를 부르거나 춤을 추는 것으로 그날의 행사를 끝내는 등 진행 방법이 훌륭하다.

그 당시 평판이 높았던 단테의 『신곡』이 신의 도리를 보여 주는 작품이라면, 『데카메론』은 인간의 본능과 악덕, 허위 등을 폭로하고 있는 작품이다. 따라서 『데카메론』은 『신곡』과 대비되는 '인곡人曲'이라고도 불린다.

보카치오는 인문주의자이기 때문에 인간 특히 여성의 예지를 칭송하려고 노력했으며, 그가 영향을 받은 오비디우스나 호라티우스의 스타일을 모방했다. 또한 그는 페르시아와 인도, 중국 등 동양의 신기한 이야기들도 도입함으로써 작품의 스케일을 크게 확대했다.

예로부터 『데카메론』은 호색적인 책으로 여겨졌다. 다양한 음담패설淫談悖說이 나오기는 하나 10일째 제1화의 성실한 에스파냐 기사나 10일째 제10화의 정숙한 그리셀다의 미담 등도 나오므로 일괄적으로 그렇다고 할 수만도 없다. 오히려 다양한 모험 이야기가 인기를 끌었다.[12]

## 2. 한스 작스

르네상스와 종교개혁 시기에 대표 작가는 시민 출신으로서 약 6,000여 편의 많은 작품을 쓴 한스 작스Hans Sachs(1494~1576)이다. 그는 1494년 11월 5일에

12) http://100.daum.net/encyclopedia

구두제작 장인 이외르크 작스의 아들로 태어났다. 한스 작스는 라틴어 학교를 다녔고, 1509년부터 1511년까지 신발제작 교육과정을 졸업했다. 그 후 그는 당시 장인시험을 앞둔 도제들에게 통상적이었던 5년간의 도제기를 수료했다.

이 시기 동안 그는 임시직으로 인스브루크에 있는 막시밀리안 1세의 궁정에서 일하면서, '기능장마이스터징어'의 교육과정을 밟는다. '기능장'이란 시를 짓는 것을 일종의 수공업자의 기술인 것처럼 행동하며 글을 쓰는 것을 말한다. 작스는 뉘른베르크에 정착하여 구두수선 기능장이 되었고 4,275편의 직장가織匠歌를 쓰는 등 활발한 활동으로 1555년을 전후해서 의장으로도 활동한다.

그는 작품의 소재를 그리스 로마 시인들, 데카메론, 이솝 우화, 연대기, 여행기, 민중본, 시사문제, 자기의 일상과 성찰 등 다양한 방면에서 취했다. 따라서 그는 대화시, 우화시, 소화시笑話詩, 애시哀詩, 송시, 전설시, 사시史詩, 풍자시, 종교시, 도덕시, 군가, 연애가 등의 다양한 시를 썼을 뿐만 아니라 1,700여 편의 익살극과 수난극, 사육제극 등 많은 시민희곡을 썼다. 시민희곡의 시조로서 작스는 셰익스피어, 괴테, 실러에게 많은 영향을 미친다.

한스 작스 문학의 특색은 해학에 있다. 그것으로서 익살이 내면화되고 독자에게 보다 높은 위치에서 자신을 관찰하여 마음을 유쾌하게 해 준다. 그의 작품 속에 나타나는 조소와 해학은 실용적이고, 시민정신과 인간의 약점에 대한 통찰에 의해 지탱되고 있다.

작스는 1519년 그의 나이 25세 때 쿠니군데 크로이처와 결혼하여 일곱 명의 자녀를 두었으나, 모두 작스보다 일찍 세상을 떠난다. 1560년에 아내가 세상을 떠나자 이듬해 67세 나이에 17세 소녀 바바라 하셔와 재혼한다.

작스는 이미 초기에 종교개혁을 옹호하며 마틴 루터의 가르침을 전파했다. 「비텐베르크의 나이팅게일」(1523)이라는 시는 루터 가르침의 민중적인 형상화이며, 이를 통해 그는 처음으로 명성을 얻게 된다. 그가 쓴 많은 작품 가운데 『천당으로 가는 학생』(1550), 『악마와 노부인』, 『바보의 수술』 등의 작품이 특히 유명하다.

한스 작스는 1576년 1월 19일 82세 나이로 사망했고, 뉘른베르크의 요하니

스 묘지에 안장되었다.[13)]

## 3. 마틴 루터

정확히 500년 전, 1517년 10월 31일 마틴 루터Martin Luther(1483~1546)는 비텐베르크 대성당 정문에 '95개조의 반박문'을 붙임으로써 종교개혁이 시작되었다. 그 당시에는 스카치테이프 등 접착제가 없어서 반박문 모두를 못을 박아 붙였다고 한다.

마틴 루터는 원래 로마 가톨릭교회의 사제였으나, 로마 가톨릭교회에 항거하여, 가톨릭교회의 교리를 논박하고, 성경이 지니고 있는 기독교 신앙에서의 권위와 그리스도에 대한 믿음과 하나님의 은혜를 통한 구원을 강조했다. 다시 말해, 루터는 신부에게 돈을 주고 면죄부를 사서 구원을 받는 게 아니라, 오직 '믿음만으로, 은혜만으로, 성경만으로sola fide, sola gracia, sola scriptura!' 개인이 직접 하나님께 죄를 고백하고 믿으면 구원받는다는 수직적 종교관을 주장한 것이다. 그는 '복음주의자'로서 복음을 전파하기를 원했고, 자신이 신부라기보다는 설교자, 박사, 교수라고 불리기를 원했다. 그로 인해 개신교가 태동했고, 성경 번역, 많은 저작 활동, 작곡과 설교를 통해 사회와 역사가 크게 변화되었다.

쉽게 말해, 중세 로마 가톨릭교회의 강제적인 면죄부 판매는 루터의 신앙 양심을 근본적으로 흔들게 되었다. 루터는 '돈으로 구원을 살 수 있다'는

13) https://ko.wikipedia.org

로마 가톨릭교회의 가르침에 순응할 수 없었고, 나아가 침묵할 수도 없었다. 루터는 자신이 가르치고 돌보는 많은 사람들에 대한 목회적 양심과 책임에 따라 설교를 통해 면죄부 판매를 비판하기 시작했다. 전혀 개선됨이 없자 루터는 1517년 10월 31일, 비텐베르크 만인 성자 교회의 문 앞에 '95개 반박문'을 내걸음으로써 기존 가톨릭교회와의 본격적인 논쟁에 들어갔다. 이것이 종교개혁의 시작이다.

루터는 바르트부르크 성에서 '강제된 휴가'를 어떻게 지내야 할지 알았다. 그는 이 기간을 성경 주석, 로마 가톨릭 학자들과의 서면 논쟁, 논문 저술뿐만 아니라 신약성경 번역에 사용했다. 루터가 번역한 독일어 성경은 1522년 9월에 출판되었기 때문에 '9월성경Septemberbibel'으로 불리게 되었다. 루터의 독일어 성경 번역은 독일 기독교인들을 교회의 권위에서 해방하고, 독일어 발전에 이바지한 신학적·언어학적으로 매우 중요한 사건이다. 종교개혁 이전에 사용된 성경은 라틴어 성경이었으므로 소수의 귀족과 성직자만이 읽을 수 있었는데, 성직자들은 이를 악용하여, 기독교인들을 자신들의 목회적 필요에 따라 조종할 수 있었다. 하지만 루터가 신약성경은 헬라어 원전을 독일어로, 구약성경은 히브리어 원전을 독일어로 번역하면서 누구나 성경을 읽을 수 있게 되어, 독일 기독교인들은 성직자들의 지배에서 벗어나 자유롭게 성경을 읽고 그들의 이성으로 이해할 수 있게 되었다. 또한 루터가 성경 번역에 사용한 독일어는 현대 표준 독일어가 되었기 때문에, 루터의 성경 번역은 독일어와 문법이 통일되는 계기가 된 중요한 사건이기도 하다.

루터는 1525년 6월 13일 결혼을 했다. 그의 나이 42세였다. 신부는 16년 연하의 전직 로마 가톨릭교회 수녀인 카타리나 폰 보라(1499~1552)였다. 루터는 자신이 결혼하려는 목적이 늙으신 아버지에게 손주를 안겨 드리기 위해서, 또한 결혼을 머뭇거리는 사람들에게는 자신이 설교한 것을 몸소 실천하면서 본을 보이기 위해서라고 했다. 또한 카타리나도 다른 남자들은 거절하고 오직 루터와 결혼하겠다는 일념으로 루터의 반려자가 되었다고 한다.

파란만장한 삶을 산 루터는 1546년 2월 18일에 자신이 태어난 아이스레벤

Eisleben에서 사망했다. 향년 63세였다. 이때 그는 만스펠트의 백작들 사이에 있었던 법적 논쟁을 중재하러 가는 중이었다. 루터가 사망하던 밤 의사와 그의 친구들이 그의 임종을 지켜보았다. 임종 시 루터는 다음 성경 구절을 계속 암송하고 있었다.[14)]

> 하나님이 세상을 이처럼 사랑하사 독생자를 주셨으니 이는 그를 믿는 자마다 멸망하지 않고 영생을 얻게 하려 하심이라.(요 3:16)

14) https://ko.wikipedia.org

# Ⅳ.

# 바로크 시대
(1600~1700년)

IV.

# 바로크 시대 (1600~1700년)

바로크라는 말은 포르투갈어 pérola barroca 곧 '비뚤어진 진주, 불규칙한 진주, 찌그러진 진주'에서 유래되었다. 기괴하고 풍부한 장식이 그 특징을 이룬다. 근대적인 개인 정신과 전쟁으로 생겨난 중세적인 사고가 한 몸 속에서 서로 상극하다가 내적 분열을 일으켜 자기모순에 빠지는 현상이 일어난다. 그래서 바로크적 인간상이란 개성을 주장하면서도 개인을 멸시하고, 현세를 향락하면서도 내세를 걱정하며, 합리적인 사유를 하면서도 비합리적인 감정을 갖는 이원적이고, 양극적인 인간상 즉, 조화와 균형을 잃고 비뚤어진 특징을 갖게 된다. 따라서 바로크문학이란 이원성, 모순성, 부조화 등을 과장된 수사를 써서 풍만하고 장엄하게 표현하고자 한 것을 말한다.

이 시기에 독일 땅에서 30년 전쟁(1618~1648)이 일어난다. 종교개혁파(신교: 덴마크, 스웨덴, 프랑스=캘빈파, 루터파)와 반종교개혁파(구교: 에스파냐, 오스트리아 합스부르크=예수교)가 30년 동안 전쟁을 해서 독일 주민의 반 이상이 죽었다. 초반에는 구교가 우세했지만, 후반에는 신교가 승리했다. 만약에 구교가 승리했다면 개신교는 역사적으로 존재하지 않았으리라. 1648년 베스트팔렌 조약을 체결하여 프랑스·스웨덴이 승자의 입장에서 스위스와 네덜란드의 독립을 선언했고, 개신교의 캘빈파(Marburg와 Heidelberg 대학)와 루터파(Tübingen과 Wittenberg 대학)가 가톨릭과 동등한 권리를 획득하는 계기가 되었다. 현재에도 유럽에서 스웨덴·네덜란드·독일만이 개신교 교회가 가톨릭교회와 거의 반반씩 존립하지만, 기타 유럽 국가에서는 대부분 가톨릭교회가 우세한 상황이다.

# 1. 셰익스피어

영국이 낳은 세계 최고의 극작가로 불리는 셰익스피어William Shakespeare(1564~1616)는 아름다운 숲과 계곡으로 둘러싸인 인구 2,000명 정도의 작은 마을 스트래퍼드에서 존 부부의 첫 번째 아들이자 8남매 중 셋째로 태어났고, 그곳에서 학교를 다녔다.

아버지 존 셰익스피어는 부유한 상인으로 가죽가공업과 중농中農을 겸했으며, 읍장까지 지낸 유지였다. 당시의 사회적 신분으로는 중산층에 속해 있었기 때문에 셰익스피어는 풍족한 소년시절을 보낸다. 그러나 1577년 13세 때부터 가운이 기울어져 학업을 중단했고 집안일을 도울 수밖에 없었다.

셰익스피어는 주로 성경과 고전을 통해 읽기와 쓰기를 배웠고, 라틴어로 된 격언도 암송했다. 셰익스피어는 11세에 입학한 문법학교에서 문법·논리학·수사학·문학 등을 배웠는데, 특히 성경과 더불어 오비디우스의 『변신』은 셰익스피어에게 상상력의 원천이 된다. 셰익스피어는 그리스어를 배우기도 했다.

이 당시에 대학에서 교육받은 학식 있는 작가들을 '대학재사'라고 불렀는데, 가정형편이 어려운 셰익스피어는 이들과는 달리 대학 교육을 전혀 받지 못했다. 그럼에도 불구하고 그의 타고난 언어 구사 능력과 무대예술에 대한 천부적인 감각, 다양한 경험, 인간에 대한 심오한 이해력은 그를 위대한 작가로 만드는 데 부족함이 없었다.

셰익스피어는 1582년 18세의 나이에 8년 연상인 26세의 앤 해서웨이와 결혼했다. 우스터의 성공회 교회 법정에서 같은 해 11월 27일에 그들의 혼인 허가를 내주었다. 셰익스피어와 앤 사이에서 1583년 5월 23일에 '수잔나'라는 딸이 탄생한다. 그 후 1585년에 '햄닛'과 '주디스'라는 쌍둥이가 태어났고, 셰익스피어는 곧장 고향을 떠나 떠돌아다닌다.

셰익스피어는 1590년경 런던에 도착했고 이때부터 배우, 극작가, 극장 주주로 활동했다.

런던으로 이주한 셰익스피어는 눈부시게 변하고 있던 수도 런던의 모습에 매료되었다. 엘리자베스 여왕(1558~1603)이 통치하던 이 시기의 런던은 많은 농촌 인구가 유입되어 대단히 북적거리고 활기 넘치는 도시였다. 런던은 인구의 급격한 팽창으로 지저분해지고 많은 문제점이 야기된 도시였지만, 북적거리는 사람들과 다양한 경제활동, 다양한 문화 활동과 행사, 특히 빈번한 연극 공연은 많은 사람들에게 여흥을 제공하면서 셰익스피어가 성장할 수 있는 기반이 되었다.

셰익스피어가 작품 활동을 시작한 시기는 같은 시기에 활동했던 극작가 로버트 그린의 기록을 보면 알 수 있다. 로버트 그린은 셰익스피어가 대학도 다니지 못한 학력으로 인해 품격이 떨어지는 연극을 양산하고 있다고 비난한 자이다. 1594년부터 셰익스피어는 당시 런던 연극계를 양분하는 극단의 하나였던 궁내부장관 극단의 전속 극작가가 되었다.

셰익스피어는 르네상스와 바로크 시대 영국 연극의 대표적 극작가로서 사극, 희극, 비극, 희비극 등 연극의 모든 장르를 섭렵하는 창작의 범위와 당대 사회의 각계각층을 포괄하는 광범위한 관객층에의 호소력 있는 작품을 발표하여 크리스토퍼 말로, 벤 존슨, 존 웹스터 등 동시대의 탁월한 극작가 모두를 뛰어넘는 성취를 이루었다.

1599년 궁내부장관 극단은 템스강 남쪽에 글로브 극장을 신축하고 1603년 엘리자베스 1세가 사망한 후 제임스 1세가 즉위하자 국왕 극단으로 이름을 바꾸었다. 셰익스피어는 이 극단에서 조연급 배우로서도 활동했으나 극작에 더 주력했다. 이 기간을 전후해서 셰익스피어는 시인으로서의 재능도 과시하여 「비너스와 아도니스」(1593)와 「루크리스」(1594) 등 두 편의 장시長詩를 발표했다.

극작가로서 셰익스피어의 활동기는 1590년에서 1613년까지의 23년간이다. 그는 이 기간에 희비극을 포함해 모두 38편의 작품을 발표했다.

1590년대 초반에 셰익스피어가 집필한 『타이터스 안드로니커스』, 『헨리

6세』, 『리처드 3세』 등이 런던의 무대에서 상연되었는데, 특히 『헨리 6세』는 공전의 히트를 기록했다. 셰익스피어에 대한 비난도 없지 않았지만, 시간이 지날수록 대학 교육도 받지 못한 작가 셰익스피어 작품의 인기는 높아졌다. 1623년 벤 존슨은 그리스와 로마의 극작가와 견줄 수 있는 사람은 오직 셰익스피어뿐이라고 호평하며, 그는 "어느 한 시대의 사람이 아니라, 모든 시대의 사람"이라고 칭찬했다.

또한 1668년에 존 드라이든은 셰익스피어를 "가장 크고 포괄적인 영혼"이라고 극찬했다. 셰익스피어는 26세부터 49세까지 10편의 비극, 17편의 희극, 10편의 역사극, 몇 편의 장시와 시집 『소네트』를 집필했고, 대부분의 작품이 살아생전 인기를 누렸다. 심지어 생전의 엘리자베스가 셰익스피어에 대한 유명한 말을 남겼는데 "국가를 모두 넘겨주는 경우에도 셰익스피어 한 명만은 못 내준다."라고 했다.

셰익스피어에 대한 첫 번째 전기를 출간한 작가 로우Rowe는 셰익스피어가 죽기 몇 년 전에 고향인 스트래퍼드로 돌아왔다고 한다. 그러나 당시에 모든 작품 활동을 그만두고 은퇴하는 일은 보기 드문 경우였고, 말년에도 셰익스피어는 런던을 계속 방문했다. 1612년 48세 때 그는 마운트조이의 딸 메리의 혼인신고와 관련하여 법정에 증인으로 출석할 것을 요구받았다. 1613년 3월 셰익스피어는 과거에 런던 블랙프라이어스 소수도원이었던 문루gatehouse를 사들였고, 1614년 11월에는 내과 의사이자 그의 사위인 존 홀과 함께 몇 주간 런던에 머물러 있었다.

셰익스피어는 1616년 4월 26일 향년 52세 나이에 세상을 떠났다. 셰익스피어는 죽은 뒤에 고향의 성 트리니티 교회Holy Trinity Church에 묻히게 된다. 그의 흉상 아래에는 다음과 같은 글귀가 새겨져 있다.[15)]

> 판단은 레스터와 같고, 천재는 소크라테스와 같고, 예술은 버질과 같은 사람. 대지는 그를 덮고, 사람들은 통곡하고, 올림포스는 그를 소유한다.

15) https://ko.wikipedia.org

셰익스피어의 주요 작품을 알아보면 다음과 같다.

① 『**베니스의 상인***The Merchant of Venice*』(1597)

이 작품은 사랑과 우정, 인정과 금전 등 각 개인의 가치관 대조를 통해 인간성에 대한 깊이 있고 정확한 통찰을 보여 주는 희곡이다. 줄거리는 다음과 같다.

베니스의 선량한 상인 안토니오는 절친한 친구 바사니오가 포샤에게 구혼하러 가기 위한 여비를 마련해 주기 위해 유태인 고리대금업자 샤일록에게 돈을 빌린다. 안토니오는 돈을 갚을 수 없을 때에는 자기의 살 1파운드를 떼어 준다는 증서를 쓴다. 배가 돌아오지 않아 돈을 갚지 못한 안토니오는 샤일록의 독촉으로 궁지에 몰리게 된다. 그러나 재판관으로 변장한 포샤의 영리한 판결로 샤일록은 오히려 전 재산을 몰수당하고 기독교로 개종할 것을 명령받게 된다. 그리고 샤일록의 딸 제시카는 기독교인 로렌조와 맺어지고, 안토니오의 상선도 무사히 돌아온다.

② 『**로미오와 줄리엣***Romeo and Juliet*』(1599)

이 작품은 사랑하는 청춘 남녀와 그들의 사랑을 가로막는 장애 요소 간의 갈등을 아름다운 대사와 극적 구성을 통해 치밀하게 표현한 비극이다. 줄거리는 다음과 같다.

몬터규 집안의 로미오는 원수지간인 캐퓰렛 집안의 줄리엣을 보고 첫눈에 반한다. 이 둘은 서로의 사랑을 확인하고 결혼을 약속한다. 그런데 두 집안의 싸움에서 줄리엣의 사촌 티벌트가 로미오의 친구 마큐시오를 죽이는 사건이 발생한다. 로미오는 티벌트를 죽이고 도시에서 추방되고 만다. 홀로 남은 줄리엣이 로렌스 신부를 찾아가자, 신부는 마시면 죽은 것처럼 보이는 약을 줄리엣에게 준다. 그러나 이런 사정을 알지 못한 로미오는 줄리엣이 죽은 줄 알고 상심하여 독약을 먹고 자살한다. 나중에 깨어난 줄리엣은 죽어 있는 로미오를 안고 오열하다가 그의 뒤를 따라 자결한다.

③ 『햄릿*Hamlet*』(1601)

이 작품은 셰익스피어의 4대 비극 중 하나로, 권력을 향한 인간의 탐욕, 위선, 사악함과 그로 인한 햄릿의 인간적인 고통과 고뇌를 다룬 비극이다. 줄거리는 다음과 같다.

햄릿은 아버지가 죽고 어머니가 숙부와 결혼하자 크게 상심한다. 어느 날 아버지의 영혼이 나타나 자신이 숙부에게 독살되었다는 것을 알리고 복수를 명한다. 햄릿은 숙부의 의심을 피하기 위해 미친 것처럼 행세하다가 연극을 통해 암살의 진상을 알아낸다. 그 후 햄릿은 오필리아의 아버지 플로니어스를 숙부로 오인하여 죽이게 된다. 오필리아는 충격으로 자살하고 아버지의 죽음을 복수하기 위해 프랑스에서 돌아온 레어티즈는 누이동생 오필리아의 죽음으로 햄릿을 증오하게 된다. 햄릿은 레어티즈와 검술 시합 도중 독이 묻은 레어티즈의 칼에 상처를 입는다. 또한 왕비는 왕이 햄릿을 위해 준비한 독배를 마시고 즉사한다. 햄릿은 독이 묻은 칼로 숙부를 찔러 아버지의 복수를 마친 후 죽는다.

④ 『리어 왕*King Lear*』(1605)

이 작품은 왕국의 분할 과정에서 겪는 부녀간의 갈등과 성격적 결함으로 파멸해 가는 인간상을 그린 희곡으로, 셰익스피어의 4대 비극의 하나이다. 줄거리는 다음과 같다.

늙은 리어 왕은 세 딸들에게 국토를 나누어 주려고 하면서 그들을 시험한다. 큰딸 고너릴과 둘째딸 리건은 달콤한 아부의 말을 하지만, 막내딸 코딜리어는 자식으로서의 의무로 사랑하고 존경할 뿐이라고 말해 추방당한다. 리어는 두 딸의 집에 교대로 머물다가 심한 대우를 받고 궁정의 광대와 충신 켄트 백작만을 데리고 광야에서 두 딸을 저주하며 살아간다. 프랑스에서 왕비가 된 코딜리어는 부왕의 참상을 듣고 군대와 함께 영국으로 가지만 리어와 함께 포로가 되어 죽고 리어는 딸의 주검을 보고 절명한다. 한편 고너릴과 리건은 글로스터의 서자인 에드먼드와의 불륜으로 신세를 망치고, 고너릴의 남편인 올바니 공작이 왕위에 오른다.

⑤ 『한여름 밤의 꿈*A Midsummer Night's Dream*』(1595)

이 작품은 진실한 사랑을 찾는 연인들이 벌이는 한밤의 유쾌한 소동을 환상적인 표현을 통해 보여 주고 있는 희극이다. 줄거리는 다음과 같다.

드미트리어스와 결혼하기로 되어 있던 허미어는 라이샌더를 사랑하여 그와 함께 숲속으로 도망친다. 반면에 드미트리어스를 사랑하는 헬레나는 이 사실을 드미트리어스에게 말해 준다. 이들의 모습을 본 요정의 왕 오베론은 헬레나가 자신의 처지와 비슷하다고 생각하여 동정하게 된다. 오베론은 사랑의 묘약인 꽃즙을 이용하여 드미트리어스가 헬레나를 사랑하게 만들려고 한다. 그러나 그의 부하 요정 퍼크가 실수로 드미트리어스가 아닌 라이샌더에게 꽃즙을 바르게 되고, 드미트리어스와 라이샌더 모두가 헬레나를 사랑하게 된다. 이것을 본 오베론은 젊은이들을 잠들게 하여 제대로 짝을 지은 후 꽃즙을 다시 발라준다. 결국 잠에서 깨어난 젊은이들은 사랑하는 사람들끼리 맺어져 두 쌍의 결혼식이 이루어진다.[16)]

# 2. 바실레

바로크 시대에 이르러 드디어 이탈리아 작가 바실레Giambattista Basile(1575~1632)에 의해 동화문학이 시작되었다. 그는 이탈리아 나폴리에서 태어났고, 북서부 만토바Mantova에 머물면서 곤치가 공公 밑에서 일했다. 그 후 39세인 1614년에 고향인 나폴리로 돌아와 봉건 영주의 영지수호직領地守護職을 맡는 공무원으로

16) http://100.daum.net/encyclopedia

서 틈틈이 글을 썼다. 바실레가 유명해진 것은 나폴리 방언으로 된 대표작 『펜타메론*Pentamerone*』(1634~1636)을 썼기 때문이다. 이 동화집은 보카치오의 『데카메론』을 본떠서, 나폴리에 전하는 민화民話와 유럽 지방의 설화를 담은 최초의 동화집이다. 물론 바실레보다 먼저 이탈리아의 옛날 이야기책 『유쾌한 밤*Le piacevoli notti*』(1550)을 쓴 조반 프란체스코 스트라파롤라Giovan Francesco Straparola (1480~1557)가 있지만, 문학사적 가치가 바실레의 동화집에 미치지 못한다고 하겠다. 어쨌든 바실레 동화집 『펜타메론』은 보카치오가 남긴 이탈리아 민화 『데카메론』과 페로 동화 사이의 과도기 작품이라고 할 수 있다.

『펜타메론』은 원래 바실레가 『동화 중의 동화*Lo Cunto de li Cunti*』라는 제목으로 '잔 알레시오 아바투티스Gian Alesio Abbattutis'라는 필명으로 썼고, 그가 죽은 뒤에 출판되었는데, 최초의 편집자가 그 구성이 보카치오의 『데카메론』과 유사하여 『펜타메론』이라고 부른 것이다. 『데카메론』이 10일 동안 10명의 청춘남녀가 들려주는 100가지 이야기라면, 『펜타메론』의 동화 줄거리는 왕자비로 가장한 한 여자노예가 왕자와 함께 10명의 여자로부터 5일 동안 50가지 동화를 듣는다는 내용이다. 그 50가지 동화는 다음과 같다.

① **첫째 날 동화:** 1. 거인요괴 동화Das Märchen vom Riesenmonster, 2. 미르테Die Myrte, 3. 페루온토Peruonto, 4. 바르디엘로Vardiello, 5. 벼룩Der Floh, 6. 신데렐라Cenerentola (Aschenputtel-Variante), 7. 상인Der Kaufmann, 8. 염소외모Das Ziegengesicht, 9. 마법에 걸린 암노루Die verzauberte Ricke, 10. 세 자매Die drei Schwestern

② **둘째 날 동화:** 1. 라푼첼Petersilie (Rapunzel-Variante), 2. 푸른 초원Die grüne Wiese, 3. 보라Violett, 4. 피포Pippo, 5. 뱀Die Schlange, 6. 암곰Die Bärin (Allerleirauh-Variante), 7. 비둘기Die Taube, 8. 어린 노예Die kleine Sklavin(Die Küchenmagd), 9. 맹꽁이자물쇠Das Vorhängeschloss, 10. 버디Buddy

③ **셋째 날 동화:** 1. 칸네텔라Cannetella, 2. 손 없는 소녀Penta mit den abgehackten Händen (eine Variante von Das Mädchen ohne Hände), 3. 얼굴Das Gesicht, 4. 사피아 리카르다Sapia Liccarda, 5. 좀날개바퀴, 쥐 그리고 귀뚜라미Die Kakerlake, die Maus und die Grille, 6. 마늘-밭Das Knoblauch-Beet, 7. 코르베토Corvetto, 8. 보비Booby, 9. 로젤라Rosella, 10. 세 요정Die drei Feen

④ **넷째 날 동화:** 1. 닭머리 돌Der Stein im Hahnenkopf, 2. 두 형제Die zwei Brüder, 3. 마법에 걸린 세 왕자Die drei verwunschenen Prinzen, 4. 일곱 개의 어린 비계껍질Die sieben kleinen Speckrinden, 5. 용Der Drache, 6. 세 개의 왕관Die drei Kronen, 7. 두 명의 과자요정Die zwei Kuchen(Variante von Die Feen), 8. 일곱 마리 비둘기Die sieben Tauben (Variante von Die sieben Raben), 9. 까마귀Der Rabe, 10. 지빠귀수염 왕Der bestrafte Stolz (Variante von König Drosselbart)

⑤ **다섯째 날 동화:** 1. 거위Die Gans, 2. 달Die Monate, 3. 핀토스말토Pintosmalto, 4. 황금뿌리Die Goldene Wurzel (Variante von Amor und Psyche), 5. 해, 달 그리고 탈리아Sonne, Mond und Talia (Variante von Dornröschen), 6. 사피아Sapia, 7. 다섯 아들Die fünf Söhne, 8. 넨닐로와 넨닐라Nennillo und Nennella (Variante von Brüderchen und Schwesterchen), 9. 세 개의 레몬Die drei Zitronen (Variante von Die Liebe zu drei Orangen) 10. 쪼자 동화Das Märchen von Zoza

위의 50편의 동화들 가운데는 「해와 달 그리고 탈리아」, 「넨닐로와 넨넬라」, 「라푼첼」, 「장화 신은 고양이」, 「신데렐라」, 「백설 공주」, 「손 없는 소녀」, 「미녀와 야수」, 「지빠귀 수염 왕」, 「숲속의 잠자는 공주」, 「일곱 마리 까마귀」 같은 페로와 그림 형제에 의해 재가공된 익숙한 동화들도 있다. 결국 이야기의 마지막 5일째 날에 진짜 왕자비가 나타나 사실을 밝히고 왕자비로 가장했던 사악한 여자노예를 쫒아낸다는 내용으로 동화 줄거리를 마무리한다.[17)]

『펜타메론』에는 동화 줄거리가 남녀 간의 사랑이나 유혹, 선정적인 장면 같이 어린이에게는 적당치 않은 내용이 들어 있고, '행복한 결말'이라는 동화 틀에 맞추기 위해 억지로 짜 맞춘 듯한 면도 있지만 최초의 동화모음집으로 그 가치가 매우 높다고 하겠다. 그래서 『펜타메론』을 이탈리아 표준어로 옮긴 베네데토 크로체도 이 동화모음집을 작품의 예술성과 민속학적 가치가 뛰어나고 아동들의 환상적인 호기심을 처음으로 충족시켜 준 책이라고 높이 평가했다.

---

17) https://de.wikipedia.org/wiki/Giambattista_Basile

# 3. 그림멜스하우젠

그림멜스하우젠Grimmelshausen(1622~1676)은 17세기 바로크 시대의 작가이며, 30년 전쟁 중 사병으로 각지를 전전하면서 많은 경험을 쌓았다. 전쟁 후 농장관리인으로 일하다가 마을 촌장을 지내기도 했다. 그는 바로크 시대의 소설을 대표하는 최고의 걸작인 『짐플리치시무스의 모험』(1668)을 썼다. 이 작품은 자서전적인 형식의 30년 전쟁 속의 한 남자 이야기이다. 짐플리치시무스라는 말은 원래 '바보'란 뜻이다.

이 소설은 스페인 계통인 악한 소설의 흐름을 이어받은 것으로서 30년 전쟁 중 양 진영을 전전하던 작가 자신의 경험을 토대로 인간의 성장과정과 영혼의 구제를 그려냈다. 또한 르네상스적인 세계 긍정사상과 기독교적인 세계 도피사상과의 딜레마 속에서 고민하는 바로크적 인간상이 장대하게 묘사되었다. 이 작품은 당시의 사회상을 자세히 묘사한 30년 전쟁 시기의 귀중한 자료이기도 하다. 『짐플리치시무스의 모험』은 한 인간의 성장문제를 다룬 독일 교양소설의 정점을 이루며, 이 소설의 결론은 '세상의 모든 것이 무상하다'는 것이다. 30년 동안 전쟁터에서 수많은 희로애락의 삶을 경험한 작가에게 '인생무상'과 '삶의 회의'의 결론은 당연한 귀결이라 하겠다.

# 4. 페로

샤를 페로Charles Perrault(1628~1703)는 동화라는 문학 장르의 기초를 다진 프랑스 작가이다. 이탈리아 바실레의 영향을 받아 쓴 매혹적인 동화집 『어미 거위 이야기*Contes de ma mère l'oye*』(1697)는 그의 아이들을 기쁘게 해 주려고 쓴 이야기이다. 이 동화집에는 「빨간 모자」, 「잠자는 숲속의 미녀」, 「장화 신은 고양이」, 「푸른 수염」, 「신데렐라」, 「엄지 동자」, 「다이아몬드와 두꺼비들」, 「당나귀 가죽」, 「어리석은 세 가지 소원」 등 잊혀 가는 민담을 단순하고 꾸밈이 없는 문체로 새롭게 엮은 동화들이 실려 있다. 페로가 쓴 유명한 동화들은 오늘날 전 세계적으로 유명한 동화책, 그림책, 오페라, 발레, 희곡, 뮤지컬, 영화로 만들어졌다. 또한 많은 동화작가들이 페로처럼 자신의 아이들을 관찰하고 즐겁게 들려주려고 동화를 창작하는 등의 영향을 미쳤다.

페로는 프랑스 파리의 부유한 부르주아 가정에서 태어났다. 그는 최고의 학교에서 수학했고, 정부 기관에서 경력을 쌓기 전 법률을 공부했으며, 23세에 변호사가 되었다. 페로는 관리가 된 후에는 설계에 흥미를 가져 베르사유 궁전의 설계에 종사하는 등 다양한 경력의 소유자이다. 또한 그는 회화 아카데미와 과학 아카데미의 창립에도 참여했다. 1663년 금석문 문학 아카데미가 설립되었을 때 페로는 비서로 임명되고, 콜베르의 비서 역할을 담당했다.

페로는 1695년 67세 때 비서직 자리와 아내를 잃게 된다. 페로는 자신의 아이들에게 헌신하기로 결심하고, 뒤늦게 1697년 69세에 동화집 『어미 거위 이야기』를 출판한다. 이 동화책의 출간은 페로를 자신의 사회적 집단을 넘어서 널리 알리는 계기가 되었으며, 동화라는 문학 장르의 초석을 다지게 되었다. 페로는 동화 창작에서 주로 자기 주변에 있던 이미지를 이용하였는데, 위세 성의 이미지가 「잠자는 숲속의 미녀」의 소재가 되었고, 와롱 성의 후작은

「장화 신은 고양이」에 직접 등장한다. 또한 페로는 동시대에 유행한 작은 주제와 여담 및 자잘한 이야기로 그의 동화 주제를 전개했고, 1703년 향년 75세 나이로 파리 시에서 사망하였다.[18)]

페로 동화 「푸른 수염」의 줄거리를 소개하면 다음과 같다.

어느 시대의 부유한 귀족인 푸른 수염은 비패한 귀족으로 유명해져서 무시무시하고 추악한 귀족으로 두려움의 대상이 되었다. 그가 그렇게 된 이유는 여러 번 결혼했으나, 그의 아내들이 어떻게 되었는지 아무도 아는 이가 없었다. 그래서 그는 마을 처녀들에게 회피대상이었다. 푸른 수염이 그의 매우 가난한 이웃 주민 중 한 곳을 방문하여, 집주인의 딸 중 한 명과 결혼할 수 있게끔 부탁하자, 모두들 두려워하며, 각자가 다른 자매에게 떠넘기려고 했다. 마침내 푸른 수염은 그 집의 막내딸과 결혼하기로 하고, 결혼식 이후, 그녀는 그와 함께 그의 성에서 살게 되었다.

그러나 결혼식 직후, 푸른 수염은 한동안 볼 일을 보기 위해 그 지방을 떠나야 한다고 말했다. 그는 성의 모든 열쇠를 아내에게 건네주었고, 거기에는 출입을 금지당했던 작은 방의 열쇠 또한 포함되었다. 그렇게 푸른 수염은 멀리 떠나고, 아내가 성을 관리하게 되었다. 그녀는 그 금지된 방에 무엇이 있는지 보고 싶었지만 욕망을 이겨 내었다. 하지만 결국은 그녀를 찾아온 언니의 호기심에 동생이 그 방을 열어보게끔 만들었다.

푸른 수염의 아내는 즉시 그 방의 끔찍한 비밀을 발견하게 되었다. 방바닥은 피로 얼룩져 있으며, 남편의 전 아내들의 시체가 벽에 걸려 있었다. 두려움에 질려 그녀는 방문을 잠갔지만, 피가 열쇠에 묻었고, 물로도 씻기지 않았다. 푸른 수염은 예상보다 일찍 돌아왔고, 아내가 무슨 짓을 했는지 즉시 알아채게 되었다. 분노에 차서, 그는 그녀의 목을 베겠다고 위협했고, 그녀는 언니와 함께 성의 가장 높은 탑으로 도망쳐 문을 잠그게 된다. 푸른 수염이 칼을 손에 거머쥐고, 문을 부수려고 하자, 자매는 그들의 두 명의 오빠들이 도착하기를 기다린다. 푸른 수염이 마지막 순간에 치명적인 일격을 가하려고 하는 순간, 오빠들이 그 성을 쳐들어와서는 그를 죽이게 된다.

푸른 수염은 아내 이외에는 상속자가 없게 되어, 그의 모든 재산은 아내가

18) https://de.wikipedia.org/wiki/Charles_Perrault

상속받게 되었다. 그녀는 그 재산의 일부를 언니가 사랑하는 이와 결혼할 때의 지참금으로 사용했고, 다른 일부분은 오빠들의 장군 위임을 위해 사용했다. 나머지 재산은 푸른 수염에게 받았던 상처를 잊을 수 있게 한 부유한 신사와 결혼하는 데 썼다.[19)]

페로 동화『푸른 수염』에서는 제목에서 언급된 푸른 수염의 부유한 남자보다 그의 옆집에 사는 가난한 막내딸이 동화 주인공의 역할을 한다. 그녀는 푸른 수염과 결혼하고, 그에게 순종하면서 잘 지내지만, 남편이 출장 갔을 때 금지된 작은 비밀의 방을 열고 그 안에서 피가 흥건한 여자시체를 발견함으로써, 푸른 수염이 살인마라는 비밀을 밝혀낸다. 결국 그녀는 격노한 푸른 수염을 두 명의 오빠들의 도움으로 죽이고는, 많은 재산을 차지하고, 다른 남자와 결혼한다. 이러한『푸른 수염』의 줄거리를 바탕으로 두 남녀 등장인물을 융의 심층심리학으로 설명하자면, 살인자 푸른 수염은 치명적이고 악한 부정적 아니무스의 표출이며, 그의 아내는 어떻게 해서라도 살아남으려는 긍정적 아니마의 표상이라고 할 수 있다. 원래 아니마와 아니무스는 서로의 이상형을 만났을 때 긍정적인 효과를 가져오지만, 이 경우에는 상극적인 잘못된 만남으로 결국 파국에 이르는 것이다. 페로가 그의 아이들을 위해 쓴 9편의 동화는 많은 부분 이탈리아 바실레 동화를 바탕으로 쓴 것이다. 페로 동화는 다음 세기 그림 형제에게 커다란 영향을 미쳐서 210편의 그림 동화를 발표하게 되니 동화문학사에 커다란 이정표 역할을 했다고 하겠다.

---

19) https://ko.wikipedia.org

# V.

# 계몽주의

(1700~1770년)

V.

# 계몽주의 (1700～1770년)

계몽주의란 인간이 이성과 지식과 경험을 바탕으로 인간 상호간의 관계, 인간과 자연과의 관계, 인간과 신과의 관계를 규정하고, 무지와 몽매를 계발시켜 인간 생활의 진보와 개선을 도모하고자 하는 합리주의적 사고 경향을 말한다.

계몽주의는 르네상스에 의한 인문주의가 데카르트Descartes(1596～1650)를 거쳐 로크John Locke(1632～1704)와 흄Hume(1711～1776), 볼테르Voltaire(1694～1778)와 몽테스키외Montesquieu(1689～1755)에 의해 집대성되어 독일 경건주의Pietismus와 라이프니츠Leipniz(1646～1716)로 이어지면서 절정을 이룬다.

계몽주의는 신 대신에 이성과 지식과 경험을 내세우고, 이성을 토대로 인간 생활의 태도를 규정지으며, 세계를 합리적으로 개선하는 데 이바지했다. 이 사상은 전통과 권위에 항거하면서 생활의 목표를 영혼의 구제에 두지 않고, 현세에 있어서의 개인의 행복에 두었으며, 실용주의적 경향과 민주주의 사상이 뿌리내렸다. 계몽주의는 훗날 프랑스혁명의 기틀이 되었고, 근대 자연과학의 근본 관념이 확립되었으며, 신앙의 자유를 제창했다.

# 1. 디포

영국 계몽주의의 대표 작가 디포Daniel Defoe(1660~1731)는 상인의 아들로 태어나 1684년 24세에 결혼했다. 그는 속옷 상점을 경영하다가 뒤늦게 1688년 28세 나이로 윌리엄 3세의 군대에 들어갔다. 디포는 네덜란드계系 국왕에 대한 국민의 편견을 공격한 풍자시 「순수한 영국인」(1701), 비국교도非國敎徒이면서도 마치 국교도 쪽에 서 있는 것같이 주장한 팸플릿 「비국교도 대책 첩경」(1702) 등의 시사적인 문제작을 발표했으나, 후자 때문에 필화筆禍를 당하여 감금되었다. 그는 옥중에서 주간지 출판 계획을 세우고, 훗날 수상이 된 토리당黨의 R. 할레이 백작에 의해 출옥되자, 그의 비서로 일했다. 디포는 1704년부터 1713년까지 주간지 「리뷰」를 간행했고 저널리스트와 정치가로 활약하는 한편 문필가로서도 두각을 나타내기 시작하여, 『빌 부인의 유령이야기』(1706)라는 실화 같은 소설을 썼다.

디포는 60세 가까이 되어서 발표한 영문학에서 그의 이름을 영원히 남긴 『로빈슨 크루소 *Robinson Crusoe*』(1719)를 썼고 그 작품이 그의 대표작이 되었다. 이 작품은 난파難破되어 혼자 무인도로 표류한 사나이가 그곳에서 착실하게 생활을 해 나가는 모습을 극히 사실적으로 묘사한 작품인데, 모든 것을 실제로 보고 온 듯이 치밀하게 그려서 박진감이 넘친다. 그 밖에도 그는 『해적 싱글턴 *Captain Singleton*』(1720), 『몰 플랜더스 *Moll Flanders*』(1722), 『로크사나 *Roxana*』(1724), 『영국 주유기周遊記 *A Tour through the Whole Island of Great Britain*』(1724~1726) 등의 많은 작품을 썼다. 디포의 소설은 악당惡黨의 일대기라고 하는 형식으로 된 이른바 '악당소설'이 많고, 그 사실적 수법 때문에 영국의 근대적인 소설로 간주되고 있다.[20]

20) http://terms.naver.com

여기서 디포의 대표작 『로빈슨 크루소』에 대해 알아보자.

로빈슨 크루소는 중류 가정에서 태어났지만, 안정된 생활 속에서 누리는 행복에 관해 설득시키려는 아버지의 말에 귀 기울이지 않고 가출하여 선원이 되었다. 그는 아프리카 연안에서 무어인에게 붙들려 노예가 되지만, 거기서 도망하여 친절한 선장의 도움으로 브라질 농장에서 일자리를 얻게 되었다. 크루소는 그곳에서 농장주의 의뢰를 받아 흑인 노예를 구하러 아프리카로 가던 도중에 배가 파선된다. 그 바람에 무려 28년간에 걸친 무인도에서의 생활이 시작되는 것이다.

그는 난파당한 배로부터 식량, 무기, 의류, 연장 등을 운반하여, 그것을 가지고 자급자족의 생활을 시작했다. 다행히 섬에는 맹수가 없었고, 기후 또한 온화했고 맑은 물도 있었다.

15년째 되는 해 어느 날, 바닷가 모래밭에서 하나의 커다란 발자취를 보게 된 크루소는 깜짝 놀랐다. 그는 계속 경계를 강화하는 가운데 2년의 세월이 흘렀다. 그러던 어느 날 그는 바닷가에 흩어져 있는 사람의 뼈와 손발을 보고 그 섬이 식인종들이 사는 곳임을 알고 두려움을 느끼게 되었다.

24년째가 되는 어느 날, 크루소는 식인종에게 붙들린 토인을 아슬아슬한 가운데 구출해 내어 하인으로 삼았다. 그날이 금요일이었기 때문에 그의 이름을 프라이 데이라고 지어 주었다. 그 뒤로도 연이어서 프라이 데이의 아버지와 스페인 사람 하나를 구하여 그는 고독에서 해방될 수 있었다. 27년째 되는 해에 영국 배가 기항했다. 크루소는 선장 편에 서서 선원들의 반란을 진압하고 반역자들을 섬에 남겨 둔 채 영국으로 돌아가게 되었다.[21]

『로빈슨 크루소』는 무인도에서의 고독한 삶 속에서도 인간 본연의 생활을 잃지 않고 기억하고 답습하며 이겨 내면 다시 인간들과 더불어 생활할 수 있다는 교훈적인 내용의 이야기이다. 아무도 없는 무인도에서 혼자서 살아가는 방법을 스스로 깨달아가는 인간이야말로 위대한 인간이라는 계몽주의 철학이 잘 표현된 작품이라고 하겠다.

---

21) http://terms.naver.com

# 2. 몽테스키외

몽테스키외Charles Montesquieu(1689~1755)는 프랑스 계몽주의의 정치학자이자 철학자이다. 그의 저서는 프랑스 부르주아 혁명의 지도자들에게 대단히 많은 영향을 미쳤다. 그는 영국의 사상가 로크의 영향을 받아 절대군주제를 격렬하게 비판하고 국가의 기원, 법의 본성을 자연적인 기초 위에서 설명하면서 사회개혁의 계획을 세웠다.

몽테스키외는 정부의 형태로서 입헌군주제를 최선의 것으로 생각하고, 3권 분립, 양원제 의회를 주장했다. 민주주의 국가체제를 17세기 말에 정립한 것이다. 그가 자연과 사회를 동일시했던 것은 중세적인 신의 섭리로 사회를 설명하는 것과는 완전히 대립하고 있다. 그는 지리적 유물론을 주장하여, 일국 인민의 도덕적 특징, 법의 성격, 정부의 형태 등은 기후·토지·영토의 넓이 등에 의해 규정된다고 했다.[22)]

몽테스키외는 처음에는 집에서, 나중에는 마을에서 교육받다가 1700년 11세에 파리에서 가까운 모Meaux의 교구에 있는 '콜레주 드 쥐이'에 들어갔다. 이 학교는 보르도의 유명한 가문들이 후원하고 있었으며 소유자 오라토리오회 사제들이 계몽적이고 근대화한 방식으로 견실한 교육을 실시하고 있었다.

몽테스키외는 1705년 보르도 대학교 법학부에 입학한 뒤 1708년 19세에 졸업하면서 변호사가 되었다.

그 후 몽테스키외는 법률 실무를 쌓기 위해 파리로 갔다가 1713년 아버지의 죽음으로 다시 보르도로 돌아왔다. 그는 2년 후 26세 때 '잔 드 라르티그'와 결혼했다. 부유한 프로테스탄트였던 그녀는 지참금으로 10만 리브르를 가져

---

22) http://terms.naver.com

왔고 얼마 후 딸 2명과 아들 장 바티스트를 낳았다. 몽테스키외는 부인의 사업수완을 높이 평가하고 파리로 떠날 일이 있을 때마다 재산관리를 그녀에게 맡겼다. 몽테스키외는 27세의 젊은 나이에 가정적·사회적·재정적 안정을 얻었다. 그는 법률 업무에 전념하면서 로마법을 꼼꼼히 연구했고, 틈틈이 새로 설립된 보르도의 학회에서 지학·생물학·물리학 등의 지식을 쌓았다.

몽테스키외는 1721년 32세 때 『페르시아 인의 편지*Lettres persanes*』를 출판함으로써 가까운 친구들을 놀라게 했다. 이 책은 2명의 페르시아 여행자의 눈을 통해 프랑스 파리 문명을 날카롭게 풍자했다. 이 작품은 루이 14세의 통치를 조롱했고, 모든 사회계급을 놀림감으로 삼았다. 특히 선사시대 혈거인의 우화를 통해 자연 상태에 관한 토머스 홉스의 이론을 논의했다.

몽테스키외는 1748년 59세 때 『법의 정신, 또는 법이 각국의 정부 구성·풍습·기후·상업 등의 구성과 맺는 관계에 관하여*De l'esprit des lois, ou du rapport que les lois doivent avoir avec la constitution de chaque gouvernement, les moeurs, le climat, la religion, le commerce, etc.*』를 출판했다. 이 책은 4절판의 1,086쪽 31권에 이르는 방대한 분량이다. 『법의 정신』은 정치이론사와 법률사에서 가장 훌륭한 책 가운데 하나이다.

『법의 정신』이 나온 뒤 매우 다양한 방면에서 칭찬이 쏟아졌다. 스코틀랜드 철학자 데이비드 흄은 런던에서 이 책이 모든 시대에 걸쳐 칭송받으리라고 예언했다. 스위스의 과학자 샤를 보네는 뉴턴이 물리세계의 법칙을 발견했듯이 몽테스키외는 정신세계의 법칙을 발견했다고 평가했다.

계몽주의 철학자들에게 이 책은 논쟁을 불러일으켰고, 이 책을 반박하는 다양한 논문과 소책자들이 나왔다. 소르본과 프랑스 성직자 회의에서 퍼부은 공격은 다행히 무마되었지만, 로마에서는 프랑스 외교관과 자유주의 고위 성직자들의 중재활동과 교황의 호의에도 불구하고 몽테스키외의 반대자들이 이기는 바람에 『법의 정신』은 1751년 금서 목록에 들어갔다.

몽테스키외는 실망했지만 이것은 일시적 좌절에 지나지 않았다. 그는 이미 『법의 정신에 관한 변론*Défense de L'Esprit des lois*』(1750)을 출판했다. 섬세하고 해학이 넘치면서도 강렬하고 날카로운 이 책은 그의 글 가운데 가장 훌륭했다. 마침내

그는 세계적 명성을 누리게 되었다.[23)]

몽테스키외가 『법의 정신』을 출판하지 않았다면, 정치권력의 3권 분립도, 군주정·귀적정·민주정의 정부의 분류도, 심지어 기후변화가 정치에 미치는 영향도 매우 뒤처졌으리라 생각된다.

## 3. 스위프트

영국의 소설가 스위프트Jonathan Swift(1667~1745)는 1667년 11월 30일 아일랜드의 더블린에서 태어났다. 그가 태어났을 때 이미 영국인 아버지는 사망한 뒤라서 극빈 상태였다. 그는 힘든 어린 시절을 보냈고, 다행히 큰아버지의 호의로 더블린의 트리니티 칼리지에 들어갈 수 있었다. 그러나 그는 아무런 재능을 보이지 않았을 뿐 아니라 방종한 성격 탓에 학교를 간신히 졸업할 수 있었다.

그 뒤에 스위프트는 먼저 영국에 가 있던 어머니를 다시 만났고, 그녀의 도움으로 그 당시의 일류 정치가이자 외교관이었던 윌리엄 템플 경의 비서가 되었다. 그가 스텔라라고 불렀던 에스터 존슨(1681~1728)과 처음 만난 것은 이 무렵의 일이었다.

스위프트는 다시 아일랜드로 건너가 벨파스트 근처에 있는 교회의 목사로 임명되었다. 그는 더블린의 세인트패트릭 성당의 목사를 역임하기도 했다. 이 시기에 종종 런던으로 나가 애디슨, 스틸, 콩그리브, 포프 등의 문인 및 노동당 지도자들과 친하게 지냈다. 그러다가 그는 보수당으로 전환해 그

23) http://100.daum.net/encyclopedia

당의 대변자가 되었다. 바네사라고 불린 에스터 배넘리(1688~1723)와의 교제가 깊어진 것도 이 시기였다.

그는 차츰 문단과 정계에서 두각을 내며 영국에서 영화를 누리려 했던 야망이 이루어지는 듯했다. 그러나 그의 모든 꿈은 비참한 좌절로 끝났고, 그가 오른 자리라고는 세인트패트릭 성당의 수석사제라는 직분이었다. 스위프트는 여기서 다시 완전히 입장을 바꿔 영국으로부터 아일랜드의 자유와 독립을 쟁취해 내려는 투사가 되었고, 그 결과 아일랜드의 애국자라는 칭송을 받게 되었다. 그는 극단적인 것을 좋아하는 동화 주인공의 삶을 실제로 체험한 것이다.

이후 2명의 애인들 스텔라와 바네사도 먼저 세상을 떠났고, 본인도 메니에르병이 심화되어 말년에는 치매에 걸렸다가 1745년 10월 19일 향년 78세 나이에 죽었다. 그의 유산은 정신병원을 건설하는 데 기부되었다.

스위프트의 대표작은 『걸리버 여행기*Gulliver's Travels*』(1726)이다. 당시에는 풍자소설로 발표했지만 사실은 동화문학이라고 해도 과언은 아니다. 『걸리버 여행기』에 대한 설명은 다음과 같다.

> 레뮤얼 걸리버는 노팅엄의 작은 농장에서 태어났다. 그는 14세 때부터 영국과 네덜란드의 대학에서 공부했고, 나중에 외과 의사가 되어 배를 탔다. 그는 두세 번 항해를 끝내고 런던에 주거를 정한 다음, 메리 버턴이라는 여성과 결혼을 하고 개업도 했다. 그러다가 그는 다시 배를 타고 남대서양을 향해 출항하게 된다. 1699년 5월 4일의 일이다.
>
> 첫 번째 항해에서 그가 탄 배가 순다 열도의 남서쪽에서 난파해 릴리퍼트라는 섬에 도착한다. 그곳은 키가 6인치도 안 되는 소인들이 사는 나라로, 모든 것이 그 크기에 맞추어져 있는 소인국이었다. 그래서 영국인으로서는 체격이 표준에 속했던 걸리버도 그곳에서는 엄청나게 커다란 거인이 되어 아무리 큰 불이 나도 소변으로 끌 수 있을 정도였다.
>
> 다음 항해에서 걸리버가 도착한 곳은 브롭딩낵, 곧 거인들의 섬이었다. 그곳의 왕과 백성들은 60피트도 더 되는 거인이다. 여기서는 걸리버가 소인이 되어 버렸다.

세 번째 항해에서 걸리버는 해적의 습격을 받아 작은 보트로 표류하는 신세가 된다. 어느 날 그가 섬 하나를 발견해 상륙했는데, 그곳은 하늘을 나는 섬이었다. 주민들은 모두 황당할 정도로 추상적인 사색에 빠져 있는 공상적인 사람들이다. 이 라퓨타 삼각주를 기반으로 그는 여기저기 찾아가 본다. 걸리버는 러그낵이라는 나라에서 스트럴드브럭이라고 불리는 죽지 않는 사람들을 만난다. 아무리 죽으려 해도 죽지 못하는 기괴하고 불쌍한 모습을 보고 그는 몹시 놀란다.

걸리버의 마지막 여행지는 후이넘 섬이었다. 그곳 주민들은 겉으로 보기에는 말의 모습과 비슷하지만 모두 높은 지성과 자제심과 예절을 갖춘 매우 뛰어나고 아름다운 존재였다. 야후라는 인간과 똑같이 생긴 동물 때문에 모든 인간에 대해 심한 혐오감을 갖게 된 걸리버는 고향에 돌아간 뒤에도 자기 가족의 얼굴까지 보기가 싫어지고, 마구간에 들어가서 말들의 얼굴을 보아야만 안식을 찾을 수 있는 지경이 된다. 여행을 통한 혼란의 시간을 거친 후 걸리버는 안정을 찾을 수 있었다.

레뮤얼 걸리버는 관찰력과 감수성이 뛰어난 존재였지만 전반적으로 평범한 영국인이다. 그러나 그의 마음속에는 인간의 기만과 영국 정치나 학계의 부패에 대한 분노와 비판이 불타고 있었다. 그런 점에서 걸리버는 작가의 분신이라고 할 수 있다.

그 무렵에는 일반인들까지 항해에 관해 높은 열기를 보였고, 뛰어난 항해기도 잇달아 발표되었는데, 『로빈슨 크루소』도 그 가운데 하나였다. 1719년에 탄생한 로빈슨과 비슷하게 걸리버도 1726년에 발표된 이 책 속에서 매우 상세한 사실주의 수법을 통해 영국과 해상에서 일어난 일과 섬에서의 사건을 실제로 있었던 것처럼 묘사한다. 그래서 독자는 그것이 틀림없는 사실이라고 믿는다. 왜냐하면 소인국이나 대인국에 나오는 관료들이나 정치가들이 그저 공상의 산물이 아니라 등장인물 한 사람 한 사람이 실제로 존재하던 영국인을 빗대어 묘사한 것이기 때문이다.

걸리버는 말의 나라에서 영국으로 돌아와 처자가 있는 집에 귀가했을 때 인간들의 색과 형태, 그리고 냄새도 견디지 못했다. 일종의 극단적인 인간 혐오가 그에게 생긴 것이다. 사실 그것은 작가 자신의 빼놓을 수 없는 성격이었지만, 그 반면에 그에게는 인간의 적나라한 모습 그대로를 사랑하는 한없는 열정이 숨겨져 있다고 하겠다. 스위프트는 인간을 사랑하기 때문에 증오하고 있었던 것이다.[24)]

『걸리버 여행기』에 나오는 소인국과 거인국은 동화나라에서나 가능한 환상적인 장면이다. 『걸리버 여행기』는 스위프트에 의해 동시대 영국인들에게 던지는 "우리에게는 사람을 미워하기에 충분한 종교는 있지만, 서로 사랑하게 만들기에 충분한 종교는 없다."라는 메시지를 통해 이기적이고 배타적인 사회분위기를 신랄하게 풍자한 작품이지만, 유쾌한 웃음과 상상의 나래를 펴게 하는 동화작품이라고도 할 수 있다.

## 4. 루소

루소Jean-Jacques Rousseau(1712~1778)는 프랑스의 계몽사상가, 철학자, 사회학자, 미학자, 교육론자이다. 그의 철학적 입장은 물질과 정신은 함께 영원히 존재하는 원리라고 보는 이원론에서 나왔으며, 영혼은 불멸하다고 주장했다. 그는 사회학적으로 봉건적 전제 지배를 격렬하게 공격했고 부르주아 민주주의를 지지하고 시민의 자유를 강조했다.

루소는 출신에 관계없이 인간은 평등하다고 보았고, 불평등은 사유재산에 있다고 했지만, 소소유小所有를 인정하고, 노동을 높이 평가하는 소시민적, 수공업자적 견해를 갖고 있었다. 그는 사회계약론을 주장했지만 홉스와는

24) http://100.daum.net/encyclopedia

달리, 인간의 자연의 상태는 만인의 만인에 대한 투쟁이 아니라 우정과 조화가 지배하고 있다고 설명하고, 이 자연 상태를 회복할 것을 주장했다. '자연으로 돌아가라'는 그의 사상은 프랑스의 시민혁명을 준비하는 과정에서 큰 영향을 미쳤다.[25)]

루소는 1712년 스위스 제네바에서 출생했다. 아버지는 가난한 시계제조업자이고 어머니는 시계제조업자의 딸이었다. 어머니가 루소를 낳다가 죽었고, 그는 아버지에 의해 양육되었다. 루소는 10세 때 아버지마저 집을 나가 숙부에게 맡겨졌으며, 공작소 주인의 심부름 따위를 하면서 소년기를 보냈다.

상상력이 풍부했던 루소에게 도제생활은 하나의 감옥이었다. 루소는 1728년 16세 때 제네바를 떠나 청년기를 방랑생활로 보냈다. 이 기간에 루소는 바랑 남작부인을 만나 모자간의 사랑과 이성간의 사랑이 기묘하게 뒤섞인 것 같은 관계를 맺고, 집사로 일하면서 공부할 기회를 얻었다. 그는 이 10여 년간을 독학을 통해 지식을 습득하고 축적하는 데 매진했다.

루소는 1742년 30세 때 파리로 나와 디드로 등과 친교를 맺고, 진행 중인 『백과전서』의 간행에도 협력했다. 그러던 중 그의 생애에서 중요한 변화를 가져다줄 일이 생긴다. 우연히 본 잡지의 디종Dijon 아카데미가 내건 현상 논문의 제목에서 영감을 받고 응모하게 된다. 현상 공모의 제목은 『학문과 예술의 부흥은 도덕적 순화에 기여했는가?』였다. 1749년 39세에 디종 아카데미 현상 논문에 당선한 『학문 및 예술에 관한 논고』를 출판하여 루소는 사상가로서 인정받게 된다.

그 후에 나온 그의 두 번째 주요 저작인 『인간불평등기원론』(1755) 역시 1753년 41세에 공모한 현상 논문으로 제출하기 위해 썼지만 이미 유명한 사상가가 된 그가 수상을 목표로 해서 썼다기보다는 현상 주제에서 받은 영감을 표현하기 위해 썼다고 하겠다. 번뜩이는 영감이 루소의 대작을 탄생시켰듯이, 훌륭한 작가는 영감에 의해 글을 써야 한다.

---

25) http://terms.naver.com

어느덧 자신의 독자적인 입장을 지닌 루소는 『정치경제론』(1755), 『언어기원론』(사후 간행) 등을 쓰면서 디드로 같은 백과전서파 철학자나 볼테르 등과는 다른 독자적인 길을 가게 된다. 루소는 서간체 연애소설 『신新 엘로이즈』(1761), 인간의 자유와 평등을 논한 『사회계약론』(1762), 소설 형식의 교육론 『에밀』(1762) 등의 대작을 차례로 출판했다.

루소는 1768년에 1745년 이래 함께 지내온 테레즈 르바쇠르와 정식으로 결혼했다. 1770년 58세의 나이로 루소는 다시 프랑스에 정착하게 되고 그 후 『루소, 장 자크를 재판한다』, 『고독한 산책자의 몽상』 등 자기고백적인 작품을 주로 집필한다. 그는 『고독한 산책자의 몽상』을 집필하는 중 1778년 66세 때 파리 북쪽 에르므농빌에서 사망한다. 그가 죽은 지 11년 후에 프랑스혁명이 일어났는데, 그의 자유민권사상은 혁명지도자들의 사상적 지주가 되었다. 1794년 사람들에 의해 루소의 유해가 파리의 팡테옹으로 이장되어 볼테르와 나란히 묻힌다.[26)]

루소는 파란만장한 생애를 보내는 가운데서도 몇 가지 귀중한 저작을 남겼는데, 그 가운데 하나가 『에밀』이다. 루소는 이 책에서 자연과 사회, 자연인과 사회인의 대립, 자연의 우위 등 『학문예술론』 이후 자신이 일관되게 주장해 온 내용을 한층 발전시켜 새로운 인간의 형성에 관해 서술하고 있다.

『에밀』은 모두 다섯 편으로 구성되어 있다. 전체의 주제는 '에밀'이라고 하는 주인공에게 자연에 입각한 교육을 시키는 것으로, 각 편의 주요 내용은 에밀의 발달단계에 맞추어져 있다. 제1편은 유아기, 제2편은 유년기, 제3편은 소년기, 제4편은 청년기의 교육과 양육에 관한 내용이고, 제5편은 에밀의 반려인 소피에 대한 여성교육을 논한 내용이다.

여기서 『에밀』에 대해 알아보면 다음과 같다.

> 루소는 자신의 작품 중 『에밀』이 가장 위대한 작품이라고 평가한다. 그 이유는 교육은 인간을 형성하는 예술인데, 교육이란 주제만큼 인간에게 중요하

---

26) http://terms.naver.com

고 유용한 것이 없기 때문이다. 인간을 교육하기 위해서는 우선 인간을 제대로 알아야 한다. 루소는 『인간 불평등 기원론』에서부터 인간에 관한 지식을 탐구하기 시작했고, 『인간 불평등 기원론』에서 인류의 역사를 철학적으로 추론했다면 『에밀』에서는 한 인간이 태어나면서부터의 생애를 그리고 있다고 하겠다. 『인간 불평등 기원론』에서 심도 있게 논의되지 못한, 인간에 대한 더 깊은 이해와 통찰이 『에밀』에서 행해지고 있다고 할 수 있다.

『에밀』은 우선 그 분량부터 방대하다. 『에밀』의 방대한 분량은 루소가 인간의 본성을 심오하고 풍부하게 다루었다는 것을 반증하며, 인간을 완전하게 교육시키기 위해서는 고려할 점이 많다는 것을 보여 준다.

루소가 『에밀』을 가장 위대한 책이라고 강조했음에도 불구하고, 『에밀』은 그 내용이 방대하고 산만하며 단순한 교육 이론서에 불과하다는 이유로 『사회계약론』이나 『인간 불평등 기원론』에 비해 상대적으로 적은 관심을 받아왔다. 그러나 『사회계약론』의 요약문이 『에밀』의 마지막 부분에 정치 교육을 위한 교재로 수록되어 있고, 정치 교육을 통해 에밀의 교육이 완성된다는 것은 많은 의미를 시사해 준다. 정치와 교육의 관계는 중요한 철학적 주제의 하나인데, 루소에게는 교육이 정치의 보조적 수단이 아니라 정치가 교육의 일부인 것으로 나타나고 있다. 『에밀』이 '인간적 지평'에 나타나는 전반적이고 다양한 인간의 양태를 서술하고 있다면, 『사회계약론』은 '인간적 지평'의 일부인 '정치적 지평'에 나타나는 인간의 모습을 그리고 있다고 하겠다.

루소에게서 '인간적 지평'과 '정치적 지평'은 배타적인 것이 아니다. 이 두 가지 개념은 서로 많은 것을 공유하기도 하는데, 완전한 시민의 경우 그 두 지평은 거의 일치하게 된다. 루소는 고대 그리스적 전통을 따라 정치와 교육이 밀접히 연관되어 있다고 강조한다. 그는 당대의 정치적 지평에서 국가는 모르고 금전만 아는 '부르주아'라는 천박한 인간군이 등장해 급속히 확산되고 있는 것을 보았다. 이러한 현상을 두려워했기 때문에 루소는 교육을 통해 새로운 인간형을 창출하고자 『에밀』을 쓰게 된 것이다.

루소는 『에밀』의 서두에서 플라톤의 『국가*Politeia*』가 정치적인 작품이 아니며 교육적인 작품이라고 규정하면서, 『에밀』은 플라톤의 공교육에 대한 사교육론적 대안이라고 주장한다. '정치와 교육'에 관한 고대적 논의가 플라톤의 『국가』라면, 이것에 관한 근대적 논의는 루소의 『에밀』이라고 할 수 있다.

이런 맥락에서 『에밀』은 단순히 교육학자만의 연구 대상으로 그쳐서는 안

되며, 오히려 정치학자나 작가들이 더 본격적으로 연구해야 할 대상이다. 플라톤의 『국가』가 모든 분야의 사람들이 읽고 연구해야 할 고전이듯이, 루소의 『에밀』 역시 정치학자, 정치철학자, 도덕철학자, 사회학자, 작가는 물론, 인간의 본성에 관심을 지닌 모든 사람들이 읽어야 할 고전이다.[27]

모든 이의 고전인 『에밀』은 특히 아동교육과 관련이 깊으며 동화를 쓰거나 연구하는 자에게 유익한 책이다. "모든 것은 조물주의 손을 떠날 때는 좋으나 인간의 손에 의해서 타락된다."는 에밀의 고백이 인간을 어려서부터 교육해야만 하는 이유와 그 매체로서 동화가 필요하다는 것을 새삼 강조하는 것이다.

루소는 계몽주의자였으나, 이성에만 사로잡혀 있던 당시의 사상가들과는 달리 감정의 우위와 심정의 권리를 주장하여 전 유럽에 강렬한 영향을 미친 사상가이다. 자연은 인간을 원래 선량하고 자유롭고 행복하게 만들었지만, 사회라는 것이 인간을 사악하고 불행하게 만들었기 때문에, 이 잃어버린 인간을 회복하기 위해서는 인간존재의 근원인 자연으로 되돌아가서 자연물인 인간의 감정과 의욕의 존엄성을 자각해야 한다고 주장함으로써 질풍노도 시대가 열리는 데 영향을 미치기도 했다.

## 5. 빌란트

빌란트Wieland(1733~1813)는 로코코Rokoko 문학의 대가이다. 로코코란 바로크 양식에서 발전한 건축양식인데, 장중·풍만·중후한 바로크 양식과는 달리,

27) http://100.daum.net/encyclopedia

경쾌·우아·섬세한 양식을 말한다.

빌란트는 슈바벤의 비버라히Biberach에서 목사의 아들로 태어났다. 그는 대학에서 법학, 언어학, 철학, 역사를 배웠다. 그는 초기엔 경건주의에 심취해 종교적인 서사시를 썼다. 그는 1762년부터 셰익스피어의 산문을 번역하고, 필딩Henry Fielding, 스턴Lawrence Sterne, 스위프트Janathan Swift 등의 영국 작가들의 작품을 통해 위트와 유머를 배워 완숙한 작가로 성장했다.

빌란트의 작품은 다음과 같다.

① 『아가톤 이야기*Die Geschichte des Agaton*』(1766~1767)

이 소설은 경건주의에서 향락주의로 전향한 작가 자신의 체험 고백서이다. 이 작품은 초감각적이고 반관능적 종교 감정이 현실에 부딪쳐 관능적·향락적 생활로 옮겨지는 과정을 심리적으로 분석한 교양소설이다.

② 『무자리온*Musarion*』(1768)

초감각적인 이상에 사로잡힌 청년 철학도가 무자리온이라는 소녀의 애교에 빠져 금욕주의를 탈피하고, 금욕과 향락과의 중용 사이에서 인생의 올바른 자세를 찾는다는 내용이다. 이원론적 사고가 잘 묘사된 작품이다.

③ 『황금 거울*Der goldene Spiegel*』(1722)

빌란트가 에어푸르트Erfurt 대학 교수 시절에 쓴 정치소설이다. 이 작품에는 국가 형태, 내정, 외교 등 실제적인 정치 문제들이 다변적으로 서술되었다. 이것이 바이마르 공화국의 대비 아말리에Amalie의 마음에 들어 빌란트는 왕세자 칼 아우구스트Karl August의 스승이 된다.

④ 『압데라의 시민들*Die Abderiten*』(1774)

빌란트의 고향인 비버라히 시민들과, 나아가 전 독일 시민들의 비속하고 편협한 시민 근성을 반성시켜, 보다 자유로운 미적 교양을 각성시켜 보자는 뜻에서 쓴 풍자소설이다. '압데라Abdera'는 그리스의 어느 소도시 이름으로서 우둔하기로 유명한 고장이다. 이 고장 출신 철학자 데모크리트Demokrit가 유랑을 하며 많은 세상 경험을 쌓은 후 고향에 돌아와서, 기지와 풍자와 해학으로 우둔하고 고지식한 시민들과 싸우는 광경을 그리고 있다.

⑤ 『오베론*Oberon*』(1780)

빌란트가 가장 절정에 이른 시기에 쓴 장편 서사시이다. 소재는 프랑스의 옛 전설인 『보르도의 히온*Hyon de Bordeaux*』과 『천일야화』 그리고 셰익스피어의 『한여름 밤의 꿈*A Midsummer Night's Dream*』에서 따와, 이것을 경쾌하고 낭만적인 형식으로 사건을 내용화시켰다. 이 작품은 괴테에 의해 '대걸작'이라고 평가받은 동화풍의 소설이다.

# 6. 레싱

레싱Lessing(1729~1781)은 계몽주의 문학의 완성자이다. 그는 이성과 감정을 조화시켜 이론과 실제 작품으로 독일문학을 세계문학의 반열 속으로 끌어올린 위대한 공로자이기도 하다.

레싱은 작센의 카멘츠Kamenz에서 신교 목사의 아들로 태어났다. 라이프치히 대학에서 신학·문헌학·언어학을 전공했으며, 일찍부터 희곡을 썼다. 그는 고트셰트가 도입한 프랑스 연극을 배격하고, 시대와 국가와는 관계없이 우수한 작품이면 어떤 것이든지 받아들여야 한다고 주장했다. 레싱은 1781년 2월 브라운슈바이크로 여행 중에 52세의 나이로 사망했다.

레싱의 주요 작품은 다음과 같다.

① 『라오콘*Laokoon oder über die Grenzen der Malerei und Poesie*』(1776)

『라오콘』은 미술과 문학의 한계에 관한 미학 논문이다. 이 작품을 레싱은 빙켈만Winckelmann(1718~1768)의 『고대 미술사*Geschichte der Kunst des Altertums*』를 비판하기 위해 썼다. 여기서 레싱은 공간예술인 조형예술과 시간예술인 문학과의 차이와 본질을 상세히 논술했다.

라오콘은 트로이의 신관神官인데, 트로이 성문 앞에 놓여 있는 그리스 군대의 목마의 비밀을 알고 성내에 들여놓지 말라고 경고한 탓으로 신의 벌을 받아 두 아들과 함께 큰 뱀에 감겨 죽는 순간을 표현한 유명한 그리스의 조각 이름 또한 라오콘이다(바티칸 미술관에 소장).

조형미술은 공간예술로서 순간을 포착하여 그 형체의 미를 표현하는 것으로, 고통을 나타내고자 할 때, 절정에 이른 추한 표정보다도 그 일보 직전의 순간을 택하여 상상의 여유를 남기는 것이 좋으나, 문학은 시간예술이기 때문에 일정한 시간 내에서 일어나는 행위를 모두 서술할 수 있으니, 고통의 절규를 굳이 묘사할 필요는 없다고 주장한다. 훗날 미학 발전에 큰 영향을 미친다.

② 『함부르크 연극론*Hamburgische Dramaturgie*』(1767~1969)

레싱이 함부르크 국민극장의 고문으로 있을 때, 극장 기관지에 발표한 연극 이론이다. 여기에 그는 비극의 본질을 논하여 연극 연구에 새로운 토대를 만들었다. 레싱은 이 연극론에서 3통일 법칙에 너무 얽매이는 것을 비판하고, 비극에 있어서 줄거리는 본질상 인물의 성격에서 비롯되어야 하며, 줄거리의 통일이 가장 중요하고, 나머지 요소(시간, 장소의 통일)에 얽매여 비극 효과를 해쳐서는 안 된다고 주장한다. 그는 관객이 등장인물로부터 동정과 연민을 느끼고, 작중인물과 함께 체험하고 공감을 가져야 한다고 주장한다. 즉, 등장인물의 처지가 관객 자신의 처지로 체험될 때 마음이 숭고한 고귀한 인간으로 바뀌는 것이다.

③ 『미스 사라 삼프손*Miss Sara Sampson*』(1755)

이 작품은 5막의 산문 비극이자, 최초의 시민비극이다. 종전의 비극에서는 신분이 높은 사람만이 주인공으로 등장했으나, 이 비극은 처음으로 시민을 주인공으로 등장시켜 시민생활의 갈등을 그리고 있다. 레싱은 이 작품에서 헥사메터Hexameter의 운율법을 버리고, 산문을 쓰고 있다. 이것은 파격적인 시도이고, 영국 극을 모범으로 삼았다. 이 비극의 줄거리 자체는 멜로 드라마적 감상으로 일관되어 있지만, 귀족이 아니라 시민들이 소재가 되었다는 데 큰 의의가 있다.

④ 『민나 폰 바르헬름*Minna von Barnhelm*』(1767)

이 작품은 5막 희극으로 "병사의 행복Das Soldatenglück"이라는 부제가 붙어 있다. 레싱이 브레슬라우에서 군사령관 비서로 있을 때 쓴 작품이다. 이 희극에는 7년 전쟁 후의 독일 국정이 잘 묘사되어 있고, 정치·사회를 비판한다. 독일 희극 가운데 대표적인 걸작이다. 틀에 박힌 희극적 인물이 아닌, 비극적 인물을 등장시켜 전후 사회의 여러 갈등을 희극적으로 엮어 간 성격희극이다.

⑤ 『에밀리아 갈로티*Emilia Galloti*』(1772)

이 작품은 『함부르크 연극론*Hamburgische Dramaturgie*』(1767~1969)에서 진개한 레싱의 연극 이론을 실천에 옮긴 5막짜리 시민비극이다. 이 비극의 소재를 레싱은 로마 전설에서 취재하여 이탈리아 소공국을 무대로 당시 독일의 봉건적 지배계급의 부패와 폭정을 통렬히 탄핵하는 동시에 비극적인 저항을 꾀하는 시민 기질을 찬양한다. 이 드라마는 훗날 실러의 『간계와 사랑*Kabale und Liebe*』에 많은 영향을 끼쳤다.

⑥ 『현자 나탄*Nathan der Weise*』(1779)

이 작품은 종교관을 피력한 5막의 운문 사상극이다. 이 드라마는 기독교, 유태교, 회교의 대립이 관용과 이해와 애정에 의해 서로 융화된다는 이야기로서 종교에 있어서 교리보다는 실천이 중요하며, 모든 종파를 초월한 관용과 덕성이 더 중요하다는 것을 설명한다. 이 희곡의 핵심인 반지의 우화는 세 종교의 비유이고, 어느 종교가 진짜 종교가 아니라, 어떻게 실천하느냐의 문제를 가르치고 있다. 즉, 인간은 종교적 편견을 버리고, 관용과 인류애로 살아가야 한다는 것이다. 이 드라마는 고전극의 선구적 작품이라고 할 수 있다.

# Ⅵ.

# 질풍노도 시대

(1770~1780년)

# Ⅵ.

# 질풍노도 시대
## (1770~1780년)

질풍노도Sturm und Drang(1770~1780)란, 18세기 후반 계몽주의와 고전주의 사이의 짧은 기간(약 10년) 동안 젊은 문학가에 의해서 폭발적으로 추진되었던 혁명적 문학 운동을 말한다. 작가 클링거Klinger의 희곡 제목을 그대로 명명한 것이다.

계몽주의의 이성 만능과 합리주의에 반기를 들고 감정의 해방을 부르짖으면서 개성적·비합리적·자연적·정열적으로 외국에 대한 모방이 아닌, 민족적인 것을 표방한다.

독창적인 인간(천재)을 찬미하고, 스스로 천재라고 자처하면서 자유로운 표현을 제약하는 종래의 규칙과 형식을 무시, 감정이 이끄는 대로 글을 썼다. 즉, 계몽주의에 대해 질풍과 노도처럼 반항한 것이다. 질풍노도 운동은 인간의 정신적 활력을 해방시켜 자유롭고 자주적인 창조 활동을 도왔던 만큼 정신사상이나 문학사상에서 큰 의의를 지니며, 감정과 상상력을 마음껏 글로 묘사할 수 있는 동화에 많은 영향을 미쳤다.

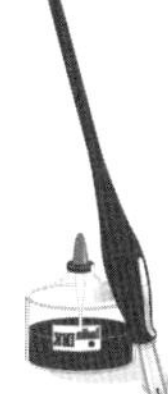

## 1. 헤르더

헤르더Herder(1744~1803)는 동프로이센의 모룽겐Morungen에서 태어났고, 쾨니히스베르크 대학에서 신학과 철학 전공했으며, 칸트보다는 하만에게서 사상적인 영향을 받았다. 그는 대학졸업 후 리가Riga에서 부목사로 일하면서 『신독일문학 평론 단편*Fragmente über die neuere deutsche Literatur*』(1767)과, 『비평의 숲*Kritische Wälder*』(1769)을 익명으로 발표하여 문학 비평가로서 인정받았다. 그는 목사로서 문학에 대한 재능과 열정을 갖고 문학이론과 비평에 초석을 다진 것이다.

헤르더는 함부르크에서 존경하는 선배 레싱을 만났고, 1770년 슈트라스부르크에서 괴테를 만나, 젊은 괴테를 감동시켰다. 그는 괴테의 권유로 바이마르 지방의 신교 감독관이 되어 그곳에서 생애를 마쳤다.

헤르더는 질풍노도 운동의 이론적 기초를 확립한 『독일 양식과 예술*Von deutscher Art und Kunst*』(1773)과, 각 시대와 각국의 민요를 번역 수록한 민요집 『민요에 있어서의 민족의 소리*Stimme der Völker in Liedern*』(1778~1779)를 발표했다.

## 2. 젊은 괴테

젊은 괴테Johann Wolfgang von Goethe(1749~1832)는 질풍노도 운동의 중심인물이었으

나, 이 운동에만 머물지 않고, 그것을 극복, 성장하여 세계문학사의 대문호로 군림한다.

괴테는 1749년 8월 28일 정오, 마인 강변 프랑크푸르트에서 태어났다. 그는 1765년(16세)에 법률 공부를 위해 라이프치히로 갔다. 거기서 괴테는 법률보다 문학과 미술에 열중했다. 그는 3년 연상의 케트헨Käthchen과 첫사랑에 빠져 3년간의 방종한 생활을 하고는 폐병을 얻어 고향으로 돌아간다. 그녀와의 사랑을 서정시 「안네테Annette」(1767)와 「새로운 노래들Neue Lieder」(1769), 희곡 『애인의 변덕*Die Laune des Verliebten*』(1768)에서 노래했다.

1770년(21세)에 괴테는 법률 공부 위해 이번에는 슈트라스부르크로 간다. 그곳에서 괴테는 질풍노도 운동의 지도자인 헤르더와 만난다. 괴테는 슈트라스부르크 교외에 있는 제젠하임의 목사 딸인 프리데리케Friederike Brion와 1년 동안 사귄다. 프리데리케는 괴테에게 첫사랑을 바치고 60년 동안 고독한 생애를 보내는 청순한 여인이었다. 괴테는 프리데리케와의 사랑의 체험을 『파우스트*Faust*』의 그레첸Gretchen의 모습으로 표출했고, 서정시 「환영과 이별Willkommen und Abschied」(1771), 「오월의 노래Mailied」(1771), 희곡 『괴츠*Götz von Berlichingen*』(1773)에서 묘사했다.

괴테는 1771년 8월에 변호사 자격을 얻고 고향으로 돌아갔다. 이 해에 질풍노도 시대의 대표 희곡인 『괴츠』의 초고를 6주 만에 쓴다. 이 작품은 형식적으로나 내용상으로 질풍노도의 혁명적 풍조를 직접적으로 표현했고, 형식은 3통일 법칙을 무시하고, 짧은 장면들을 자주 전환시켜 자유롭게 극을 진행시켰다.

1772년(23세)에 괴테는 법률 견습을 위해 베츨라Wetzlar에 머문다. 그는 친구의 약혼녀인 샤르롯데Charlotte와 이룰 수 없는 열렬한 사랑을 나누고, 3개월(1772년 5월부터 9월까지) 후 고향으로 돌아와 『젊은 베르테르의 슬픔*Die Leiden des jungen Werthers*』(1774)을 써서 세계적인 명성을 얻는다. 괴테는 사랑의 고뇌를 작품화함으로써 고뇌와 감정의 위기를 극복하여 내적 에너지를 보다 새로운 방향으로 돌릴 수 있었다. 괴테는 만나는 여인마다 진정한 사랑을 하고는 이별의 아픔을 작품으로 승화시켜 그의 작품 속 주인공으로 등장하여, 작품 안에서 해결하고는 다음 단계로 나아가는 것이다. 그렇게 괴테는 모두 10명의 여인을 그의 생애 동안 만난다.

## 3. 젊은 실러

젊은 실러Friedrich von Schiller(1759~1805)는 괴테와 더불어 독일 문학의 황금시대를 구축한 위대한 극작가이다.

1759년 11월 10일, 실러는 슈바벤의 넥카Neckar 강변 마르바하Marbach에서 군의 외과 의사였던 아버지와 여관집 딸로서 경건한 여성이었던 어머니 사이에서 4남매 중 외아들로 태어났다.

실러는 1765/1766년(6/7세)에 로르흐Lorch에서 마을학교Dorfschule를 다녔고, 1767~1772년(8~13세)에 루드비히스부르크Ludwigsburg에서 라틴어 학교Lateinschule에 다니며 연극에 관심을 가졌다. 1773년(14세)에 슈바벤의 전제군주 칼 오이겐Herzog Karl Eugen 공公의 명령으로 군인양성소Militär-Pflanzschule(후에 칼 대학으로 개칭됨)의 법학부에 강제 입학한 그는 나중에 의학부로 옮겼고, 1780년(21세)에 학교 졸업 후 견습군의관으로 임명되었다.

실러는 1781년(22세)에 처녀작 『군도*Die Räuber*』를 출판하는데, 이 작품은 5막 희곡으로 질풍노도 시대의 대표작이다. 『군도』는 정의와 자유를 위해 한 젊은이가 부정한 지배계급에 도전하는 5막짜리 희곡이다. 괴테의 『괴츠』와 더불어 질풍노도 시대의 전형적인 대표작품이다. 젊은 실러의 열렬한 자유에의 욕구와, 자유를 압박하는 굴레와 낡은 질서에 대한 반항이 유감없이 발휘되었다.

실러는 1783년(24세)에 『피에스코의 반란*Die Verschwörung des Fiesko zu Genua*』을 발표했다. 이 작품은 16세기 이탈리아에서 소재를 택한 5막짜리 사극이다. 주인공 피에스코는 공화정치를 수립하기 위해 반란을 일으켜 제노Genua의 군주 도리아Doria의 전제정치를 타파한 후, 자기도 군주가 될 야망을 품고 지배자의 지위에 오른다. 그러나 제2의 폭군이 출현할 것을 두려워한 동지들이 그를 죽인다는 줄거리이다. 이 작품에서는 독재 정치를 타파하고 공화정치를 희구하는 정치적인 자유가 이념적으로 추구되었다. 그는 같은 해 3월에 만하임 극장의 전속작가로 초빙되었다.

실러는 1784년(25세)에 『간계와 사랑*Kabale und Liebe*』을 발표했는데, 이 작품은 18세기의 독일을 무대로 한 5막의 시민비극이다. 그는 6월 26일에 "국민에 대한 무대의 효용에 대하여"(1785년 「좋은 상태의 무대가 본질적으로 무엇을 행할 수 있는가?」라는 제목으로 출판되었고, 1802년 변형된 형식으로 「무대는 도덕적 학교로 간주된다.」라는 논문으로서 출판됨)라는 제목으로 연설했다. 이것이 실러의 시학에 대한 최초의 기여이다. 『간계와 사랑』은 심정은 고결하나 신분이 낮은 시민 계급이었기에 못된 귀족의 횡포에 의해 비참한 파멸을 당해야만 되는 세태에 대한 분노를 터뜨린 작품이다. 당시의 독일 현상, 곧 소 영주들의 전제에 대한 신랄한 탄핵이라는 점에서 현실적인 의의를 지니며, 동시에 질풍노도 정신의 발로라고 할 수 있다.

실러는 1785년(26세)에 친구 쾨르너의 집에 머물면서 창작에 몰두했다. 그는 1787년(28세)에 『돈 카를로스*Don Carlos, Infant von Spanien*』를 출판했는데, 이 작품은 질풍노도에서 고전주의로 전향하는 전환기적 희곡이다. 『돈 카를로스』는 전작들처럼 격정적이고 혁명적인 경향을 완전히 탈피하지는 못했지만, 폭력 대신에 사상과 언론의 자유에 의해서 세계의 새로운 질서를 건설해 보고자 하는 세계시민적·긍정적 이념이 잘 나타나 있다. 『돈 카를로스』에서는 고결한 영웅적 성격이 높이 부각되고 있고, 질풍노도의 격한 감정이 차츰 자취를 감추기 시작했으며, 인간의 존엄성과 보다 높은 자유에 눈을 돌리게 되었다. 실러는 여름에 바이마르로 갔고, 이후 10년간 창작을 중단하고, 학술연구에 전념한다.

# Ⅶ.

# 고전주의

(1780~1805년)

VII.

# 고전주의
## (1780~1805년)

고전주의란, 그리스 로마의 고전적 문화의 부흥을 꾀하며, 그것을 모방하려는 예술 사조를 말한다. 고전주의는 1786년 괴테가 이탈리아로 여행한 해로부터 1805년 실러가 죽을 때까지의 20년간을 말한다.

고전주의 Klassik라는 어원은 '계급, 구분, 서열'을 의미하는 라틴어 Classis에서 나왔다. 그 단어는 '으뜸가는, 최상급의 시민', '으뜸가는, 가치 있는, 유명한 작가'를 지칭한다. 따라서 고전주의 문학은 그리스 로마 예술을 모방한 최고의 가치를 지닌 문학을 말한다.

고전주의 문학의 특징은 첫째, 독창성보다는 모방에 치중했고, 둘째, 이성적 · 지적 · 합리적 사고를 표방했으며, 셋째, 인간의 정신적인 면을 중시, 도덕적 목적과 자기완성을 목표로 칸트의 진 · 선 · 미의 이상을 실현했고, 넷째, 건전하고 신사적 · 귀족적 · 보수적 문학임을 자처했으며, 다섯째, 관념적 색채를 입히고, 1789년 프랑스혁명의 정신으로, 도덕적 · 세계적 휴머니즘을 실현하면서, 정신으로 인간존재를 정립할 뿐만 아니라, 예술로 현실사회를 정화하는 데 목적이 있었다.

# 1. 괴테

괴테Goethe(1749~1832)는 1775년 11월에 칼 아우구스트Karl August 공의 초대로 바이마르로 갔다. 예술적 분위기가 좋은 그곳에서 괴테는 남은 생애를 지낸다. 그는 1776년에 시민권 획득, 1779년에 추밀원 고문관, 1782년에 귀족작위 수여와 동시에 내각의 수반이 된다. 그는 정치가로서 재정·교육·군사 등에 심혈을 기울이고, 동물학· 식물학·광물학 연구에도 몰두한다.

괴테는 슈타인 부인Charlotte von Stein과의 교제로 고전주의적 심정沈靜을 얻는다. 괴테는 슈타인 부인과 함께 1786년부터 1788년까지 약 1년 9개월간 이탈리아를 여행하면서, 고대 미술의 균형과 조화와 절도의 미를 보고 자기 문학의 규범을 정립한다. 이때 경험을 바탕으로 그는 과도기적 작품 『에그몬트』(1787)와 『이피게니에』(1787)를 단번에 완성했고, 『타소』(1790)도 거의 완성한다.

괴테는 1795년에 『독일 피난민들의 이야기』를 발표하는데 여기에 유명한 「동화」가 실려 있다. 이탈리아 여행의 성과에 대해 『이탈리아 여행』(1816~1817)을 써서 기록으로 남긴다. 괴테의 고전주의 작품은 다음과 같다.

① 『에그몬트』(1787)

이 드라마는 5막 비극의 질풍노도에서 고전주의로 넘어오는 과도기적 작품이며, 『괴츠』(1773)처럼 자유를 바라는 주인공이 봉건적인 위정자의 강압에 시달리고 있다. 그러나 에그몬트는 괴츠처럼 반항하고 싸우는 게 아니라, 아무런 행동도 하지 않다가 적의 수중에 넘어가는 낙천가의 모습이다. 질풍노도의 격정적인 감정이 사라진 괴테가 인간의 고귀함을 추구하는 과도기적 성격을 묘사한 작품이라고 하겠다.

② 『이피게니에』(1787)

괴테가 슈타인 부인과의 연애시절에 착수했다가 이탈리아 여행 중에 완성한 5막의 희곡이며, 소포클레스Sophokles, 에우리피데스Euripides, 라신Racine 등이 희곡화한 소재를 재사용한 작품이다. 여기서 괴테는 그리스극에서 자주 나타나는 '신의 기계적 출연Deus ex machina'을 피하고 인간 내부에 있는 인간성 자체를 가지고 갈등을 해결할 것을 시도했다. 인간의 죄와 잘못을 보다 높은 인간성에 의해 구하는 것, 이것이 괴테의 근본사상이다.

③ 『타소』(1790)

이 드라마는 이탈리아의 시인 타소Tasso를 소재로 한 5막의 희곡으로서 바이마르 궁정에 있어서의 괴테 자신의 고뇌를 표현한 작품이다. 타소는 괴테의 분신이며, 한 차원 높은 베르테르라고 할 수 있다. 『타소』는 시와 현실의 융합과, 조화로운 인간으로서의 완성을 꾀하며, 주관을 제한하고 현실과 조화하는 데에서 생기는 보다 위대한 자유를 추구한 작품이다.

④ 「동화Das Märchen」(1795)

괴테는 평생 3편의 동화를 썼는데, 그중에 가장 유명한 작품이 「동화」이며, 『독일 피난민들의 이야기』라는 소설에 실려 있다. 두 번째 동화 「새로운 파리스Der neue Paris」(1811)는 『시와 진실』이라는 산문집에 들어 있고, 세 번째 동화 「새로운 멜루지네Die neue Melusine」(1819)는 『빌헬름 마이스터의 편력시대』라는 작품에 삽입되어 있다.

「동화」는 다른 두 작품에 비해 다른 형식을 취하고 있다. 즉, 「새로운 파리스」와 「새로운 멜루지네」가 단순한 구조로 사건진행의 결말이 이야기가 처음 시작된 곳으로 돌아오는 원점회귀의 구조로 되어 있다면, 「동화」는 현실세계와 상상의 세계라는 이원적 공간구조를 이루어 동서 지역의 통일을 꾀하는 미래를 예견한 공간구조를 추구한다. 또한 「동화」는 두 작품에 비해 많은 등장인물들이 나오고, 다양한 비유와 상징 그리고 의인화된 존재들이 등장하여 풍부한 상상의 세계를 꿈꾸게 하고 있다. 「동화」에는 괴테의 윤리적·철학적인 생각들이 반영되어 있다고 하겠다.

동화 줄거리를 보면 도깨비불이 뱃사공의 노 젓는 배를 타고 건너가고 도깨비불은 야채만을 뱃삯으로 받는 뱃사공에게 황금덩어리를 주고 가버린다. 화가 난 뱃사공은 황금을 계곡 밑으로 던져버리고, 그 황금을 녹색 뱀이 먹으면서 이야기가 본격적으로 전개된다. 그들은 생명을 살리기도 하고 죽이기도 하는 백합을 만나러 가는 길이다. 이 와중에 그들은 금과 은과 동으로 된 왕을 만나기도 하며 대화를 나눈다. 이때 녹색 뱀은 금으로 된 왕과의 대화에서 금보다 훌륭한 것은 빛이고, 빛보다 위대한 것은 대화라고 이야기한다.

다시 길을 떠난 그들은 백합의 정원에서 나중에 지상의 왕과 왕비가 되는 젊은이와 백합을 만나고, 세상의 지혜를 밝히는 인물을 상징하는 등불을 든 노인과 노인의 부인인 노파를 만나 지하에 묻혀 있던 사원을 찾아 떠난다. 그리고 그들은 단합된 행동으로 새로운 세계를 갈망한다. 이후 젊은 왕을 중심으로 지혜와 빛의 세계, 힘의 세계가 조화롭게 합쳐지고 여기에 사랑의 힘이 결합되어 새로운 세계가 만들어진다. 특히 녹색 뱀이 동·서로 나누어진 지역을 자신을 희생하여 다리가 됨으로써, 하나의 통일체를 구현하는 유토피아로 대미를 장식한다. 이는 무질서의 세계가 여러 사람이 힘이 합해지면서 질서의 세계로 바뀌어가는 과정을 이야기하는 것이다.

괴테의 3편의 동화는 모두 작가의 상상력과 환상에 의해 만들어진 작품들이다. 「새로운 파리스」나 「새로운 멜루지네」가 신화나 전설을 바탕으로 묘사되었다면, 「동화」는 프랑스 요정동화의 영향 아래 작가 자신의 풍부한 상상력과 그의 인생관과 세계관이 반영되어 있다고 볼 수 있다.[28)]

### ⑤ 『빌헬름 마이스터의 수업시대*Wilhelm Meisters Lehrjahre*』(1795)

이 작품은 생의 진정한 의의를 찾을 때까지 개인이 수많은 미로를 통과하다가 참된 인간으로 성장, 발전되어 가는 과정을 그린 교양소설이다. 『빌헬름 마이스터의 수업시대』에서는 성격과 시대정신에 제약되는 인간의 성장 과정과 개인의 운명을 온갖 측면에서 제시함으로써 진정한 근대 소설을 확립했다는 데 문학사적 의의가 있다.

28) http://cafe.daum.net/dgmunin

⑥『헤르만과 도로테아*Hermann und Dorothea*』(1797)

이 작품은 1732년에 종교 압박으로 잘츠부르크에서 쫓겨난 신교도의 이민 일화를 프랑스혁명 때의 피난민 이야기로 개작한 서사시이다. 『헤르만과 도로테아』는 헥사메터(6각운) 형식으로 평범한 시민 헤르만Hermann과 도로테아Dorothea를 주인공으로 한 목가적인 서사시이다. 괴테는 약혼 후 파혼한 릴리Lili Schönemann의 딱한 처지에 대한 동정과, 그녀에 대한 회상으로 이 작품을 썼다고 한다.

⑦『친화력*Die Wahlverwandtschaften*』(1809)

60세의 괴테가 18세의 민나Minna Herzlieb를 만나 사랑했을 때, 이루어질 수 없는 사랑의 괴로움을 달래고, 그 체념의 정을 나타내기 위해 쓴 소설이다. '친화력'이란 화학 용어로서 각 원소의 원자가 특수한 친화성을 가지고 서로 결합할 때 생겨나는 힘을 말한다. 이런 원리를 인간관계에 적용시켜서, 사람과 사람이 만났을 때 강하게 작용하는 견인력은 친화력처럼 기존의 질서와 인륜 관계를 파괴하는 위험성이 있다. 그러나 이러한 마적魔的인 애욕을 내부에 있는 도덕률의 힘으로 체념해야 하며, 이 체념 능력이 없는 자는 파멸을 면치 못한다는 점을 괴테는 이 소설에서 주장한다. 즉, 대위와 샤르로테Charlotte는 밝은 이성으로 친화력을 극복했지만, 에두아르트Eduard와 오틸리에Ottilie는 애욕에 의해 숙명적으로 파멸하는 것이다.

⑧『빌헬름 마이스터의 편력시대*Wilhelm Meisters Wanderjahre*』(1829)

이 작품은 『빌헬름 마이스터의 수업시대*Wilhelm Meisters Lehrjahre*』(1795)의 속편으로 22년(1807~1829) 만에 완성되었고, 괴테 일생의 체험과 지혜와 감정이 투입된 작품이다. 『수업시대』에서 빌헬름이 인생을 방황하면서 개인의 교양을 쌓아 왔다면, 『편력시대』에서는 실제 활동을 함으로써 공동사회에 유용한 존재가 되는 것이다. 괴테의 세 번째 동화 「새로운 멜루지네」가 들어 있다. 『빌헬름 마이스터의 편력시대』에서 빌헬름은 개인적인 관점이 사회적인 것으로 확대되어 보다 넓은 인간성을 완성하는 것이 궁극의 목적이며, 그것을 위해 견문을 넓히고, 체념의 지혜를 터득해야 한다. 체념이란, 자기 능력의 한계를 알고 하나의 일에만 전념하는 것을 말한다. 『수업시대』와 『편력시대』가 혼연일치로 연결되어 하나의 웅대한 소설을 이루고 있다고 할 수 있다.

⑨ 『**파우스트***Faust*』(1부 1809, 2부 1832)

『파우스트』는 인생의 의미와 목적을 설명한 세계 문학의 보물이며, 괴테가 60년 동안 써서 완성한 작품이다. 괴테는 1773년에서 1775년 사이에 「초고 파우스트Urfaust」를 완성했고, 1790년에 「파우스트 단편Faust, ein Fragment」을 간행했으며, 1808년에 『파우스트』 제1부를 출판한 후 1831년에 제2부를 완성했다. 소재가 된 파우스트 전설은 16, 17세기경 독일에 전해 오던 마술사의 이야기로 민중본과 인형극 등으로 민중에게 친숙한 이야기이다. 전설상의 파우스트는 지식의 힘으로 지상의 향락을 제멋대로 추구하려는 르네상스의 인간이며, 괴테에 의해 전인적인 파우스트 상이 만들어진 것이다. "인간은 노력하는 한, 방황하는 것이다.Es irrt der Mensch, solange er strebt."라는 천사의 노래가 파우스트의 주제를 암시한다.

## 2. 실러

실러Schiller(1759~1805)는 1787년 여름에 바이마르로 갔다. 그는 교양의 필요성을 느껴, 10년 동안 창작을 중단하고, 역사연구 및 학술연구에 전념한다. 실러는 칸트 연구를 통해 미학의 기초를 세웠다. 1794년 예나 학회에서 실러와 괴테가 만난 후, 독일 고전주의의 황금기가 시작되었다. 실러는 1805년 5월 9일 46세를 일기로 생애를 마쳤다. 실러의 고전주의 작품은 다음과 같다.

① 『발렌슈타인*Wallenstein*』(1800)

이 작품은 3부작의 역사극으로 소재는 30년 전쟁사에서 가져왔다. 이 대작은 제1부: 「발렌슈타인의 진영Wallenteins Lager」, 제2부: 「피콜로미니 부자父子 Die Piccolomini」, 제3부: 「발렌슈타인의 죽음Wallensteins Tod」으로 이루어져 있다. 영웅 발렌슈타인이 야심을 품었다가 부하에게 버림받고, 자객의 손에 쓰러질 때까지의 경로가 정밀하게 묘사되었다. 그리스의 운명극과 셰익스피어의 성격극이 융합된 영웅 비극이다.

② 『마리아 슈트아르트*Maria Stuart*』(1800)

이 드라마는 스코틀랜드의 여왕 마리아 슈트아르트와 잉글랜드의 여왕 엘리자베스Elisabeth와의 갈등을 그린 5막 비극이다. 소재는 역사적 사실에서 취했으나, 두 여성의 적대 감정과 질투라는 심리적 싸움으로 극이 전개된다. 마리아는 우아하고 화려한 여성적 매력이 넘치지만, 엘리자베스는 여성적 매력과는 거리가 먼 올드미스 타입이다.

③ 『오를레앙의 처녀*Die Jungfrau von Orleans*』(1802)

이 작품은 영국과 프랑스의 100년 전쟁의 말엽, 영국군으로부터 프랑스를 구출한 잔 다르크 전설을 극화한 5막 비극이다. 전설에서는 잔 다르크가 마녀로서 기적을 일으키다가 영국군에 붙잡혀 화형을 당하는 것으로 되어 있으나, 실러는 약간 바꿔서 여주인공이 자기 의지로 내면적 정화를 거쳐 내적 자유를 얻은 후, 사명을 다하고 편안한 마음으로 죽는다는 것이다.

④ 『메시나의 신부*Die Braut von Messina*』(1803)

이 드라마는 근친간의 연애를 다룬 5막 비극으로 순수 창작물이며, 엄격한 형식으로 순수한 비극적 모멘트만을 강조했다. 이 작품에서는 5명의 등장인물들이 나오고, 장소변화도 없으며, 사건도 하루에 끝난다. 그리스의 운명극처럼 이 비극도 운명이 예언한 대로 실현되지만, 인물의 의지와 행동이 직접적으로 작용하며, 인간이 운명에 대처하고 인간성을 각성시키는 큰 의미가 부여되었다.

⑤ 『빌헬름 텔*Wilhelm Tell*』(1804)

이 작품은 스위스 농민의 지도자 텔의 전설을 실러 자신의 자유 이념과 결부시켜 만든 5막극이다. 실러는 가 본적이 없는 스위스에 대해 문헌상의 지식과 예감으로 이 드라마를 박진감 있고 훌륭하게 묘사했다. 이 희곡에서 실러는 압제로부터의 해방과 자유에 대한 갈망을 주제로 해서, 조국애를 바탕으로 정의와 윤리를 통해 자연적인 상태로 되돌아가는 혁명을 그렸다. 주인공이 자식의 머리 위에 사과를 올려놓고 화살을 두 개 준비하여 쏘는 장면이 압권인 동화풍의 희극이다.

⑥ 『데메트리우스*Demetrius*』

이 드라마는 2막 3장까지 쓰다가 실러의 죽음으로 미완성된 희곡이다. 이 비극에서는 러시아 황제의 계승자라고 확신하는 데메트리우스가 폭군 보리스 고두노프Boris Godnov에 대해 왕위 탈취의 군대를 일으켰으나, 성공 직전에 자신이 왕자가 아니었다는 사실을 알고 깊은 심연에 빠진다. 하지만 데메트리우스가 보리스를 죽이고 마침내 제위에 올랐으나, 민심을 잃어 곧 폭도의 손에 쓰러진다. 『데메트리우스』에서 실러는 진실과 허위 속에서 방황하는 인간의 심리를 다뤘다.

⑦ 『소박문학과 정감문학에 대하여*Über naive und sentimentalische Dichtung*』(1796)

『소박문학과 정감문학에 대하여』는 미학 이론이다. 소박시인이란 자연과 조화를 이루며 분열을 모르는 행복한 시인인데, 호머와 셰익스피어, 괴테가 거기에 속하며, 정감시인은 자연과 조화를 잃어버리고 분열 속에서 고투하는 시인인데, 클롭슈토크와 밀턴, 실러가 여기에 속한다고 주장한다. 소박시인은 천재이며, 정감시인은 천재는 못 되지만 분열 속에서 고투하는 존재이다. 동화작가도 선천적인 천재성을 가진 존재와, 후천적인 노력에 의해 유명작가가 될 수 있다는 두 가지 관점을 생각하게 하는 이론이다.

# VIII.

# 낭만주의

(1805~1830년)

# 낭만주의 (1805~1830년)

19세기 낭만주의 시대는 동화의 전성기였다. 모든 낭만주의 작가들은 동화를 썼고, 그들의 상상력과 환상을 동화로 표현했다. 사람이 생각해 낸 모든 일을 글로 묘사할 때 가장 적절하게 모든 것을 표현할 수 있는 장르가 동화이다.

낭만주의는 고전주의의 반동으로 일어난 문학사조이다. '낭만적romantisch'이란 말은 '진기한·가공적·공상적·경이적'이라는 뜻을 지닌다. 따라서 낭만주의 문학은 공상적이고, 황당무계하고, 꿈과 같은 내용을 지닌 문학을 말한다. 이성만능의 합리주의적인 계몽주의와 고전주의에 반기를 들고, 감정과 비합리적인 질풍노도 운동의 연장으로서 낭만주의가 태동한 것이다.

| 고전주의 | 낭만주의 |
|---|---|
| 이성 | 감정 |
| 합리적 | 비합리적 |
| 엄격한 형식과 질서 | 자유로운 움직임 |
| 정적 | 동적 |
| 회화적 | 음악적 |
| 균형 | 변화무쌍 |
| 유한한 현실 | 신비적인 무한성 |
| 현실세계 | 상상의 세계 |
| 고대의 모방 | 중세의 동경 |
| 확실 | 불확실 |
| 세계인적 휴머니즘 | 죽음을 통한 해탈 |

고전주의가 세계를 이성으로 파악하고 그 존재 자체의 합리성과 감각적 경험에 의해서 실증되지 않는 사실은 신뢰하지 않는다면, 반대로 낭만주의는 세계를 인식케 하는 힘은 이성이 아니라 감성이고, 세계 그 자체는 살아 있는 유기체로서 감각적 현실을 초월하여 관념의 세계에 실체가 존재한다고 믿는 것이다. 다시 말해, 낭만주의는 이성보다는 감성, 합리성보다는 비합리성, 감각성보다는 관념성을 강조하고 있는 것이다. 이러한 감성과 비합리성과 관념성에 몰입하여 문학으로 승화시켜 표현한 장르가 동화이다.

피히테Fichte(1762~1814)의 절대자아 철학, 슐라이어마허Schleiermacher(1768~1834)의 감정적 종교 철학, 셸링Schelling(1775~1854)의 자연철학이 낭만주의의 이론적 토대가 되었다.

괴테가 "동화는 상상력의 유희"라고 주장했듯이, 인간의 상상력을 글로 묘사할 수 있는 장르는 시도 소설도 드라마도 아닌 동화라는 것이다. 인간이 꿈꿔 왔던 장르의 절정이 바로 동화이며, 그 전성기가 낭만주의 시대라는 것이다. 역으로 문학사에 낭만주의가 없었다면, 동화는 차원 높은 문학 장르로 승화되지 못했을지도 모른다. 그만큼 모든 낭만적인 것은 동화적인 것이라고 말할 수 있다. 먼 곳에 대한 동경, 낭만적인 이로니, 공상적이고 황당무계한 꿈, 불가능한 일들이 항상 가능한 경이로운 세계, 마치 고향과 같은 신비한 세계가 낭만주의 세계이다.

1805년경부터 1830년대까지 지속된 낭만주의는 민족 고유의 민담, 민요풍의 발라드와 시, 민속춤과 음악, 심지어 중세와 르네상스 시대의 작품들을 수집하고 모방했고, 문화적 민족주의가 되살아나고 민족의 기원에 새로운 관심을 기울이게 된 특징이 있다.

# 1. 노발리스

낭만주의의 대표 작가는 노발리스Novalis(1772~1801)이다. 노발리스는 필명이고, 원래 이름은 프리드리히 폰 하르덴베르크Friedrich von Hardenberg이다. 그는 동화문학의 계승자요, 창작동화의 선구자이다. 그는 중부 독일 비더슈테트Wiederstedt에서 가난한 귀족의 아들로 태어나 엄격한 종교적 가풍 속에서 성장했다. 노발리스는 1790년(18세)에 예나 대학에 입학하여 그 당시 역사 강의를 하던 실러와 친하게 지내고 많은 감화를 받았다. 그 후 라이프치히 대학과 비텐베르크 대학에서 법학과 자연과학을 전공했다. 졸업 후 튀링겐의 소도시 텐슈테트Tennstedt에서 공무원으로 일하면서 피히테를 연구했다.

노발리스는 3편의 동화를 썼는데, 괴테가 그랬듯이 모두 다 장편소설 안에 남겼다. 즉, 첫 번째 동화 『히아신스와 장미꽃 동화*Das Märchen von Hyacinth und Rosenblüthe*』는 노발리스가 1798년에 발표한 『자이스의 제자들*Die Lehrlinge zu Sais*』에 들어 있고, 두 번째 동화 『아틀란티스의 동화*Das Märchen von Atlantis*』와, 세 번째 동화 『에로스와 파벨 동화*Das Märchen von Eros und Fabel*』(일명, 클링스오르 동화)는 1799년에 발표한 그의 대표작 『하인리히 폰 오프터딩겐*Heinrich von Ofterdingen*』(일명, 푸른 꽃)의 제1부 3장과 9장에 실려 있다.

노발리스는 낭만주의의 대표작가로서 스스로 "모든 시문학적인 것은 동화적이어야 한다."고 말함으로써, 동화문학을 시문학과 동등한 위치로 올려놓았다. 노발리스라는 필명은 '새로운 땅을 개척하는 자'라는 의미이다. 그는 23세 나이인 1795년에 소피 폰 퀸Sophie von Kühn이라는 13세 소녀를 만나 첫눈에 사랑에 빠진다. 소피를 너무 사랑해서 어린 나이의 소피지만 이듬해 결혼을 한다. 그러나 2년 만에 소피는 병에 걸려 죽는다. 노발리스는 그녀와의 재회를 저승의 세계에서 실현하리라 믿고, 꿈과 현실의 양면적 세계에서 그녀를 그리면서 살아간다. 이러한 두 개의 세계에서 살아가는 체험이 그를 대 시인으로 만들고, 그의 문학의 중심 내용이 된다. 사랑하는 연인의 죽음을 겪으면서 노발리스는 죽음과 밤을 노래하는 낭만주의 시인이 된다. 소피를 못 잊는 가운데 노발리스는 25세 때에 프라이부르크에서 소피와 닮은 율리에Julie를 만나 결혼한다. 그러나 여느 천재작가가 그랬듯이 노발리스는 29세의 젊은 나이로 요절한다. 그의 짧은 생애 동안 쓴 모든 작품에서 소피는 그에게 상상의 여신으로 승화되어 등장하고 있다.

노발리스는 예나에서 슐레겔 형제를 만나 잡지 「아테네움」의 동인이 되어, 거기에 소피와의 연애 체험을 묘사한 『밤의 찬가*Hymnen an die Nacht*』(1800)를 발표한다. 이것이 낭만주의 문학 운동에 결정적인 공헌을 한다. 이 밖에 『자이스의 제자들』(1802)과, 슐라이어마허에 의해 자극되어 자신의 종교적 목표와 철학을 기술한 『단편*Fragmente*』(1802)과, 일명 『푸른 꽃*Die Blaue Blume*』으로 통하는 그의 대표작 『하인리히 폰 오프터딩겐』(1802) 등을 썼으나, 결국 제2부를 다 완성하지 못하고, 29세의 나이로 봐이센펠스Weissenfels에서 세상을 떠난다.

노발리스는 동화의 세계를 꿈의 세계이자, 추상적 세계로 간주한다. 꿈은 수면 중에 착각적·환각적으로 체험하는 감상성 심상이고, 추상은 사물의 전체 표상을 구성하는 모든 특징·속성·관계 중에서 하나 또는 몇 개를 떼어내어 그것만을 본질적인 것으로 독립시켜 사고의 대상으로 삼는 분석적 정신작용이다. 이와 같은 꿈과 추상의 동화의 세계를 노발리스는 "모든 동화는 도처에 있을 수도 있고, 그 어디에도 없을 수 있는, 고향세계에 대한 꿈이다."라고 외치면서, 그의 동화에서 그리며, 동화 주인공의 사랑과 꿈으로 승화시켜 묘사하는 것이다.

① 『밤의 찬가』(1800)

이 작품은 시와 산문이 혼합되어 있는 모두 6장의 서정적 작품이다. 『밤의 찬가』에서는 실러의 경건한 기독교적 신앙과 소피와의 연애 체험이 어둡고, 신비롭고, 마적인 낭만주의 정신으로 잘 표현되었다. 노발리스는 밤을 죽음의,

영원의, 신성한 나라, 생과 사를 포괄하는 창조적 근원의 나라로 비유하면서, 그 밤의 나라에서 소피와 완전 일체가 될 것을 소망했다. 『밤의 찬가』는 개인적인 동경이 끝에 이르면, 세계관적인 차원에서 그리스도가 출현하는 새로운 시대의 도래를 예고한 작품이다.

② 『자이스의 제자들』(1802)

노발리스가 1797년 프라이부르크로 가서 자연과학을 연구하고 자신의 자연관을 정립하게 되었는데, 그 경로를 묘사한 중편소설이다. 노발리스 자신의 자연관과 스승 베르너의 자연관의 차이가 그려진다. 자이스 사원에서는 스승을 중심으로 많은 제자들이 자연 연구에 몰두하고 있다. 제자의 한 사람인 주인공은 근원의 진리를 탐구하는 철학자이기 때문에, 스승을 존경하지만, 자연 그 자체만을 탐구하는 자연과학적 태도에 불만을 가진다. 자연을 해명하기 위한 수단으로 혹자는 예술이, 혹자는 향락이, 혹자는 종교가 필요하다고 믿고 있다. 그러나 한 제자가 이야기한 동화 「히아신스와 장미꽃 동화」가 자연을 해명하는 열쇠가 된다. 이 동화를 듣고 주인공은 자연의 신비를 푸는 열쇠가 바로 사랑이라는 것을 깨닫는다.

③ 『하인리히 폰 오프터딩겐』(1802)

일명 『푸른 꽃』이라고 불리는 낭만주의의 대표작이다. 괴테의 『빌헬름 마이스터의 편력시대』에 대항하기 위해 썼다. 노발리스의 죽음으로 미완성으로 끝나는 교양소설이다. 노발리스는 이 작품에서 인간의 발전을 이성이 아닌 낭만적 감정 속에서 추구하려고 시도했다. 낭만적 동경에 차있는 시인의 성숙과정과 내적 인식의 변천이 이 작품의 근본 주제이다. 노발리스는 괴테의 『빌헬름 마이스터의 편력시대』가 지닌 명확성을 깨뜨리고, 인력의 법칙, 인과의 법칙에 구애 받지 않으며, 현실의 속박을 벗어나 상상의 자유로운 별천지인 동화의 형식으로 이 장편을 썼다. 줄거리, 극적인 요소, 장소, 인물의 현실적 성격, 배경 묘사 등의 소설적인 긴장 효과를 의도적으로 방기했으며, 신비롭고 불가사의한 요소들을 내용과 어울리게 묘사함으로써 낭만적인 효과를 북돋우고 있다.

**제1부:** 주인공 하인리히가 나그네로부터 '푸른 꽃' 이야기를 듣고 호기심을

가진다. 그날 밤 꿈속에서 푸른 꽃이 나타나더니 아름다운 소녀로 변한다. 잠을 깬 주인공은 그 계시에 따라 세상을 알기 위해 20세 때 외조부가 사는 아우구스부르크로 간다. 그는 가는 도중에 동굴 안의 은둔자 호엔촐러른 Hohenzollern을 방문해서 신과 운명의 섭리, 자신의 과거와 현재, 미래의 그림책을 보고 놀란다. 이것은 그가 시인으로서 성공할 미래상임을 예견한다. 목적지 아우구스부르크에 도착한 하인리히는 외조부 집에서 노시인 클링스오르 Klingsohr와 그의 딸 마틸데Mathilde를 알게 된다. 그녀가 꿈에 본 푸른 꽃의 소녀와 같았고, 사랑의 고백과 함께 그녀와 약혼한다. 그날 밤 하인리히는 꿈속에서 마틸데가 배를 젓다가 물에 빠지려고 하는데, 그녀는 여전히 미소를 짓고 있다. 마틸데를 구하려고 물에 뛰어든 하인리히도 함께 물에 빠진다. 꿈에서 깨어난 하인리히는 이 꿈이 현실이 되어 정말로 마틸데가 강에 빠져 죽는다.

**제2부:** 애인을 잃은 하인리히는 순례자가 되어 산길을 넘어 숲속으로 들어간다. 슬픔에 잠긴 그에게 하프를 연주하라는 마틸데의 목소리가 들려온다. 하프를 연주하니 시아네Cyane라는 소녀가 나타나서 그를 숲속의 오두막으로 인도하고, 그 안에는 그녀의 양부 실베스터Sylverster가 살고 있다. 그는 한번 죽었던 시아네를 살린 의사이다. 이 의사와 하인리히가 이야기를 나누는 중에 이 소설은 중단된다. 노발리스의 『단편』에 의하면, 하인리히는 이탈리아를 여행하고, 그리스를 방문하며, 동양으로 가서 많은 것을 경험한 후, 독일로 돌아와 화려한 시인생활을 할 예정이라고 한다.

이 소설은 낭만적 동경에 차 있는 한 시인이 성숙해 가고, 내적 의식이 변천되어 가는 과정을 그린 장편소설이다. 하나의 꿈이 젊은이의 마음을 사로잡고, 신비적인 행복을 예감시킨다는 것, 이것이 바로 낭만적인 동경이요, 시인 노발리스의 정신이다. 꿈이 현실화되고, 현실이 다시 꿈이 되는 과정은 낭만주의 정신이 들어 있는 작가 자신의 내적 편력이다. 여주인공 마틸데는 시인의 애인 소피이고, 그녀의 죽음에 의해 이승과 저승이 연결되며, 종교적·낭만적 심경이 성취된다. 특히 제1부 9장에 나오는 「클링스오르 동화」는 본 작품의 이념을 함축적이고 상징적으로 나타내고 있다.

## 2. 티크

티크Tieck(1773~1853)는 다재다능한 재능을 가진 낭만주의 작가이다. 그는 베를린에서 태어나 1792년부터 할레 대학, 에어링겐 대학, 괴팅겐 대학에서 공부했다. 그는 어려서부터 수재로 불렸지만 성격이 신경질적이고 분열적이며, 작품도 다양해서 통일점을 찾기 어렵고, 풀기 어려운 문제들이 많다.

티크는 대학동창인 철학자 바켄로더Wackenroder(1773~1798)와 친해서 그의 영향을 받는다. 1798년(25세)에 친구 바켄로더가 죽자, 그는 둘이서 계획했던 예술소설 『프란츠 슈테른발트의 방랑*Franz Sternbalds Wanderungen*』을 25세의 젊은 나이로 요절한 친구를 기념하기 위해 발표한다. 그는 1799년 예나에서 노발리스, 슐레겔 형제, 브렌타노, 셸링, 피히테 등의 초기 낭만파 사람들과 교류했다. 이때 그는 옛 전래동화에서 취재한 비극 『성 제노페파의 생과 사*Leben und Tod der heiligen Genoveva*』(1800)를 발표한다.

티크는 유럽 각국을 여행했고, 1819년에 드레스덴 궁정극장의 연극주임이 되었으며, 1841년에 프리드리히 4세로부터 연극고문으로 초빙되어 베를린에 돌아와 평화로운 만년을 보냈다. 티크는 상상력이 남달랐고, 합리주의에 근거한 야유와 유머를 인생의 어두운 면에 대한 날카로운 감수성과 교묘히 결합시키는 재능이 풍부했다. 만년에 그는 리얼리즘의 경향을 나타내고, 이탈리아의 르네상스에서 취재한 역사소설 『비토리아 아코롬보나*Vittoria Accorombona*』(1840)를 썼다. 티크는 평론·번역·출판 등 다방면에 많은 업적을 남겼는데, 특히 바켄로더·노발리스·클라이스트 전집을 출판한 점이 눈에 띈다.

그 밖의 티크의 작품으로는 장편소설 『윌리엄 노벨 씨의 이야기*Die Geschichte des Herrn William Lovell*』(1793~1796)와, 대표작 『프란츠 슈테른발트의 방랑』(1798)이 있는데, 후자는 슐레겔 형제가 괴테의 『빌헬름 마이스터의 편력시대』보다 뛰어난 작품이라고 극찬했다.

또한 그는 동화책 『전래동화집*Volksmärchen*』(1897)을 썼는데, 여기에 매우 유명한 동화 「금발의 에크베르트Der blonde Eckbert」와 「장화 신은 고양이Der Gestiefelte Kater」 등이 실려 있다.

① 『윌리엄 노벨 씨의 이야기』(1795~1796)

이 작품은 영국과 프랑스 작가들의 영향 아래 쓴 서간체 장편소설이다. 티크는 이 소설에서 몽상적인 주인공이 관능적·정신적 방탕 때문에 범죄자가 되는 경위를 그렸다.

② 『전래동화집』(1897)

이 작품은 중세 전래동화에서 취재한 창작동화집이다. 이 동화집에 실린 작품 가운데 「금발의 에크베르트」, 「장화 신은 고양이」 등이 특히 유명하다. 여기서 「금발의 에크베르트」에 대해 알아보자.

산악지역인 하르츠 지방의 어느 성에 기사 에크베르트가 부인 베르타와 함께 살고 있다. 어느 날 베르타는 남편의 친구 발터가 방문하자 그에게 자신의 어린 시절 이야기를 들려준다. 그녀는 어릴 적 부모 곁을 떠나 숲속에서 말하는 새와 개를 키우며 사는 어느 노파를 만나 함께 살았다. 몇 년이 지나 그녀는 세상을 알고 싶어 노파에게서 보석과 새를 훔쳐 달아났다. 그러나 새가 끊임없이 우울한 노래 '숲의 고요'를 부르며 괴롭히자 그녀는 마침내 새를 죽였다. 발터가 헤어지면서 그녀가 기억하지 못하는 그 개의 이름을 말하자 베르타는 자신의 과거행적이 추적당하고 있다는 추적망상증에 걸려 괴로워하다가 죽는다. 에크베르트는 아내의 죽음이 발터 때문이라며 그를 찾아가 죽인다. 몇 년이 지나 에크베르트는 기사 후고와 친구가 된다. 그러나 이제 에크베르트도 추적망상증에 고통을 받는다. 그는 어느 곳에 가든 발터의 모습과 마주친다. 노파, 새와 같은 베르타의 어린 시절 이야기에 나왔던 것들도 끊임없이 다시 나타나 그를 괴롭힌다. 노파가 에크베르트에게 사실은 베르타는 그의 누이동생이라고 알려주자 에크베르트는 미쳐서 죽는다.

티크 동화 「금발의 에크베르트」는 다수의 낭만주의 동화들처럼 주인공이 동화 결말에서 죽음으로써 비극적 결말로 끝난다. 작가는 근친상간의 사회적 문제를 동화에서 다루면서도 환상과 비현실이 현실세계를 넘나드는 낭만주의 특징을 보여 준다.

「금발의 에크베르트」에는 동시대 창작동화에서 자주 나타나는 양면적 요소인 환상적이고 모험적 요소와 현실적이고 도덕적 요소가 조화롭게 결합되어 있다. 따라서 이 동화에서는 부당한 행동은 스스로 처벌받게 된다는 도덕적 교훈이 내포되어 있다고 하겠다. 더욱이 심리적 요소일지라도 빗나간 양심에서 솟아나오는 추적망상증은 끊임없이 주인공을 압박하며 결국에는 파국으로 치닫게 만든다. 뒤에서 다루게 될 호프만 동화에서 자주 등장하는 도펠갱어 모티브와 비극적 결말, 근친상간과 패륜이 현실과 환상의 조화 가운데 교묘하게 묘사된 작품이다.

③ 『프란츠 슈테른발트의 방랑』(1798)

이 작품은 서간체로 된 교양소설로 티크의 대표작이다. 친구 바켄로더를 기념하여 쓴 작품으로, 전반부는 바켄로더를 모델로 그의 예술에 불타는 모습을 묘사한다. 그러나 후반부에서는 작가 자신의 불안하고 도취적인 성격을 그렸다. 슐레겔 형제에 의해 낭만주의의 걸작으로 평가된 작품이다.

④ 『성 제노페파의 생과 사』(1800)

이 드라마는 종교적 경향이 농후하며, 낭만적이고 예술지상주의적인 색채가 짙은 비극이다.

지그프리트Siegfried 백작이 전쟁터로 나갈 때, 부하인 젊은 골로Golo에게 처 제노페파Genoveva를 부탁하고 떠난다. 그런데 골로가 그녀의 미모에 끌려 제노페파를 사랑하게 된다. 골로는 제노페파가 말을 듣지 않자, 그녀를 감옥에 가둔다. 그녀는 옥중에서 지그프리트의 아들을 낳는다. 그 후 지그프리트가 개선하여 돌아오자, 골로는 그녀가 부정했기 때문에 감옥에 가뒀으니, 그 부정을 증명해 보이겠다며 마녀에게로 데려간다. 골로의 부탁을 받은 마녀가 마법의 거울로 제노페파의 부정을 비추어 낸다. 화가 난 지그프리트는 골로에게 아내를 죽여 버리라고 떠맡긴다. 골로는 하인에게 다시 그녀를 넘겨준다. 하인은 그 모자를 죽이려고 숲속으로 끌고 갔지만, 너무 불쌍해서 살려 놓아준다. 제노페파 모자는 숲에서 숨어 지낸다. 아이가 성장하여 아버지가 누구냐고 묻자, 제노페파는 아버지를 알려 주고 죽는다. 그때 천사가 와서 그녀를 소생시킨다. 오랜 세월이 지난 후, 지그프리트가 사냥을 하다가 숲속 동굴에서 그녀를 발견하고, 처자를 집으로 데려간다. 골로는 모함 죄로 사형을 받았고, 얼마 후 제노페파도 죽는다. 지난 일을 후회한 지그프리트는 그녀를 위해 사원을 건립한다는 동화풍의 작품이다.

## 3. 브렌타노

브렌타노Brentano(1778~1842)는 친구 아르님과 함께 민요집 『소년의 마술피리*Des Knaben Wunderhorn*』(1806~1808)를 완성하여 그림 동화집과 더불어 후기 낭만파 최대의 업적을 이룬다.

브렌타노는 독일 에렌브라이트슈타인Ehrenbreitstein(오늘날 코블렌츠 Koblenz)에서 태어났고, 20살 때 예나 대학에서 공부하면서 슐레겔 형제, 티크와 교제한다. 이 당시 그는 희극 『구스타프 바사*Gustav Wasa*』(1800)와 자전적 소설 『고드비*Godwi*』(1800)를 썼다. 또한 그는 24살 때 하이델베르크로 이주하여 아르님과 함께 『소년의 마술피리』를 편집하고, 아르님의 「은둔자 신문Zeitung für Einsiedler」 간행을 도와준다. 브렌타노가 1838년(60세)에 발표한 동화 『곡켈, 힝켈 그리고 각켈라이아*Gockel, Hinkel und Gackeleia*』가 유명하며, 그는 1842년 64세를 일기로 아샤펜부르크Aschaffenburg에서 사망한다.

# 4. 아르님

아르님Achim von Arnim(1781~1831)은 낭만주의 시인이며, 친구 브렌타노와 『소년의 마술피리』를 편찬했다. 그는 독일 베를린에서 태어나 할레, 괴팅겐 대학에서 자연과학을 전공했다. 아르님은 영국·프랑스 등을 여행한 후 하이델베르크로 가서 브렌타노, 괴레스와 함께 「은둔자 신문」을 간행한다. 그는 1811년(30세)에 브렌타노의 여동생인 작가 베티나Bettina와 결혼한다. 그러니 브렌타노와 아르님은 친구이자 처남 매부의 관계이다. 그의 주요 작품으로 장편소설 『돌로레스 백작부인의 빈곤과 부와 죄와 참회*Armut, Reichtum, Schuld und Buße der Gräfin Dolores*』(1810), 역사소설 『왕관의 수호자*Die Kronenwächter*』(1817) 등이 있다.

# 5. 그림 형제

그림 형제, 곧 형 야콥Jacob Grimm(1785~1863)과 동생 빌헬름Wilhelm Grimm(1786~1859)은 아버지 필립 빌헬름 그림Philipp Wilhelm Grimm과 어머니 도로테아 그림Dorothea Grimm 사이에 5남 1녀 중 첫째와 둘째 아들로, 각각 1785년 1월 4일과 1786년 2월 24일에 독일 헤센Hessen 주 하나우Hanau에서 태어났다. 법률가였던 아버지 필립은 하나우에서 근무하다가 슈타인아우로 이사했고, 거기서 한창 일할

나이인 44세에 세상을 떠났다. 이때 야콥은 아홉 살이었고, 빌헬름은 여덟 살이었다. 야콥은 어렸지만 아버지의 죽음 후, 자신을 가족의 우두머리로 여겼으며, 그의 형제자매들은 이러한 그의 위치를 인정했다. 단지 어머니가 그의 위에 있었다. 야콥은 그녀가 살아 있는 동안 가장 높은 결정권을 주었고, 최종의 결정을 말할 것을 부탁드릴 때면, 그때마다 그 부인은 기꺼이 아들의 의견을 따랐다. 야콥보다 단지 13개월 어린 빌헬름도 형의 위치를 죽을 때까지 인정했고, 항상 복종했다. 그림 형제에게는 어려서부터 어머니와 어린 동생들에 대한 커다란 책임감이 지배했고, 그들은 가족의 연장자로서 가족들을 돌볼 의무를 느꼈다.

야콥과 빌헬름은 하나우에서 태어났지만 어려서 그곳을 떠났기 때문에, 슈타인아우를 고향으로 여겼다. 그러나 아버지가 죽은 후, 그들은 그곳을 떠나 카셀Kassel로 갔다. 그곳에서 그들은 가장 아름답고 풍요로운 시기를 보냈다. 그들은 항상 같은 집에서 살았고, 함께 일했으며, 함께 학교를 다녔다. 그림 형제는 언어·문학·신화·동화·법률 등의 분야에서 독어독문학의 기초를 확립한 위대한 낭만주의자들이다.

그림 형제는 함께 마르부르크 대학에서 법학을 전공했고, 스승의 소개로 브렌타노와 아르님과 교제한다. 이들의 재촉으로 그림 형제는 약 13년 동안 동화들을 수집, 1812년에는 『어린이와 가정 동화』 제1권을, 1814년에는 제2권을 완성했으며, 1822년에 그 동화들을 위한 『주해서들*Anmerkungen*』을 출판했다. 이 동화모음집에서 그림 형제는 민족의 자연시학Naturpoesie을 민요, 전설 그리고 전래동화를 통하여 단순하고 충실하게 재생하려고 노력했다. 그림 형제는 카셀 도서관에서 같이 근무했다. 1830년에 그림 형제는 괴팅겐Göttingen으로 갔으며, 그곳에서 7년 동안 도서관장과 교수로서 근무했다. 야콥과 빌헬름은 괴팅겐의 넓은 정원 위에 있는 서재에서 아침부터 저녁까지 부지런히 일했다. 그들의 평생소원은 자신들의 학문적 작업을 독립적으로 방해받지 않고, 고요한 가운데 진행하는 것이었다. 또한 그들은 함께 베를린 대학 교수로서 죽을 때까지 평생을 베를린에서 보낸다. 베를린을 중심으로 그림 형제는 평생을 같이 생활하고, 같이 연구하고, 같이 조사 수집했다.

야콥은 언어학, 문헌학 분야에서 재능이 뛰어나 『독일어 문법*Deutsche Grammatik*』(1819~1837), 『독일 신화*Deutsche Mythologie*』(1833) 등을 출판했다. 빌헬름은 문학 분야에서 재능이 뛰어나 『독일 영웅전설*Deutsche Heldensage*』(1829)을 출판했다. 만년인 1852년부터 그림 형제는 『독일어 사전*Deutsches Wörterbuch*』이라는 거대한 작업에 착수하면서 그들의 생애를 마감했다. 여기서 야콥과 빌헬름은 신고지독일어 어휘를 완전히 모아서 어원적·역사적으로 설명하려고 노력했다.

그림 형제의 연구실 창가에는 그들이 사랑하는 꽃들이 있었는데, 야콥이 좋아한 꽃은 겨자꽃과 헬리오트로프꽃이었고, 빌헬름은 부드러운 숨결을 지닌 앵초꽃을 좋아했다. 그 형제는 괴테(1749~1832)처럼 자연에 대해 친밀한 관계를 가졌으며, 모든 꽃들이 만발한 모습과 싹이 튼 모습에 대해 기뻐했다. 그들의 책상 위에는 많은 종류의 광석이 서진書鎭으로서 놓여 있었다. 그중에서도 야콥의 책상 위에는 석화된 채로 채집된 조개들의 표본들이, 빌헬름의 책상 위에는 한 덩이의 수정이 놓여 있었다. 현재 이러한 모든 것들이 그대로 보관된 그들의 책상들은 뉘른베르크Nürnberg의 게르만 박물관에 소장돼 있다.

오늘날 누구나 그림 형제에 대해 알고 있고, 그들을 존경한다. 이러한 존경은 자라난 세대에서도 계속 이어진다. 특히 아이들은 그림 동화 속에서 성장한다. 야콥은 결혼하지 않았다. 그러나 빌헬름은 스위스 베른Bern 출신으로 카셀에서 약국을 경영했던 약사 빌트Wild의 딸과 결혼했다. 빌헬름은 시적인 관찰로 다른 사람에게 이야기하려는 열망을 가진 반면에, 야콥은 실제적인 것을 단지 자신을 위해 홀로 적어 놓았다. 하지만 두 형제는 동일한 버릇을 가지고 있었다. 즉, 그들은 산책을 한 후 몇 개의 꽃잎과 나뭇잎들을 주워 와서, 그것들을 대부분 그들이 사용하던 책갈피에 집어넣는 버릇이 있었다. 그들은 종종 마른 나뭇잎들 위에 그것들을 어디서 주워 왔는지 날짜와 장소를 기록해 놓았다. 그들의 삶의 대부분은 이러한 기억 표시들을 동반한다. 때때로 그들은 특별히 종이로 싸서 상세한 내용을 거기에 기입했다. 무엇보다도 어머니의 죽음에 대해 기록한 많은 나뭇잎과 꽃잎들이 야콥과 빌헬름의 책갈피 속에 놓여 있었다.

산책 중에 빌헬름이 나누었던 자연과의 대화가 결코 오래 지속될 수 없었다. 왜냐하면 대학시절에 처음으로 엄습했던 심장병이 그에게 긴장을 금지시켰기 때문이었다. 빌헬름은 천천히 걷는 편이었고, 야콥은 급히 걷는 습관이 있었다. 그래서 그들은 결코 함께 걸어 다니진 못했다. 이러한 병 때문에 빌헬름은 또한 단지 짧은 여행만이 가능했으며, 반대로 야콥은 파리, 빈, 이탈리아, 네덜란드, 스웨덴 등을 두루 여행했다. 그림 형제는 누구보다도 괴테를 좋아했다. 그들은 괴테의 수집가는 아니었으나 야콥은 그의 방에 괴테의 담배 피는 소입상을 가지고 있었고, 빌헬름은 괴테의 반신상을 소장하고 있었다.

마침내 베를린에서 빌헬름 그림이 1859년 12월 16일 73세의 나이로 먼저 세상을 떠났다. 추운 겨울날 야콥은 슬픔에 가득 차서 그의 손으로 딱딱하게 굳은 흙덩이를 집어서 빌헬름의 무덤에 얹었다. 1863년 9월 20일, 야콥 그림 또한 78세를 일기로 빌헬름의 뒤를 따라갔다. 평생을 함께 살았고, 함께 일했던 그들은 죽어서도 나란히 베를린에 있는 마태 교회 묘지 위에 함께 누워 있는 것이다.

① 『어린이와 가정 동화』

동창미인 그림 형제는 『어린이와 가정 동화』에 대해 1814년 9월 30일에 쓴 서문에서, 그들이 약 13년 동안 헤센, 하나우, 마인, 킨치히 지역에서 구전되어 온 동화들과 전설들을 1812년 출판된 제1권에 86편의 동화로 기록했다는 것과, 제2권에는 70편의 동화가 1814년에 생각보다 빨리 완성되었다는 것에 대해 언급한다. 물론 제2권은 1815년에 출판되었다.

그림 형제는 『어린이와 가정 동화』에 실을 이야기를 민족의 풍습과 고유성, 격언과 익살을 가진 사건들에서 수집한 것과, 그러한 것들 속에 임의대로 어떤 것도 첨부하지 않았고, 미화하지 않았으며, 그들이 받았던 내용 그대로 모사했다는 것을 밝힌다. 그들은 이전까지 출판된 다른 동화 작품들처럼 자신의 문학적 작품의 토대로서 동화들을 이용한 것이 아니라, 오히려 순수하고 충실하게 그 원래의 것을 단지 복제한 것이다.

그림 형제는 『어린이와 가정 동화』를 역사와 문학이 아직 나누어지지 않은 시대, 곧 게르만 민족의 초기시대의 주권 없는 신분사회에서 찾아내리라 생각했다. 그들은 이 신화적인 시대의 동화문학이 '자연스럽게' 만들어졌다고 믿었으며, 따라서 그들의 주요 명제는, 모든 동화들이 가장 오래된 시대 속으로 되돌아가려는 믿음에서 생성된다는 것이다. 이러한 초기의 동화문학이 낭만주의자들에 의해 민족을 인식하기 위해 사용되었고, 민족의 개념이 단일민족의 방향에서 국가의 이념으로 발전했다. 그래서 독일민족은 민족의 근원으로서 국가주의적·민족주의적 특성을 가지며, 낭만주의에서 제정된 소위 '민족성 이데올로기 Volkstumsideologie'를 동시대의 정치적 상황에 대한 결과이자 표현으로서 받아들이는 것이다. 다시 말해 1813년에서 1815년까지 프랑스의 나폴레옹 1세로부터 벗어나려는 해방전쟁 시기에 지배적인 애국심의 비약이 그림 형제에게서 정신적으로 민족성의 원천을 갈구하게 만들었고, 그것이 그들의 문화적 유산을 향한 노력이 되었다.

비록 그림 형제가 어린이와 가정을 위한 교육적인 의도에서 낭만주의의 민족성이데올로기에 기인하여 동화모음집을 기록했을지라도, 『어린이와 가정 동화』가 출판된 후, 많은 아이들의 동화문학을 향한 커다란 관심이 그 형제를 놀라게 했으며, 매우 기쁘게 했다. 그 당시 아이들에게 어떤 것을 이야기해 줄 수 있다는 것이 큰 관심사였고, 아이들은 동화에 그들 자신의 눈과 귀를 점령당했다. 그래서 빌헬름은 후기 출판에서 어린아이적 가공에 노력했고, 어린이를 위해 부적당한 모든 표현을 삭제했으며, 어린이를 위한 이야기들로 보충했다. 그는 동화책이 어린이를 위한 교육서가 되기를 원했다. 그는 아이들에게 동화를 통해 꿈과 낭만을 키워 주고, 힘과 능력을 부여할 수 있다고 생각했다.

빌헬름은 동화들을 시민적 어린이 교육에 접합시켰고, 그것으로서 교육 발전을 희망했다. 문학서술의 상세함과 세밀함에 대한 그의 사랑이 미학적인 문체양식으로 조화된 동화작품을 만들었다. 특히 그의 언어 창조력, 단어의 위트, 리듬, 반복 그리고 유머는 아이들의 심금을 울렸다. 그림 동화는 어린이를 위한 독본으로서, 시간과 공간을 초월하여 읽을 때마다 새로운 사건으로 받아들여지는 특성을 지니며, 모든 시대, 모든 민족의 아이들에게 건강하고 균형이 잡힌 생명 있는 책으로 간주되는 것이다.

옛날 옛적의 잃어버린 신화 찾기에서, 그림 형제가 그 신화의 잔해들을 동화로 주워 모았을 때, 그들은 그들의 취향에 따라, 또한 그들의 원형보존의 관념에 따라 동화와 상이한 변형의 융합을 허락했고, 낯선 유형으로 들어온 다른 동화들을 정화했으며, 그것을 다른 동화들로 확대했다. 그림 형제는 그 동화들을 원래의 형식, 즉 방언으로는 기록하지 않았으며, 동화들을 특색 있게 변화시켜야만 했다. 수집된 동화들의 가공에서 빌헬름은 현재형의 문장을 이야기식의 반과거형의 문장으로 바꾸었고, 간접화법을 직접화법으로 고쳤으며, 외국어를 삭제했다. 그는 민속적인 이중표현, 예를 들면 '음식과 음료'를 합쳐 '음식물'과 같은 표현을 즐겨 썼고, 고풍스런 표현법을 좋아했으며, 나아가 축소형식과 감정이 실린 단어의 사용을 선호했다. 그는 그것들의 본보기를 두운결합, 예를 들면 '집과 뜰Haus und Hof'과 같은 표현으로 치장하고, '쭉, 찍'과 같은 의성어 소리묘사로 꾸미며, 민족적인 비유, 예를 들면 '3일 동안 비오는 날같이 찌푸린 얼굴ein Gesicht wie drei Tage Regenwetter' 등의 비유로 장식한다. 또한 그는 '침이 마르도록 칭찬한다 über den grünen Klee loben'와 같은 관용구로 치장했고, '시작이 반이다frisch gewagt ist halb gewonnen'와 같은 격언과 속담으로 장식했다. 더 나아가 빌헬름은 분명하고 풍부한 동기부여와 감동적인 상황묘사에 노력했다. 이러한 미학적으로 정선된 동화양식들은 그때까지 시민계급에서 결코 존재하지 않았던 유명세를 획득했다.

이와 같은 그림 동화의 예술적 구성이 바로 어린이 세계에서 동화의 수용을 촉진시켰고, 동화 연구의 중요성이 강조되었다. 빌헬름은 단지 내용상의 변화뿐만 아니라 문체상의 변화를 동화문학에서 시도했다. 또한 그는 순수한 전래동화의 본질에도 손을 대었다. 따라서 비더마이어적 문체양식과 시민계급의 시대적 취향이 『어린이와 가정 동화』로 해결되었을 뿐만 아니라, 어린아이적 가공에 대한 빌헬름의 노력이 후기 출판물에 영향을 미친 것이다.

더욱이 그림 형제는 동화를 문체양식의 절정으로 옮겨 놓았고, 낯선 것과 경이로운 것을 동화에서 강조했으며, 그것으로서 매혹적인, 현실과 먼, 환상적인 동화분위기를 창조했다. 그림 동화가 너무 미신적이었다는 이유로 빈Wien에서 출판을 금지당했을 때도, 창작문학보다 구비문학을 과중시한 그림 형제는 자연시학의 독창력을 순수하게 어린이들에게 전해 주려고 노력했다.

그림 형제의 동화모음집은 내용상으로 여러 가지 다양한 진술의 동화들을 제공한다. 하지만 어린이들의 방에서는 단지 가벼운 선택으로 수용되며, 그 선택이 사회적·역사적 과정에 대한 동화의 확실한 일면성과 배타성의 인상을 준다. 헤르만 그림Herrmann Grimm에 의해 준비된 50여 편의 동화들의 선택이 본질적으로 이러한 어린이적 선택의 기초가 되었으며, 그림 동화집에서 단지 약 20여 편의 이야기들이 고전적 어린이동화로 전달되었다. 그중 대표적인 작품은 「빨간 모자 소녀」, 「늑대와 일곱 마리 새끼 양」, 「헨젤과 그레텔」, 「신데렐라」, 「백설 공주」, 「가시장미공주」, 「라푼첼」, 「룸펠슈틸첸」, 「홀레 부인」, 「개구리 왕자」, 「백설아가씨와 장미아가씨」, 「오빠와 누이」, 「별돈」, 「마리아의 아이」 그리고 해학과 익살스러운 동화들 중에서 「용감한 재단사」, 「행복한 한스」, 「브레멘 음악대」, 「작은 식탁아 식사준비를 해라…」, 「토끼와 고슴도치」 등이다.

그림 형제의 가공과 선택이 그림 동화를 짧은 시기에 이상적·시민적인 아동문학으로 만들었으며, 그러한 경이로움과 다양성과 모순성은 시간과 공간을 초월하여 모든 어린이들에게 건강하고 아름다운 심성을 심어주는 데 크게 기여했다.[29)]

# 6. 호프만

호프만E.T.A. Hoffmann(1776~1822)은 다재다능한 예술가로서 문학, 음악, 회화에서 많은 업적을 남긴 낭만주의자이다. 특히 그는 환상적인 기괴소설로 근대 기괴소설의 아버지로 평가된다. 호프만은 동 프로이센의 쾨닉스베르크에서 태어났다. 어머니가 히스테리가 심해서 어둡고 힘든 어린 시절을 보냈다. 그는 법률을 공부하여 1800년(24세)에 배심판사가 되었으나, 다음 해에 필화사

29) 이성훈, 『그림형제』, 건국대학교출판부, 2011.

건으로 좌천된다. 이때부터 그는 음악에 전념한다. 호프만은 1806년(30세)에 나폴레옹군이 바르샤바에 침입하자 각지를 돌아다닌다. 그는 극단의 악장, 피아노와 성악의 가정교사를 하면서 생계를 유지하고, 틈틈이 음악평론을 썼다. 호프만은 1810년(34세)에 성악교육을 받던 제자 율리에를 짝사랑했는데, 그녀가 2년 후 부유한 상인과 결혼하자 절망하여 술과 환상에 빠져 괴로운 나날을 보낸다. 그는 이 체험을 소설로 서술하여 『칼로 풍風의 환상집 *Phantasiestücke in Callots Manier*』(1814~1815), 『악마의 영액 *Die Elixiere des Teufels*』(1816), 『고양이 무르의 인생관 *Lebensansichten des Katers Murr*』(1820~1821) 등의 작품을 남겼다. 호프만은 1814년(38세)에 대법원에 취직하여 성실히 직무수행을 하면서, 푸케의 『운디네 *Undine*』를 오페라로 작곡하여 대성공을 거둔다. 그는 화가로도 활약하면서 술과 환상 속에서 괴로움을 달랜다. 이러한 이중생활을 하는 동안 지병(척수루)이 악화되어 1822년 46세를 일기로 세상을 떠났다.

① 『칼로 풍風의 환상집』(1814~1815)

이 작품은 4권으로 된 단편 동화집으로 프랑스의 동판화가 쟈크 칼로Jacques Callot의 환상적 화풍을 본받아 제목을 붙였다. 이 동화집에는 미친 악장 클라이슬러를 빌어 율리에에 대한 사랑의 괴로움을 서술한 「클라이슬러의 음악적 고뇌 Johannes Kreislers, des Kapellmeisters musikalisches Leiden」, 음악의 마력에 사로잡혀 파멸하는 자의 비극을 그린 「돈 쥬앙Don Juan」, 대학생 안젤무스Anselmus가 뱀의 요정과 몽상적인 사랑을 나누는 「황금 단지Der goldene Topf」 등의 단편동화가 실려 있다.

② 『악마의 영액』(1816)

이 작품은 호프만의 대표작이며, 환상적이고, 전율적인 장편소설이다. 이 소설은 카프친파 수도승의 수기 형식으로 이야기를 전개한다. 호프만은 이 기괴소설에서 이중인간의 죄업을 다루며, 인간의 마성의 무서움을 묘사한다. 악마의 영액이란 옛날 성자를 유혹하기 위해 악마가 지니고 다니던 술이다. 악마가 성 안토니오Antonio를 유혹하기 위해 이 술을 보냈는데, 안토니오는 마시지 않고, 동굴 속에 감춰 둔다. 훗날 조상 대대로 내려온 간통살인죄를 속죄하기 위해 수도승이 된 메다르두스Medardus가 우연히 이 술을 마시고 마력에 빠져 온갖 나쁜 짓을 행한다. 그는 매일 밤 음탕한 꿈을 꾸고, 꿈속에 나타난 미지의 여성에게 사랑을 품게 되어 그녀를 찾기 위해 수도원 탈출을 기도한다. 그때 마침 그는 원장에게서 로마로 가라는 출장명령을 받고 로마로 떠난다. 메다르두스가 로마로 가는 도중에 악마의 벼랑이라고 불리는 절벽에 도착했을 때, 벼랑 위에 서 있는 한 남자에게 소리를 질러서 그를 벼랑에서 떨어져 죽게 한다. 그 사람은 빅토린Viktorin이라는 백작인데, 수도승으로 변장하여 애인을 찾아가는 중이었다. 죽은 빅토린이 자기와 꼭 닮은 사람이었기에, 메다르두스는 백작 행세를 하며 그의 애인인 남작부인을 찾아간다. 여기서 동화모티브 '도펠갱어 모티브'가 나타난다. 남작부인은 남편과 두 명의 양녀와 같이 살고 있는데, 메다르두스는 양녀 중 아우렐리에Aurelie를 보고 놀란다. 왜냐하면 그녀가 바로 꿈에서 본 미지의 여성이기 때문이다. 그는 아우렐리에를 좋아하면서 몰래 남작부인과 간통을 계속한다. 어느 날 남작부인이 메다르두스에게 남편을 살해해 버리라고 요구한다. 그가 거절하자 남작부인은 그를 죽이려고 만든 독배를 마시라고 권한다. 이를 눈치챈 메다르두스가 독배를 바꿔치기해서 남작부인이 마시고 죽는다. 남작부인이 죽자 그는 아우렐리에에게 접근한다. 이것을 다른 양녀가 보자, 그는 밀고가 두려워 그 양녀를 죽이고 도주한다. 산속 오두막에서 그는 자기와 꼭 닮은 미친 수도승을 만난다. 그리고 그곳을 떠나 그는 어느 후작의 궁정으로 가게 된다. 모두들 그를 환영했으나, 후작부인은 그를 미워한다. 왜냐하면 그가 그녀의 언니를 배신한 남자와 꼭 닮았기 때문이다. 후작부인의 언니를 배신한 그 남자는 이탈리아의 공주와 간통하여 아들을 낳았는데, 그 아이가 먼 나라에서 빅토린 백작이란 이름으로 양육되었다고 한다. 그 남자의 초상을 본 메다르두스는 놀라지 않을 수 없었다. 왜냐하면, 그가 악마의 벼랑에서 소리를 질러 떨어져 죽게 한 그 남자가 그의 아버지였기 때문이다. 그날 저녁에 새로 고용된 하녀가 왔는데, 뜻밖에도 그녀는 아우렐리에였다. 그녀의 고발로 체포된 메다르두스는 죽음을 각오하고 있었는데, 그때 마침 산속 오두막에서 만난 수도승이 나타나 그와 바꿔치기해서 목숨을 구한다. 이 수도승은 그의 이복동생이었다. 메다르두스는 아우렐리에를 설득하여 결혼에 동의하게 된다. 그러나 결혼식 날 그와 바꿔치기한 수도승이 처형을 받게 되어 있었다. 이것을 안 메다르두스는 공포에 사로잡혀 신부를 칼로 찌르고 도주한다. 이때 아우렐리에는 놀라서 기절만 하고 죽지는 않았다. 몇 달 후 이탈리아 수도원에 도착한 그는 거기서 정상적인 자기를 찾는다. 그는 이 모든 것이 악마의 영액 때문에 빚어졌다는 것을 알게 된다. 메다르두스는 자신이 저지른 죄를 참회하면서 수행에만 정진하다가 고향에 있는 수도원에 들어가 자서전을 쓰면서 타계한다. 죽음으로 그의 더러운 혈통은 단절된다는 줄거리이다.

③ 『고양이 무르의 인생관』(1820~1821)

이 작품은 구성이 특이한 소설이다. 고양이 무르의 자서전과 악장 크라이슬러Kleisler의 전기가 뒤범벅되어 섞여 있다. 고양이 무르는 학자 집안에서 길러져서 학식 있고 거만한 수고양이다. 이 고양이가 자서전을 쓰는데 주인인 악장 크라이슬러의 전기가 써져 있는 종이를 원고용지로 사용하여 쓴다. 그것이 그대로 인쇄소로 가서 인쇄되어 두 종류의 전기가 뒤범벅이 된다. 이러한 구성으로 작가는 시대의 풍속을 고양이와 인간 양측으로 풍자적으로 고발하는데, 두 개의 전기는 표면상으로는 아무런 관련이 없어 보이지만, 내면적으로는 긴밀한 연관성을 맺고 있다.

# 7. 푸케

독일 낭만주의자 푸케Fouqué(1777~1843)는 프랑스계 귀족의 후예로 브란덴부르크에서 태어났다. 그는 군인으로서 해방전쟁에 참여했다. 푸케는 슐레겔의 영향으로 옛 독일전설을 발굴하여, 그것을 소재로 작품을 썼다. 1811년 34세 때 『운디네Undine』를 발표했다. 푸케 동화 『운디네』는 가장 인기 있는 창작동화

중 하나이다. 이 작품에서 푸케는 낭만주의 시대의 세계관이라고 할 수 있는 역사주의와 기독교와 자연철학 등을 다루고 있다. 그는 역사주의로는 중세시대의 기사도를, 기독교로는 가톨릭의 신부와 기독교 신앙고백의 가치를, 자연철학으로는 파라첼수스Paracelsus (1493~1541)의 물의 요정 님프Nymphe와 공기의 요정 실프Sylphe, 땅의 요정 피그미Pygmäe와 불의 요정 샐러맨더Salamander 등을 소재로 창작동화 『운디네』를 만들어 낸 것이다.

① 『운디네』(1811)

기사의 사랑을 받고 혼을 얻은 물의 요정 운디네가 사랑에 배신당하고 기사를 죽인 다음, 기사의 무덤을 둘러싸고 흐르는 물이 되어 영원히 기사를 품고 있다는 내용의 동화로, 낭만주의 문학의 걸작 가운데 하나이다. 『운디네』의 여주인공은 제목과 동일한 물의 요정 운디네이고, 그녀의 상대역인 남자주인공은 기사 훌트브란트Huldbrand이다. 물의 요정을 소재로 한 이야기는 푸케의 『운디네』가 처음은 아니다. 이미 중세시대에 '슈타우펜베르크 전설Stauffenbergersage'에서 물의 요정과 관계된 슈타우펜베르크의 가족전설에 대한 이야기가 시작되어, 1588년에 퓌샤르트Fischart는 『페터 폰 슈타우펜베르크』에서 물의 요정 이야기를 산문 형식으로 썼으며, 1805년에 아르님Arnim은 『소년의 마술피리』에서 민요조로 슈타우펜베르크 전설을 노래했다. 또한 1764년에 빌란트Wieland는 『비리빈커 왕자의 동화*Das Märchen von Prinzen Biribinker*』에서 '온디네Ondine'라는 이름의 '육욕적인 물의 요정lüsterne Wasserfee'을 그렸으며, 1807년에 괴테는 「새로운 멜루지네」를 써서 1821년에 출판한 『빌헬름 마이스터의 편력시대』에 삽입하여 발표했다. 특이한 점은 푸케의 운디네 외에는 여자주인공이 온전한 인간의 모습으로 나타나지 않는다는 점이다. 즉, 푸케의 운디네는 처음부터 끝까지 사람과 동일한 모습으로 그려지지만, 다른 물의 요정들은 반인반수의 인어人魚나 난쟁이의 모습 등을 하고 있다는 점이다.

푸케의 『운디네』에서 자연 존재인 물의 요정 운디네는 겉으로는 인간과 똑같은 18살의 '너무나 아름다운 금발의 소녀'이며, 남자주인공 기사 훌트브란트도 '잘 생긴 젊은이'이다. 그래서 자연 존재인 운디네와 인간인 훌트브란트가 이질감 없이 만나고 사랑하고 헤어지고 죽는 아름다운 러브 스토리가 동화 줄거리로 묘사되는 것이다.

푸케는 『운디네』를 모두 19장으로 구분해서 장편동화로 완성했다. 제1장 '기사가 어떻게 어부에게 왔는지'로부터 시작하여 제19장 '기사 훌트브란트가 어떻게 매장되었는지'에 이르기까지 작가는 각 장마다 소제목을 붙여서 마치 소제목만을 읽어도 동화 줄거리가 어떻게 진행되고, 어떤 결말로 끝나는지를 알 수 있게 만들었다. 그렇게 남자주인공이 어부 집으로 오게 된 사연을 듣는 것을 시작으로, 제2장에서는 운디네가 어떤 방법으로 어부에게 왔는지, 제3장에서는 어부 부부와 기사가 어떻게 운디네를 다시 찾는지, 제4장에서는 훌트브란트가 숲에서 만난 것에 대해, 제5장에서는 기사가 호숫가에서 어떻게 살아났는지, 제6장에서는 남녀주인공의 결혼에 대해, 제7장에서는 첫날밤에 일어난 일에 대해, 제8장에서는 결혼식 다음 날에 일어난 일에 대해, 제9장에서는 기사가 어떻게 그의 어린 아내를 데리고 집으로 가는지, 제10장에서는 운디네와 훌트브란트가 도시에서 어떻게 사는지, 제11장에서는 운디네의 적수이자 가해자인 베르탈다Bertalda의 '성인축일Namensfeier'에 대해, 제12장에서는 운디네와 훌트브란트와 베르탈다가 어떻게 도시를 떠나는지, 제13장에서는 그들 3명이 어떻게 기사의 집인 '링슈테텐 성Burg Ringstetten'에서 함께 사는지, 제14장에서는 성을 떠난 베르탈다가 어떻게 기사와 함께 돌아오는지, 제15장에서는 세 사람이 배를 타고 빈Wien으로 여행하는 일이, 제16장에서는 훌트브란트가 운디네를 떠나 베르탈다를 사랑하는 사건이, 제17장에서는 기사가 꿈꾸는 내용이, 제18장에서는 기사 훌트브란트가 베르탈다와 어떻게 결혼식을 올리는지, 그리고 마지막 장에서는 남자주인공의 죽음으로써 불행한 결말이 서술되는 것이다.

이 가운데 특히 제7장과 제8장을 주목할 필요가 있다. 청춘남녀가 주인공인 대부분의 전래동화에서는 결혼으로 동화 줄거리를 행복한 결말로 끝내는 게 일반적이지만, 푸케는 한 차원 높은 창작동화 형식으로 그의 『운디네』에서 자연 존재인 운디네가 마치 리비도에 사로잡혀 물불을 안 가리고 남자와 결혼을 하고 싶은 이유를 밝힌다. 그것은 바로 '영혼Seele'을 얻기 위해서이다. 영혼이 없으면 인간이 될 수 없다는 믿음을 푸케는 운디네를 통해 보여 주며, 영혼 획득이라는 과제해결은 결국 남자와의 결혼을 통해 소녀가 진정한 여인이 된다는 의미를 상징적으로 보여 주는 것이다. 그래서 영혼이 없는 운디네는 본능적 에너지에 사로잡혀 있는 어린아이와 같은 존재이고, 불안하고 변덕스러운 자연 존재이며, 마치 여자 마법사처럼 자연의 정령들을 마음대로 다루는 섬뜩한 존재이기도 하다. 이러한 영혼 없는 자연 존재인 운디네를 치료하기 위해 반드시 필요한 요소가 인간의 영혼이다. 인간이 자연 존재와 구별되는 요소인 영혼을 얻기 위해 운디네는 물귀신처럼 훌트브란트에게 매달리며, 온갖 애교와 교태로 그를 유혹한다. 그런 매혹적인 절대미를 간직한 운디네를 누가 거부할 수 있으며, 더욱이 첫눈에 반한 남자주인공 입장에서는 그녀와 결혼하여 첫날밤을 치룰 수밖에 없다. 푸케는 기독교정신에 입각하여 '하일만 신부Pater Heilmann'를 조력자로 등장시켜 두 주인공의 결혼을 주례하게 한 후 첫날밤을 치르게 한다. 첫날밤에 운디네는 훌트브란트를 받아들임으로써 영혼을 얻게 되고 길들여지며, 한 곳에 정주하여 살게 되는 정숙한 주부로서 진정한 여인이 되는 것이다.

첫날밤을 치룬 신랑과 신부는 숲속 개울가 건너 '작은 섬die kleine Insel'으로 신혼여행을 떠난다. 이 작은 섬은 동화 말미에 언급될 훌트브란트의 무덤을 선취하며, 섬을 감싸고 맴도는 물결 또한 동화 말미에 등장할 기사를 매장할 때 운디네가 사라진 자리에서 솟아나온 '은빛 샘물ein silberhelles Brünnlein'과 동일시 되는 것이다. 다시 말해, 운디네와 훌트브란트가 처음 만나 사랑을 속삭였던 삶의 자리가 결국 동화 말미에서 죽음의 자리가 되며, 작가는 두 주인공의 못다 이룬 사랑의 표시를 흙으로 돌아간 인간과 물로 돌아간 자연 존재라는 이질적 이미지로 마무리하는 것이다.

# 8. 안데르센

한스 크리스티안 안데르센Hans Christian Andersen(1805~1875)은 창작동화의 아버지라고 불린다. 그것은 전래동화의 아버지라고 불리는 그림 형제의 덕분이라고 할 수 있다. 왜냐하면 안데르센의 창작동화는 그림 형제의 전래동화의 직접적인 이웃으로 그 인기를 얻었기 때문이다. 다시 말해, 19세기 낭만주의 시대에 그림 형제가 쓴 『어린이와 가정 동화』의 영향으로 약 20년 후인 1835년에 안데르센은 『어린이를 위해 이야기하는 동화*Eventyr, fortalte for Børn*』를 발표한 것이다. 안데르센은 첫 번째 동화 「부싯깃 통」을 시작으로 마지막 동화 「치통 마녀」에 이르기까지 총 157편에 달하는 그의 동화를 1835년 초판을 필두로 1843년에 두 번째 판을, 1858년에 세 번째 판을, 그리고 1861년 마지막 판을 통해 발표했다. 이미 책제목에서 동화의 대상이 어린이임이 뚜렷하게 부각되었고, 그 어린이를 위해 그림 형제는 전해 내려오는 이야기들을 수집하여 동화책으로 출판했고, 안데르센은 자기 이름으로 동화를 창작하여 세상에 내놓은 것이다. 그래서 사람들은 그림 동화와 안데르센 동화를 전래동화와 창작동화의 고전적 견본으로 간주하며, 아동문학의 효시로 인정하는 것이다.

안데르센은 가난한 어린 시절을 보냈다. 아버지, 한스 안데르센Hans Andersen (1782~1816)은 가난한 구두수선공이었지만 문학을 좋아하여 어린 아들에게 『아라비안나이트』나 극작가 호르베아의 작품 등을 들려주었고, 어머니, 앤 마리 안더스다터Anne Marie Andersdatter(1775~1833)는 알코올중독의 세탁부였지만, 루터교의 신앙을 아들에게 전수했으며, 친할머니는 병적인 거짓말쟁이였지만 많은 옛날이야기를 들려주면서 어린 손자에게 꿈과 희망을 불어넣었다. 즉, 소년 안데르센은 가난한 형편에서도 아버지로부터는 문학적 재능을, 어머니로부터는 신앙심을, 그리고 할머니로부터는 동화적 상상력을 받으면서 성장한 것이다. 울슐라거가 안데르센을 “세계에서 으뜸가는 환상적인 이야기꾼”이라고 표현했듯이, 안데르센 동화는 환상이야기이며, 가난하고 억압받던 아이들과 소시민들에게 꿈과 비전을 갖게 한 희망이야기이다.

안데르센이 처음에는 극작가로, 그 다음엔 소설가와 시인으로 유명세를 얻으려고 했지만, 결국 동화작가로서 그는 세계적 명성을 얻었다. 동화는 서사적·극적 형태를 한 서정적 표현이다. 안데르센은 이러한 서정적·서사적·극적인 요소가 모두 포함된 동화문학에서 자신의 순수한 환상을 조화롭게 표현하며, 특히 인간과 자연과 사물과의 소통을 의인화 기법을 통해 성취했다.

안데르센은 그의 동화에서 다양한 동화적 특징들, 곧 일차원성·평면성·과제부여·과제해결·반복·추상적 문체·출발상황·방랑·등장인물들·동화의 소도구·하사품·가난의 모티브·행복한 결말·규정된 줄거리 상황·곁줄거리·반동화·의인화·도펠갱어 모티브·귀환 등을 필요한 시기에 필요한 곳에 알맞게 묘사한다. 따라서 안데르센은 몇몇 비평가들에 의해 혹평되기도 하지만, 여전히 '창작동화의 아버지'라는 칭호를 받기에 부족함이 없고, 앞으로도 시대적·역사적 요구에 따라 그림 동화와 더불어 가장 인기 있는 동화문학으로 자리매김할 것임을 확신한다. 왜냐하면, 21세기는 동화의 르네상스시대요, 이 시대에 가장 본보기가 될 동화작가가 안데르센이기 때문이다.

① 「미운오리새끼」(1844)

「미운오리새끼」는 1844년 안데르센이 39세 때 발표한 스물일곱 번째 작품이다. 안데르센이 스스로 「미운오리새끼」의 전반부를 여름에 '기젤허Gisellher'라는 곳에서 며칠 동안 머물면서 썼는데, "그 동화의 결말은 그로부터 반년이 지나서야 완성했다."고 고백하듯이, 「미운오리새끼」의 줄거리가 여름에 시작되어 가을과 겨울을 지나 이듬해 봄에 끝남으로써 계절의 순환을 연상하게 한다. 울슐라거가 "그가 가장 오랫동안 공을 들인 작품 중의 하나였다."고 지적했듯이, 「미운오리새끼」는 안데르센이 심혈을 기울여서 창작한, 그의 대표적 동화작품이라고 말할 수 있다.

뿐만 아니라, 이 동화에서는 소외계층 출신인 안데르센의 전기적 상황이 '소원환상'을 통해 서술되며, 동시에 소시민적 삶에 대한 그의 외모콤플렉스가 상징적으로 암시되고 있다. 즉, 동화주인공 미운오리새끼가 '못생긴 외모 때문에' 모두에게 웃음거리가 되고 따돌림을 당했듯이, 안데르센은 비참한 출신과 못생긴 외모 때문에 평생을 강박관념에 사로잡혔고, 그 열악한 환경을 인간적인 노력으로 극복하려는 동화 같은 삶을 살았다고 할 수 있다. 다시 말해, 그는 백조가 아니라 오리로 태어나서 백조가 되고 싶었기 때문에, 미운오리새끼는 바로 안데르센의 자화상이라고 해도 과언이 아니다.

안데르센은 구두수선공인 아버지와 세탁부인 어머니 밑에서 어린 시절을 보냈고, 11살 때 아버지가 돌아가시자 스스로 직물공장과 담배공장에서 일을 할 정도로 비참한 환경에서 자라났다. 이러한 소시민적 생활환경이 안데르센의 무의식과 관련된 관념연상으로 자리 잡았다고 할 수 있다. 더욱이 안데르센은 1819년 14세 때 연극배우의 꿈을 안고 코펜하겐으로 갔으나 변성기에서 비롯된 탁한 목소리로 가수의 꿈을 접었고, 스스로 작성한 연극대본마저도, 가난해서 정규교육을 받지 못한 이유로 문법과 맞춤법 그리고 표현력 부족에 의해 극단주에게 거절되었다. 그 때문에 자살을 생각할 정도로 극심한 마음의 고통이 그의 열등감 콤플렉스로 자리 잡았다고 할 수 있다. 뿐만 아니라, 독일 작가 헵벨F. Hebbel(1813~1963)이 안데르센에 대해 '유별나게 못생긴 얼굴과 가느다란 다리에 괴물처럼 구부정한 모습'이라고 표현했듯이, 그의 못생긴 외모가 콤플렉스로 작용하여 인어공주가 왕자를 짝사랑했듯이, 사랑하는 여인과 이룰 수 없는 불행한 사랑으로 평생 독신으로 지냈다는 사실은 익히 알려진 이야기이다.

「미운오리새끼」에서 동화인물들은 '가금류'이다. 깃털이 있는 주인공이 의인화되어 예기치 않은 도주와 발견과 만남으로의 '모험적인 여행'을 떠난다. 동화 줄거리 상에서 결정적인 모험여행이 모두 세 번 시행되는데, 그 첫 번째 여행은 다음과 같은 도주에서 비롯된다.

어미오리는 "네가 멀리 사라져 버렸으면 좋을 텐데!"라고 말했어요. 그리고 오리들은 그 오리새끼를 물어뜯었고, 닭들은 쪼았으며, 동물들에게 모이를 주는 여자애는 발길로 찼어요. 그래서 미운오리새끼는 달아났고 울타리를 훌쩍 넘어 날아갔어요.

못생긴 외모 때문에 모든 이들에게 왕따를 당해도 어미오리가 자기편을 들어주기 때문에 그 외모콤플렉스를 묵묵히 참고 있던 미운오리새끼가 어미마저 자기가 사라져 버렸으면 좋겠다는 고백을 듣는 순간 그 울타리를 박차고 도주를 감행한다. 안데르센이 자신의 자서전에서 "나는 단지 살기 위해서 글을 써야 한다."고 고백했듯이, 미운오리새끼는 맞아죽거나 미움 받는 천덕꾸러기로 살지 않기 위해서, 곧 살기 위해서 도망치는 것이다.

두 번째 모험여행은 다음과 같이 발견을 위한 자신의 결심가운데 시도된다.

"내 생각에는, 저 넓은 세상으로 나가야 살 것 같아!"
"그래, 마음대로 해!"라고 암탉이 말했어요.
그래서 오리새끼는 떠났어요.

안데르센은 한 차원 높은 창작동화의 영역에서 동화주인공을 자신의 의지에 의해 방랑하게 만든다. 비록 이런 모습이 반동화적인 특징으로 간주될지라도 안데르센이 동화가 무엇이라는 것을 알고 있다는 반증이기도 하다. 어쨌든 미운오리새끼는 물 안에서 헤엄치며 노는 자신의 정체성을 발견하기 위해 '수고양이와 암탉과 함께 사는 할머니'의 농가를 빠져나오는 것이다.

세 번째 여행은 세 마리 아름다운 백조를 만나기 위한 모험에서 비롯된다.

"저 화려한 새들에게 날아갈 테야! 그럼 그들은 부리로 쪼아서 나처럼 못생긴 새가 감히 가까이 왔다고 죽이려 하겠지. 그러나 상관없어. 오리들에게 물리고, 닭들에게 쪼이고, 양계장을 돌보는 처녀에게 발로 채이고, 겨울에 화禍를 당하는 것보다, 차라리 저 새들에게 죽는 편이 나아!" 그래서 오리새끼는 물속으로 날아 들어가 아름다운 백조를 향해 헤엄쳐 갔어요.

만남의 아름다운 모험이 세 번째 여행에서 다시금 자신의 의지에 의해 행해진다. 이리 죽으나 저리 죽으나 이판사판의 심정으로 미운오리새끼는 아름다운 백조를 향해 헤엄쳐 가는데, 결국 자신의 정체성이 그의 용기와 만남에 의해서 성취된다. 다시 말해, 미운오리새끼가 "죽일 테면 죽여!"라고 외치면서 머리를 숙이고 아름다운 세 마리 백조에게 가는 순간, 물위에 비쳐진 자신의 모습에서 우아한 백조의 정체성을 발견하는 것이다.

이러한 미운오리새끼의 세 가지 모험여행은 안데르센의 철저한 시간적·공간적 서사형식에서 전개되었다. 먼저 시간적으로 여름에 알에서 부화된 동화주인공이 가을과 겨울을 거쳐 점점 더 성장하고, 드디어 봄에 완전히 자라난 백조가 되었으니 말이다. 또한 공간적으로 숲에서 부화된 미운오리새끼가 호수에서 헤엄치고, 농장에서 구박받고, 늪으로 피신하고, 농가로 다시 들어가고, 호수로 다시 나왔다가 얼어붙어 농가로 가서 회복하고, 마침내 정원의 호수에서 아름다운 백조를 만나니 말이다. 즉, 미운오리새끼의 아름다운 모험은 시간과 공간의 조화 가운데 이루어진 도주와 발견과 만남의 여행이었다고 할 수 있다.

안데르센은 동화를 창작하는 데 남다른 천재적인 재능이 있어, 한번 듣거나 본 옛날이야기나 전래동화를 새로운 창작동화로 탄생시킨다. 안데르센은 「미운오리새끼」에서 어린아이의 눈높이에 맞춰 재미있는 동물이야기를 감동적으로 그려낸 것 같으면서도, 한편으로는 어른이 되어서야 이해할 수 있는 '고진감래苦盡甘來'의 우아하고 성숙한 고전적 감동을 선사한다. 안데르센은 다음과 같은 「미운오리새끼」의 종결문으로 해피엔딩을 맛보게 한다.

얼마나 구박당하고 경멸을 받아왔는지 생각했던 미운오리새끼가 이제는 모두에게 아름다운 새들 중에서도 가장 아름답다는 소리를 듣게 된 거예요. 그리고 딱총나무가 물 안에 있는 백조를 향해 가지를 굽혔고 태양은 따뜻하고 밝은 햇살을 비췄답니다.

인간과 동물과 식물 등의 삼라만상森羅萬象이 조화를 이루는 아름다운 세상이 동화의 세계이다. 오리였을 때는 상상도 못했던 일들이 백조임이 드러난 순간 한꺼번에 동화주인공에게 성취되는 것이다. 즉, 어린 시절의 궁핍하고 혼란스런 소시민적 삶이 성인이 되어 유명한 동화작가로 거듭나기까지 장애로만 알고 살아왔는데, 이제 성공한 동화작가가 되어 한꺼번에 꿈꿔온 행복을 만끽하는 것이다. 안데르센은 '성공한 미운오리새끼'로서 자신의 고향인 오덴세로 떠나온 지 48년 만에 금의환향錦衣還鄕한다. 사실 그 자신은 50년 만에 돌아가려고 계획했으나, 그의 지인들의 재촉으로 2년 앞당겨진 것이다. 그래서 안데르센은 1867년 12월 6일에 자기가 태어난 고향 오덴세에서 명예시민증을 받게 된다. 그리고 12월 11일에 그가 코펜하겐으로 돌아가는 기차 안에서 다음과 같이 '성공한 미운오리새끼'에 대한 감회를 밝힌다.

드디어 온전히 나 혼자만 남게 되자, 비로소 내가 태어난 곳에서 신이 내게 내렸던 모든 명예와 기쁨과 영광의 의미를 깨달았다. 결국, 내가 얻을 수 있었던 가장 크고 위대한 축복은 나 자신이었던 것이다.

소시민의 열악한 환경에서 태어나 모든 명예와 기쁨과 영광을 얻게 된 것을 신의 축복으로 돌리는 고백이 안데르센의 신앙심을 엿볼 수 있는 대목이며, 가장 위대한 축복이 그 자신이었다는 깨달음에서 소시민적 장애가 완전히 극복되었음을 엿볼 수 있다. 비록 그가 시·소설·드라마·여행기 등 다양한 장르의 문학작품을 출판했을지라도, 동화에서 그의 소원환상이 가장 알맞게 표현되었으며, 그것을 통해 비참한 소시민에서 성공한 사회적 명성의 상태로

오를 수 있었다고 할 수 있다. 그래서 그는 백조로 태어나 오리우리에서 자란 원조백조라기보다는, 오리로 태어나 백조가 된 모조백조라고 말할 수 있다. 따라서 미운오리새끼는 안데르센의 자화상이며, 외모콤플렉스를 통해 유전인자가 문제가 아니라 사회환경이 문제라는 자신의 견해를 동화주인공을 통해 피력하는 것이다. 그러므로 안데르센 동화 「미운오리새끼」는 아이들에게 즐거움을 주기 위한 단순한 동물이야기가 아니며, 인생의 파노라마와 전화위복轉禍爲福의 감동을 맛볼 수 있는 훌륭한 창작동화라고 할 수 있다.

② 「눈의 여왕」(1846)

안데르센은 어머니로부터 교육받은 루터교의 신앙에 의해 그의 많은 동화들을 썼다. 「인어공주」, 「성냥팔이소녀」, 「낡은 교회종」, 「길동무」, 「뵈르크룸 주교와 그의 신하들」, 「문지기의 아들」, 「촛불들」, 「대부님의 그림책」, 「믿을 수 없는 일」, 「빨간 구두」, 「천사」, 「눈의 여왕」, 「천국의 정원」, 「종」, 「최후의 날」, 「현관문 열쇠」, 「앉은뱅이 한스」, 「유태인 소녀」, 「현자의 돌」, 「행운의 장화」, 「어느 어머니 이야기」, 「어떤 이야기」, 「세상에서 가장 아름다운 장미」, 「하늘나라에서 떨어진 꽃잎」, 「한심한 여자」, 「마지막 진주」, 「종이 떨어진 깊은 곳」, 「못된 왕」, 「빵을 밟은 소녀」, 「탑지기 올레」, 「안네 리스베스」, 「무덤 속의 아이」 등이다. 안데르센 동화 「눈의 여왕」에서는 무엇보다도 루터교의 신앙고백이 잘 드러나 있고, 동화 줄거리의 성취를 위해 '주기도문'이 결정적인 역할을 한다. 결국 두 동화 주인공의 눈물에 의해 '영원'이라는 단어의 과제가 해결됨으로써 동화의 대미를 해피엔딩으로 장식한다.

안데르센은 그의 창작동화 「눈의 여왕」을 통해 어린이들에게 모험심을 일깨워 불굴의 의지를 갖게 하며, 동시에 어른들에게는 죽어 버린 동심을 일깨워 다시금 순수한 인간애를 꽃피우려고 한다. 더욱이 그는 여주인공이 '주기도문'과 '저녁기도'를 통해 모든 어려운 과제를 해결하게 함으로써, 신실한 믿음과 구원의 목적을 피력한다. 그래서 작가는 「눈의 여왕」의 마지막 부분에서 "너희가 어린아이들같이 되지 아니하면, 결단코 하늘나라에 들어가지 못하리라!"는 성경 구절로 자신의 신앙고백을 마무리하는 것이다.

# IX.

# 사실주의

(1830~1880년)

# IX.

# 사실주의
## (1830~1880년)

사실주의는 낭만주의의 공상적·비현실적 경향을 반대하고 현실에 눈을 돌려 현실을 있는 그대로 묘사하려는 문예사조이다. 사실주의의 발생 기반과 배경은 첫째, 기술 시대의 도래와 경제발전이다. 1819년에 최초의 증기선이 미국에서 유럽으로 항해하고, 1830년에 최초의 철도가 영국의 리버풀에서 맨체스터 사이에 부설된다. 1835년에 독일에서는 기차가 뉘른베르크에서 퓌르트까지 개통된다. 교통의 발달로 시장이 확대되고 생활권이 넓어지고, 대도시가 형성되며, 자본가가 발생하고 프롤레타리아가 출현한다. 또한 인구가 증가하고, 고향을 버리고 도시 혹은 해외로 이주하는 사람들이 늘어난다. 꿈과 정신세계에서 빠져나와 현실세계에 눈을 돌려 현실적인 사실주의가 필연적으로 대두되었던 것이다.

둘째, 물질주의의 도입이다. 과학기술이 발달하고, 공업화가 촉진되자 사람들은 눈을 물질세계로 돌리게 되고, 실증적인 과학정신과 유물론을 신봉하게 된다. 실용적 사상이 대두되어 정신이 아니라, 물질에 의해 생의 행복을 찾는 현실주의·실리주의가 팽배해진다. 그에 따라 현실세계를 객관적·분석적·합리적·실증적으로 보고, 현실과 인간의 모습에 새로운 매력과 신선미를 제공하는 것이다.

셋째, 문화의 보급과 집단화이다. 시민계급이 사회의 중심과 문화의 담당자로 등장하며, 교양의 보급으로 문화가 일반화·대중화·평균화·집단화된다. 신문의 발달로 인간의 사고방식·생활방식·감수방식이 획일화되는 것이다.

이상과 같은 역사의 흐름 속에서 문학도 낭만주의 때와는 달리 문체가 평범하고 소박하며, 신비로운 면이 없어지고 보고 형식이 되며, 내용도 외적인 면과 사회적인 면, 주관이 개입되지 않은 현실의 면을 그대로 재현하게 된다. 낭만주의와 사실주의를 요약하여 비교하면 다음의 도식과 같다.

| 낭만주의 | 사실주의 |
|---|---|
| 공상적, 비현실적 | 현실적 |
| 주관적 | 객관적 |
| 관념적 | 비관념적 |
| 이상주의적 | 사실주의적 |
| 과장, 미화 | 정확, 정밀 |
| 감정적 | 이성적 |
| 정지시대 | 스피드, 동적 시대 |
| 수공업 | 기계공업, 대규모화 |
| 정신적 | 물질적 |

# 1. 디킨스

찰스 디킨스Charles John Huffam Dickens(1812~1870)는 19세기 사실주의 영국의 소설가이자 동화작가이다. 그의 작품은 성경과 셰익스피어 작품 다음으로 널리 읽히며, '크고 다양한 세계를 창조한, 셰익스피어 다음으로 가장 위대한 영국 작가'라는 평을 받는 인물이다. 그는 19세기 영국 사회상을 충실히 그려 내는 한편, 아동학대, 빈곤, 가정폭력, 노동 및 교육 현실 등 당시 가장 중요한 사회문제들을 작품에서 다룸으로써 사회에 직접적인 영향을 미쳤다.

디킨스는 1812년 2월 7일 영국 포츠머스에서 태어났다. 아버지 존 디킨스는 해군 경리부 하급 관리로 상냥하고 낙천적인 기질의 사람이었다. 디킨스는 두 살 때 아버지의 전근으로 런던으로 옮겨 살았으며, 어린 시절 몸이 약하고 심약한 성격으로 대부분의 시간을 독서를 하거나 셰익스피어 연극을 보러 다니며 지냈다. 그는 유모가 들려주는 이야기와 독서를 바탕으로 연극적 상황을 만들어 내며 공상하기를 즐겼다고 한다.

열두 살 생일 다음 날, 아버지가 빚을 져서 체포되면서부터 디킨스의 인생에 그늘이 드리우기 시작했다. 그는 도료 공장에 보내져 견습공 생활을 하게 된다. 4개월 후 아버지가 유산을 상속받으면서 빚을 청산하고 공장에서 그를 데리고 나왔으나, 이때 겪은 최하층 소년 노동자로서의 경험은 그에게 많은 충격을 주었고, 후일 작품에서 빈곤 계층의 현실과 사회문제를 다루는 데 많은 영향을 미쳤다. 디킨스는 이때의 경험에 대해 '지독한 멸시를 받고 앞날에 대한 희망이 없는' 삶이라고 표현했다.

디킨스는 공장에서 나온 뒤 웰링턴 하우스 아카데미에서 공부했으며, 열다섯 살에 졸업한 뒤 변호사 사무실에 사환으로 취직했다. 그러나 그는 일이 적성에 맞지 않아 방황하면서 연극을 보러 다니다가 결국 이듬해 사무소를 그만두었다. 이후 디킨스는 속기술을 배워 민법박사회관에서 서기로 일하다가 20세 때 의회 신문인 「미러 오브 팔러먼트」의 기자가 되었다. 그는 이 무렵 배우가 되려고 각종 연극 오디션에 응모하기도 했다. 신문기자를 하는 틈틈이 습작을 하던 디킨스는 「트루 선」지의 통신원 생활을 하면서 각종 풍속을 산문으로 써서 다양한 잡지에 투고, 발표했다. 이때 그는 '보스'라는 필명을 사용했는데, 1836년 24세 때 이 풍속 스케치들을 한 권으로 묶어 『보스의 스케치집』으로 출판하면서 작가로서 출발하게 되었다. 이 작품집이 호평을 받자 채프먼 앤드 홀 출판사의 의뢰로 『보스의 스케치집』의 확대판이라 할 만한 『픽윅 페이퍼스』를 매월 분책 형식으로 출간하게 되었다. 이 작품은 베스트셀러가 되어 디킨스에게 작가로서의 명성을 안겨 주었다.

디킨스는 24살의 나이로 캐서린 호가스와 결혼했다. 그는 그녀와의 사이에서 10명의 아이를 낳았으나 결혼 생활은 그리 행복하지 않았다고 한다. 디킨스는 1838년 『올리버 트위스트』, 1839년 『니콜라스 니클비』, 1840년 『골동품 상점』, 1841년 『바나비 러지』 등 연달아 장편동화와 장편소설을 발표하면서 베스트셀러 작가로서의 입지를 굳혔다. 그는 일련의 작품들에 자신이 직접 체험한 밑바닥 사회의 현실과 노동자들의 애환을 생생히 담고, 영국 사회제도의 모순과 어두움을 다소 기괴하게 희극적인 인물과 풍자를 통해 비판했다. 기자의 눈으로 런던 뒷골목을 배경으로 강제 노역을 하는 고아 올리버 트위스트의 일대기를 그린 『올리버 트위스트』는 당시 영국 노동자의 비참한 삶과, 특히 1834년 시행된 「신빈민구제법」을 고발하고 있다. 또한 니콜라스 니클비라는 청년이 학생들을 학대하는 기숙학교에 대항하는 등의 일화를 그린 『니콜라스 니클비』는 요크셔 주의 한 기숙학교에서 학생 학대 사건이 일어났다는 이야기를 듣고 이를 고발하고자 집필했다. 『니콜라스 니클비』가 발표된 직후 기자들이 요크셔의 학교들을 경쟁적으로 취재했고, 실상이 확인되어 학교들이 폐쇄되는 결과를 낳기도 했다.

디킨스의 이 초기 사실주의 작품들은 대부분 분책 형식으로 연재되듯이 발표되었다. 이 때문인지 후기 디킨스의 작품에서 보이는 탄탄한 플롯 구조와 복잡한 짜임새는 찾아볼 수 없고, 분절적이고 다소 즉흥적이다. 그러나 그는 저널리스트로서의 냉정하고 관찰적인 자세로 당대 영국 사회상을 거대한 초상화처럼 보여 주며, 사실적인 인물들을 통해 그 어떤 소설보다 더 사실적인 이야기를 전달하고 있다.

1842년 30세 때 디킨스는 약 반년간 아내와 미국 여행을 하고 돌아와 『미국 기행』을 발표했다. 그는 영국의 유명 작가로서 영국 내에서는 노동자 계급부터 여왕에 이르기까지 폭넓은 독자들이 있었고, 미국인들에게도 크게 인기를 누렸다. 1843년에 출간된 『크리스마스 캐럴』은 출판 5일 만에 초판 6천 부가 모두 매진될 정도였다. 그리고 디킨스가 '마음 깊은 곳에서 아끼는 아이'인 『데이비드 코퍼필드』는 1849년부터 발표되기 시작했다. 이 작품은 가장 자전적인 성격이 강한 작품으로, 유복자로 태어난 주인공이 어머니의 재혼 이후 고난을 겪다 소설가로 성장하는 일대기를 그린 교양소설이다. 그는 주인공 고아 소년의 이름을 지을 때 자신의 머리글자를 따서 지었으며, 쓰는 도중에 자신의 어린 시절의 비참한 모습이 떠올라 많이 울었다고 한다. 기존 작품들이 한 인물의 일대기를 중심으로 사회문제를 짚어 나간 전기소설의 형식을 띤다면, 이 작품부터는 다양한 개성을 지닌 많은 인물들이 등장하면서 플롯 구조가 다층적으로 이루어지는 파노라마적 사회소설로 이행하기 시작한다. 이런 방식은 1853년 41세에 발표한 다음 작품 『황량한 집』에서 두드러지게 나타난다. 그는 1854년에는 영국 서북부의 공업 도시 프레스턴에서 노동자들의 파업이 일어나자 이를 주제로 하여 『어려운 시대』를 썼다.

19세기 중엽부터 산업화의 폐해는 사회 전반 및 여러 계층에서 등장했으며, 경제적인 갈등과 범죄가 치솟았다. 이런 상황에서 디킨스의 소설이 그려내는 빅토리아 시대의 윤리적 메시지가 대중들의 마음을 위로했던 것이다. 그는 1858년 46세 때 아내와 별거한다. 아내와의 불화는 아마추어 연극에서 만난 여배우 엘렌 터난과 불륜 관계를 맺었기 때문이다. 별거 후 그는 엘렌 터난과 죽을 때까지 관계를 유지했다.

디킨스는 작가로서의 자괴감에 시달리고 가정생활도 끝이 났지만, 정력적으로 글을 쓰고, 공개 낭독회를 열고, 사회사업을 하고, 주간지를 창간하고, 여행을 다녔다. 프랑스혁명을 무대로 한 『두 도시 이야기』, 『위대한 유산』, 『우리들의 친구』, 『막다른 골목에서』 등이 이 시기에 발표되었다. 53세 때인 1865년 겨울에 디킨스는 프랑스로 요양을 갈 만큼 건강이 악화되었지만 이듬해 미국으로 가서 공개 낭독회를 열 정도로 바쁘게 살았다. 디킨스는 의사로부터 활동 중지를 권유받았으나 죽던 해까지 추리소설풍의 『에드윈 드루드의 비밀』을 집필했다. 그는 1870년 6월 9일 58세에 뇌졸중으로 쓰러져 죽음을 맞이했고, 이 작품은 미완성으로 끝났다. 디킨스의 시신은 웨스트민스터 교회 내 '시인의 구역'에 안장되었다.[30)]

① 『올리버 트위스트*Oliver Twist*』

『올리버 트위스트』는 1838년에 출판된 디킨스의 장편동화이다. 고아 소년이 런던 슬럼가의 소매치기 일당 손아귀에서 고생하는 이야기를 그렸다. 이 동화로 그는 25세에 일약 주목받는 작가로 떠올랐다. 이 책이 출간되고 몇 년 사이에 그는 당대 가장 인기 있고 가장 널리 읽히는 작가가 되었다. 1837년에서 1838년까지 런던의 문예 잡지 「벤틀리스 미셀러니*Bentły's Miscellany*」에 『올리버 트위스트』라는 연재물이 "고아원 아이의 여행"이라는 부제와 함께 첫선을 보였고, 이듬해에 세 권짜리 단행본 『올리버 트위스트』가 나왔다. 이 책을 바탕으로 많은 영화와 TV 드라마가 만들어졌으며, 흥행한 영국 뮤지컬 『올리버!*Oliver!*』도 이 책을 바탕으로 만들어졌다. 또한 이 책은 영국 산업혁명기의 노동자들의 비참한 삶을 고발하는 사회 비평 동화의 성격을 갖고 있다.

이 동화에서 디킨스는 평생 런던에서 산 사람들조차도 한 번 가보지 못했거나 경찰관조차도 일행 없이는 가기를 두려워하는 그런 지역을 다룬다. 독자들은 런던의 범죄자 소굴의 위험성에 대한 경각심 못지않게 그 사회의 모험과 스릴을 만끽하게 된다. 독자들은 페이긴, 사이크스, 미꾸라지 등의 생생한 인물들에 빠져들어 다음 연재를 기다린다. 미꾸라지나 낸시처럼 범죄 소굴에서 평생을 보냈으나 인정과 유머와 생명력이 살아 있는 인물들을 보는 놀라움 또한 큰

---

30) http://100.daum.net/encyclopedia

것이다.

이 책의 대중적 인기는 구빈원 출신이나 젠틀맨 품성을 타고난 영국인의 모습을 목격하는 즐거움에서도 나왔다. 사생아이며 구빈원 출신이며 도둑 집단 속에서도 살았던 올리버가 전혀 타락하지 않고 젠틀맨의 품성을 그대로 유지하며 자라는 모습은 젠틀맨을 국민의 이상으로 생각하는 영국인에게 자부심을 주었다. 페이긴 집단이 소매치기 방법을 자신들의 은어로 가르쳐 주지만 센스가 없어 도저히 이해하지 못하는 올리버의 모습이나, 순하기 그지없는 올리버가 자선학교 출신의 노아로부터 구빈원 출신이라고 조롱받고, 심지어 자기 엄마가 결혼도 하지 않고 애를 낳은 헤픈 여자라고 조롱받자 점점 분노가 끓어올라 폭발하는 모습 등은 독자에게 폭소를 안겨 준다. 또한 구빈원의 말단 관리인 범블의 비열함과 강압성, 그를 압도하는 범블 부인의 앙칼진 사나움, 그 부부가 만들어 내는 기이한 하모니는 사회적 비판 못지않은 큰 즐거움을 준다고 하겠다.

### ② 『크리스마스 캐럴*A Christmas Carol*』

『크리스마스 캐럴』은 디킨스가 쓴 동화로 1843년 12월 19일 발표되었다. 그 후 그는 해마다 5편의 『크리스마스 이야기』를 발표했으며, 이 동화는 첫 번째 작품으로 그의 대표작 중의 하나이다.

지독한 구두쇠 스크루지는 크리스마스 이브에 초자연적인 체험을 하고 개종한다. 이 작품은 크리스마스 스토리 중 가장 유명한 것으로, 광범위한 독자를 확보하고 디킨스를 세계적으로 유명한 작가로 만든 동화이다. 주인공 에비니저 스크루지Ebenezer Scrooge는 자린고비로 인정이라곤 손톱 끝만치도 없는 구두쇠이다. 그런 그가 크리스마스 전날 밤에 같이 사업을 하던 동업자 말리의 유령을 만나 자기의 과거, 현재, 미래의 모습을 보고서는 자신의 죄를 뉘우치고 인간다운 따뜻한 마음을 찾게 된다는 줄거리이다.

문학작품에서 크리스마스 시즌의 이야기를 다룬 것은 디킨스가 처음이 아니지만, 대중에 대한 인류애적인 비전을 덧붙인 사람은 바로 그이다. 디킨스는 사람들이 빈곤과 사회적 불의에 대한 관심에 접근하는 가장 좋은 방법은 사설이나 홍보전단이 아니라 모두가 공감하는 크리스마스 이야기를 집필하는 것이라고 생각했다. 『크리스마스 캐럴』은 당시에 영국 기독교계가 공립학교 설립에 반대하자, 무지와 가난을 만들어 낸다고 논박하는 등의 사회의식이 있는 동화이다. 또한 작가는 멜서스가 빈곤 계층의 인구를 복지예산 축소로 억제해야 한다고 말하자, 먹고살 걱정이 없는 자들이 가난한 사람들을 업신여기는 말이라고 논박하기도 했다.

이야기의 초반부에 스크루지는 크리스마스를 경멸하는 냉혈의 구두쇠로 묘사된다. 그의 성 스크루지는 영어로 '인색함miserliness'과 '염세misanthropy'를 뜻하는 말이다. 그런 지독한 구두쇠가 크리스마스의 세 유령(현재, 미래, 과거)에 의해 구원을 얻는다는 줄거리는 크리스마스를 특징짓는 이야기가 되었다. 스크루지의 습관적인 말투인 '바, 험벅Bah! humbug(흥, 사기꾼 같으니라고)'은 종종 크리스마스의 현대적 전통에 혐오를 표현하는 데 사용되기도 했다. '밥 크라칫Bob Cratchit'은 스크루지의 사무실에서 일하는 점원으로 당시 장시간, 저임금으로 착취당하는 가난한 노동자들을 대변하는 상징적인 인물이다. '크라칫 부인'은 밥 크라칫의 아내로 어떤 개작판에서는 '에밀리'라는 이름으로 등장하기도 한다. '마사 크라칫'은 밥 크라칫의 큰딸로 모자를 만드는 곳에서 도제로 일을 한다. '벨린다 크라칫'은 밥 크라칫의 둘째 딸이다. 이외에 '피터 크라칫', '매튜', '루시', '티모시 크라칫', '제이콥 말리', '프레드' 등의 등장인물이 나온다.[31]

## 2. 그릴파르처

그릴파르처Grillparzer(1791~1872)는 19세기 사실주의 오스트리아의 최대의 극작가이다. 그는 인간 내면에 관심을 갖고 체념적인 생활 감정을 지녔다고 하여 비더마이어적 시인이라고 하지만, 고전주의적 요소와 민족적 관심, 예리한 심리 분석 등 많은 점에서 비더마이어적 경향에만 머물 수 없는 작가이다.

31) https://ko.wikipedia.org

'비더마이어Biedermeier'라는 말은 루드비히 아이히로트Ludwig Eichrodt (1827~1892)가 1850년에 발표한 비정치적·도피적 시 「슈바벤의 학교 교사 고틀리프 비더마이어와 그의 친구 호라티우스 트로이헤르츠의 시Gedichten des schwäbischen Schullehrers Gottlieb Biedermeier und seines Freundes Horatius Treuherz」에 나오는 우직하고 소박한 작중인물의 이름에서 유래된 것이다. 이후 비더마이어하면 '우직자'라는 뜻이고, 중소 시민계급의 가정에서 애용된 간소하고 실용적인 가구의 양식과 온화한 가정생활과 조용한 자연의 정경을 그린 회화양식을 지칭한다. 아울러 쾌적하고 자기만족적인 생활을 추구하는 시민감정을 나타내는 말로도 쓰인다. 즉 권세와 명성과는 인연을 끊고 오직 마음의 안정만을 누리려는 심적 태도로 전원적·목가적·정취적·가정적 소재를 세밀히 사실적으로 묘사하려는 문학경향을 말한다.

이러한 비더마이어 문학의 대가인 그릴파르처는 1791년 빈에서 변호사의 아들로 태어났다. 어머니가 종교적 망상으로 자살하고, 막내 동생도 도나우강에 투신자살했으며, 본인 또한 신경과민과 우울증으로 평생 괴로워했다. 자살이 유전인자임을 나타내는 집안 혈통이었다. 1806년(15세)에 아버지가 죽은 후 대학에서 법학을 전공하면서 가정교사를 하여 가족들을 부양했다. 그릴파르처는 1813년(22세)에 궁정도서관에 취직한 후 1856년(65세) 궁정고문관으로 퇴직할 때까지 40년 동안 관리 생활을 한다. 그는 소년시절부터 연극에 관심이 있어 1816년(25세)에 5막의 운명비극 『조비*Ahnfrau*』를 쓴다. 그는 다음 작품 『사포*Sappo*』(1818)가 대성공을 거둬 사포의 작가라고 불린다. 그가 쓴 탁월한 심리 분석으로 인간의 갈등을 묘사한 3부작 『황금 양모피*Das goldene Vlies*』(1821)는 사실주의의 선구적 작품으로 높이 평가된다. 1871년 80세 생일날 그를 축하하기 위해 베푼 거국적 행사에서 그릴파르처는 혼자서 "이미 늦었다!"라고 독백한다. 1872년 81세를 일기로 그는 50년 전에 약혼하고 결혼하지 않은 여인 에슬러Fanny Elßler의 간호를 받으며 숨을 거둔다.

① 『조비』(1816)

이 드라마는 5막의 운명비극으로 간통을 하다가 남편에게 척살된 백작부인의 망령의 출몰과 저주로 일족이 파멸한다는 이야기이다. 어릴 때 유괴된 백작의 아들 야로미르Jaromir가 자라나 도적단의 괴수가 되고, 백작의 딸 베르타Berta를 누이인 줄 모르고 겁탈하여 사랑한다. 마침내 그는 자기를 진압하러 오는 백작을 죽인 다음 그의 출생의 비밀을 알게 되고, 누이 베르타는 그가 오빠임을 알고 미쳐서 자살한다. 야로미르는 베르타를 꼭 닮은 선조 할머니의 망령을 따라가 무덤 속에서 망령의 팔에 안겨 죽는다. 이 작품은 죄와 우연과 운명이 뒤얽힌 기이한 사건을 전개시켜 운명의 위력과 공포와 전율을 주게 하는 운명비극이다. 신들의 힘이 작용하는 고대의 운명비극과는 달리 이 희곡에서는 신들의 작용이 없이 인간 자체의 운명의 위력과 공포와 전율만을 다룬 운명비극이라 하겠다.

② 『사포』(1818)

이 드라마는 기원전 6세기 그리스의 여류시인 사포의 사실史實을 소재로 한 5막 비극이다. 올림피아의 경시장競詩場에서 영예의 월계관을 차지한 여류시인 사포가 자기를 숭배하는 청년 파온Phaon을 데리고 고향으로 간다. 그녀는 미남 청년을 사랑하게 되어 예술이라는 숭고한 책무를 벗어나 하나의 여성으로 돌아가고 싶어 한다. 그러나 청년은 지위와 교양이 높은 그녀를 싫어하고, 겸손하고 소박한 그녀의 노예 멜리타Melita를 좋아한다. 사포는 질투심이 일어나 멜리타를 외딴섬으로 보내고, 이 사실을 안 파온은 해상에서 멜리타를 빼앗아 도주하다 잡혀 중형을 선고받는다. 처형대에서 파온은 사포에게 "나는 당신을 고귀한 사명을 지닌 시인으로서 숭배하지만 그것이 남녀 간의 사랑과는 다른 것이며 당신과 같은 고귀한 시인이 지상적인 사랑을 찾는 것은 하늘의 사명에 어긋나는 것이다."라고 항변하자, 사포는 격정을 누르고 파온을 단념한다. 사포는 시인으로서만 살 수 있는 자신이 없어 절벽에서 투신자살한다. 이 작품은 시인이라는 고귀한 사명 때문에 현실생활의 행복을 단념하지 않을 수 없는 한 예술가의 비극이다. 『사포』는 현실생활과 예술과의 갈등을 다룬 비극으로서 3통일 법칙이 잘 지켜져 극적 효과를 높여준 작품이다. 이 드라마가 1817년(26세) 부르크 극장에서 초연되었을 때 절찬을 받았고, 그릴파르처는 사포의 작가로 불리게 되었다.

### ③ 『황금 양모피』(1821)

이 드라마는 그리스 전설을 소재로 한 3부작 운문극이다.

**제1부:** 빈객Der Gastfreund: 그리스인 프릭수스Phrixus가 델피에서 황금 양모피를 입수한다. 양모피를 가지는 사람은 부와 명예와 승리를 얻으나, 복수 때문에 죽음을 초래한다는 저주 붙은 보물이다. 프릭수스는 이 양모피를 가지고 야만국 콜히스로 가서 그 나라의 왕 아이에테스Aietes의 빈객이 된다. 왕은 이 모피가 탐나서 프릭수스를 죽이고, 그것을 빼앗는다. 프릭수스는 살해자 일가에 파멸이 있으라 하고 저주를 퍼붓는다. 사제이자 마법에 능한 딸 메데아Medea는 아버지의 악행을 보고 한탄하며, 저주의 실현을 예견한다.

**제2부:** 아르고호號의 선원Die Argonauten: 명예욕과 모험심이 강한 그리스 영웅 야손Jason이 그리스인들을 데리고 아르고호를 타고 황금 양모피를 탈환하기 위해 콜히스로 온다. 이국의 적 야손에게 마음이 끌린 메데아는 애증 사이에서 방황하다가 야손을 도와준다. 황금 양모피는 암벽 안의 굴속에서 용에 의해 지켜지고 있다. 복수의 저주를 두려워하면서도 메데아는 야손의 강요에 못 이겨 마법의 음료수로 용을 잠재운 다음, 양모피를 훔쳐 내어 야손과 함께 그리스로 간다. 메데아의 동생과 왕이 목숨을 잃는다.

**제3부:** 메데아: 그리스로 돌아온 야손은 메데아와 결혼하여 아이까지 낳는다. 야만국에서 그렇게 아름답던 메데아가 문명국 그리스에서는 마법을 거는 마녀로밖에 안 보여, 야손은 그녀를 학대한다. 야손은 그녀와 헤어지고 코린트의 여왕 크로이사Kreusa와 결혼하기 위해 메데아를 추방한다. 복수심에 불탄 메데아는 연적 크로이사의 궁전에 불을 질러 그녀를 태워 죽이고, 야손과의 사이에서 태어난 자신의 아들까지 죽인 후, 황금 양모피를 어깨에 메고 그리스를 떠나 델피 신전에 꿇어 엎드려 죄를 빈다. 그 후 코린트 왕으로부터 추방되어 산중에서 헤매던 야손을 우연히 만났을 때, 그녀는 "이 세상의 행복은 무엇일까? – 그것은 그림자! 이 세상의 명예는 무엇일까? – 그것은 꿈!"이라고 작별 인사를 한다. 이 작별의 말이 비더마이어적 작가의 체념적·도피적 사상을 표출한 것이며, 이 드라마의 근본 모티브를 집약한 구절이다. 그릴파르처는 빌란트, 에우리피데스, 세네카 등의 메데아를 읽고, 메데아 전설을 소재로 2년여에 걸쳐 이 작품을 완성한 것이다. 그는 메데아를 질투와 고민 때문에 몸부림치는

하나의 여성으로 묘사함으로써 고대 그리스극과는 달리 근대적 사고방식을 가진 여인으로 묘사한 것이다.

④ 『오토카르 왕의 행복과 종말*König Ottokars Glück und Ende*』(1825)

이 드라마는 나폴레옹의 성격과 생애를 닮은 보헤미아 왕 오토카르 2세를 주인공으로 권력, 자만심, 명성, 파멸 등 영웅의 삶을 그린 작품이다. 실러의 『발렌슈타인』과 더불어 역사극의 걸작으로 13세기 합스부르크 왕 루돌프Rudolf와 그의 동생 보헤미아 왕 오토카르 2세의 투쟁사를 소재로 했다. 보헤미아 왕 오토카르 2세가 12세기 후반 공위시대空位時代를 틈타 오스트리아를 손에 넣고, 헝가리를 장악하기 위해 성실한 왕비와 이혼하고 헝가리 왕의 조카와 결혼하려고 한다. 그러나 귀족과 선제후들은 포악한 그에게 혐오와 공포를 느끼고, 이성적인 그의 형인 합스부르크 왕 루돌프를 따른다. 그러다가 형과 동생의 싸움이 벌어져 오토카르가 전사한다. 루돌프는 오토카르를 왕자의 예로 장례를 치르게 하고, 그 아들에게 영지를 주어 대를 잇게 하며, 앞으로는 자만심을 갖지 말도록 훈계한다. 쉽게 말해, 권력 있고 교만하고 명성을 떨치던 나폴레옹이 파멸한 것처럼 오토카르도 파멸한다는 이야기이다. 모든 행위 속에는 위험하고 무상한 운명이 도사리고 있으며, 부귀와 영화도 한갓 뜬구름에 지나지 않는다는 그릴파르처의 사상이 구체화된 걸작이다.

⑤ 『바다의 물결과 사랑의 물결*Des Meeres und der Liebe Wellen*』(1831)

이 드라마는 그리스 전설 「헤로와 레안더Hero und Leander」에서 취재한 5막 비극이다. 헤로는 지상적인 애욕생활을 단념하고 신전의 사제가 될 결심을 한다. 이것은 두터운 신앙심에서가 아니고, 시끄러운 가정과 세상을 떠나 조용한 자기만의 행복을 추구하기 위해서이다. 헤로는 사제직 수여식 때 구경꾼들 속에서 맞은편 해안에 살고 있는 레안더를 보고 그 순간부터 마음의 평정을 잃는다. 레안더도 헤로의 아름다운 모습에 빠져 헤로가 거처하는 탑의 불빛을 표적 삼아 밤에 헤엄쳐 가서 그녀와 밀회를 나눈다. 그들은 다음 날에도 이와 같은 방법으로 다시 만날 것을 약속한다. 이 사실을 사원의 문지기가 알고 사제장에게 보고한다. 위험을 미연에 방지하기 위해 꾀를 낸 사제장이 다음 날 그녀에게 많은 일을 시켜 피로하게 해놓고 램프 옆에서 헤로가 깜박 잠들어 있을 때 불을 꺼 버린다. 이미 바다에 있던 레안더는 방향을 잃고 격랑에 휩쓸려 익사한다. 다음 날 아침 레안더는 시체로 건져지고 이 시체를 본 헤로는 슬픔에 못 이겨 절망한다. 이 드라마는 세상을 떠나 자기만의 조용한 행복을 위해 사제가 된 인간이 사랑이라는 격정 때문에 파멸한다는 사랑의 비극으로서 사랑이라는 것이 얼마나 맹목적적이며, 인간을 변화시키는 데 얼마나 큰 힘을 지니고 있는가를 표현하고자 한 것이다.

⑥ 『꿈 인생*Der Traum ein Leben*』(1834)

이 드라마는 4막 동화극으로 비더마이어적 사상이 바탕이 된 작품이다. 스페인의 극작가 갈데론Galderon의 『인생의 꿈*La vida es sueno*』에서 힌트를 얻어 꿈을 주제로 한 이야기이다. 시골 청년 루스탄Rustan이 명예욕에 불타 영웅적인 삶을 찾기 위해 애인을 두고 여행을 떠나려던 전날 밤에 꿈을 꾼다. 이 꿈 내용이 이 작품의 핵심 부분을 이룬다. 꿈속에서 루스탄은 뱀에게 쫓겨 실신 상태에 있는 왕을 보게 된다. 루스탄이 뱀에게 창을 던졌으나 맞지 않았는데, 그곳을 지나가던 한 기사가 뱀을 찔러 죽이고 가 버린다. 루스탄은 자기가 뱀을 죽이고 왕을 구출하였다고 거짓말을 하고, 왕의 사위가 된다. 그 후 루스탄은 기사가 나타나자 거짓이 탄로 날까 두려워 그를 죽이고, 왕도 의심을 품고 있었기 때문에 죽여 버린다. 그는 공주를 왕비로 삼고, 자기가 왕위에 오른다. 마침내 그의 거짓이 드러나 반란군이 몰려온다. 그는 쫓기다가 다리 위에서 몸을 던지는 순간 꿈에서 깨어난다. 이 꿈속의 체험에 의해 그는 모든 야망을 버리고 애인과 결혼하여 행복하게 산다. 해피엔딩으로 끝나는 재미있는 동화극이다.

⑦ 『거짓말하는 자여 화를 입어라*Weh dem, der lügt*』(1838)

이 드라마는 6세기경 서프랑켄의 연대 기록자인 그레고르Gregor von Tours가 쓴 일화에서 취재한 3막 희극으로 그릴파르처의 대표작이다. 레싱의 『민나 폰 바른헬름』과 클라이스트의 『깨어진 항아리』와 더불어 독일 3대 희극 중 하나이다. 샤론의 주교인 그레고르의 조카 아탈루스Atalus가 라인 강 건너편에 있는 카트발트Kattwald 백작의 성에 감금되어 있다. 그때 주교의 요리사인 레온Leon이 아탈루스를 구출하기 위해 카트발트 성으로 가게 되었는데 떠나기 전에 절대로 거짓말을 해서는 안 된다는 엄격한 주교의 명령을 받는다. 백작의 성에서는 마침 백작의 딸 에드리타Edrita가 결혼하게 되어 있어서, 레온이 요리사로 채용된다. 그는 장난꾸러기인 척 가장하여 사람들이 그의 말을 믿지 않도록 해 놓고, 주교의 조카를 구하러 왔다고 거짓 아닌 참말을 대담하게 늘어놓는다. 그는 아무도 그의 말을 믿지 않는 것을 기회로 일을 착착 진행시킨다. 백작의 딸 에드리타는 약혼자보다도 레온에게 마음이 끌려 문을 열어 레온과 주교의 조카를 탈출시킨다. 그녀도 같이 도망쳐 나와 주교관으로 가서, 기독교의 세례를 받고 레온과 결혼한다. 이 극은 희극이지만, 웃음을 억지로 강요하는 단순한 소극의 차원을 넘어 고차원적인 익살과 풍자가 있다. 그 당시 이 희극을 본 귀족 관객들은 신분 높은 귀족이 놀림감이 되고, 신분이 낮은 요리사가 고귀해진다는 내용이 모욕적이라고 해서 평이 좋지 못했다고 한다.

## 3. 네스트로이

네스트로이Nestroy(1801~1862)는 빈 출신의 극작가 겸 배우이다. 그는 대학에서 법학을 전공했으나 그만두고, 배우가 되어 직접 무대에 섰다. 그는 '빈 극장Theater an der Wien'과 '카를 극장Carl-Theater'에서 자신의 작품을 직접 연기하여 많은 인기를 얻었다. 네스트로이는 재치 있고 풍자적인 희극·패러디극·시사극·소극·익살극을 썼다. 1862년 그가 죽은 후 네스트로이 없는 네스트로이 연극은 불가능한 것처럼 보였지만, 잠시 주춤하다가 1945년 이래로 수많은 그의 작품들이 다시 무대 위에서 공연됨으로써 '네스트로이-르네상스'가 새롭게 펼쳐졌다. 현대 연극의 조상으로서 네스트로이는 특히 크라우스Karl Kraus(1874~1936), 호르바트Öden von Horváth(1901~1938), 브레히트Bertolt Brecht(1898~1956) 그리고 뒤렌

마트Friedrich Dürrenmatt (1921~1990)에게 영향을 미쳤으며, 빈의 셰익스피어로서 자리매김했다. 작품으로는 『부적*Der Talisman*』(1840), 『그는 장난을 치고 싶어 한다*Einen Jux will er sich machen*』(1842), 『유디트와 홀로페르네스*Judith und Holofernes*』(1849), 『탄호이저*Tannhäuser*』(1852) 등이 유명하다.

① 『부적』

네스트로이가 1840년, 그의 나이 39세 때 발표한 『부적』은 "3막으로 된 노래가 있는 익살극Posse mit Gesang in drei Akten"이라는 부제가 붙은 풍자적 익살극이다. 이 작품은 네스트로이가 평생 쓴 83개의 작품 중 42번째 작품이며, 스스로 무대 위에서 연기했던 평생 879번의 역할 중 630번째의 역할을 한 그의 대표작이다. 이 연극은 작품이 발표된 같은 해 12월 16일 빈Wien의 극장에서 초연되어 호평을 받았고, 이후 베를린Berlin, 브레슬라우Breslau, 브륀Brünn, 드레스덴Dresden, 프랑크푸르트Frankfurt a. M., 함부르크Hamburg, 마인츠Mainz, 뉘른베르크Nürnberg, 비스바덴Wiesbaden 등 독일 각지에서 공연되어 코미디 작가로서 네스트로이의 명성과 성공을 가져왔다.

『부적』은 1막 23장, 2막 27장, 3막 21장 등, 모두 3막 71장으로 구성되어 있으며, 전형적인 고전극처럼 휴식 없이 하루 안에 줄거리가 진행된다. 네스트로이는 풍자적 익살극의 대가답게 이 드라마의 등장인물들에게 재미있는 이름들을 붙여 준다. 그래서 그는 주인공 이름을 '존경받는 자'의 뜻을 가진 라틴어 '티투스'로 정했고, 로마 황제 티투스의 흉상에 따라 머리모양을 짧은 고수머리로 만들었으며, 불같은 성격과 빨강머리에 대한 표시로 성姓을 '포이어푹스'로 명했다. 작가는 주인공의 직업 또한 전통적인 희극의 인물인 '실직한 이발사 조수ein vazierender Barbiergeselle'로 정했다. 등장인물들 가운데는 주인공 티투스가 신분상승을 위해 만나게 되는 3명의 과부가 나오는데, 그 첫 번째 여성이 '꽃의 여신'이라는 뜻의 라틴어 '플로라Flora'라는 이름을 가진 '여자 정원사'로, 이미 '바움쉐르Baumscheer'라는 그녀의 성姓에서 '정원사'라는 직업이 암시되고 있다. 두 번째 과부는 '고정된 여인'이라는 뜻의 라틴어 '콘스탄치아Constantia'라는 이름을 가진 '침모Kammerfrau'이다. 이 두 여성을 고용하고 있는 세 번째 과부가 '폰 시프레센부르크 부인Frau von Cypressenburg'이며, 그녀는 무대의 배경이 되고 있는 성城의 주인이다.

또한 '정원사 조수'로 등장하는 엉큼한 남자의 이름이 '호박씨'라는 뜻의 '플루처케른Plutzerkern'이고, 콘스탄치아의 정부情夫로서 직업이 '이발사'인 남자의 이름이 '후작님'으로 번역되는 '무슈 마키Monsieur Marquis'이며, 주인공 티투스의 사촌으로서 나중에 재산을 상속하는 '맥주상인'의 이름이 '항아리(통) 창고'라는 뜻의 이탈리아어 이름인 '스푼트Spund'이다. 시골 총각들로 나오는 등장인물들 중 전형적인 촌놈의 이름 '젭펠Seppel'은 '요셉의 축소형'이고, 나중에 법적으로 주인공 티투스의 상속을 증명하는 공증인이 '서기, 비서'라는 라틴어 이름 '노타리우스Notarius'이다. '거위치기 소녀' '살로메'의 이름은 '평화의 부자富者'라는 뜻의 히브리어이며, 그녀의 성姓 '폭켈'은 '칠면조의 붉은 볏'을 의미하는 것이다. 다양하고 재미있는 이름 속에서 독자는 이미 입가에 미소를 머금고 드라마에 몰두하게 된다.

네스트로이는 단지 빨강머리이기 때문에 사회적으로 선입견의 불합리한 힘에 의해 배척당한 두 주인공에게 '사랑'이라는 가장 강력한 부적을 제시함으로써, 그 당시 뿌리박힌 선입견들을 극복한다. 물론 그는 가발과 돈이라는 물질적인 부적을 통해 어리석은 선입견에 사로잡힌 인간들을 풍자적으로 고발하지만, 정신적인 부적 '사랑'이야말로 우리가 선택할 가장 강력한 부적이라는 것을 강조하는 것이다.

## 4. 하이네

하이네H. Heine(1797~1856)는 사실주의 젊은 독일파의 대표자이다. 낭만파 서정시인으로 시작하여 많은 감상적인 연애시를 남겼으나, 뒤에 혁명시인으로 현실적·정치적 시를 썼다. 젊은 독일파란 3월 혁명 이전의 혼란기에 도피적인 성격이 짙은 비더마이어적 경향과는 달리 정치성을 띤 혁명적·참여적 시인,

작가를 말한다. 그들은 정치적·사회적 현실을 비판하고 공격하며, 민주주의 국가의 실현을 위해 필봉을 휘둘렀다. 그들은 예술적인 것, 본질적인 것, 영원한 인간성 추구와 같은 것보다도 사회 개혁을 위한 선동의 글을 썼다. 혁명문학·참여문학의 시기이며, 하이네·구츠코프·빈바르크·문트·라우베 등의 5명을 젊은 독일파라고 부르며, 유래는 빈바르크가 쓴 『미적 출정*Ästhetische Feldzüge*』(1843)의 서두에서 "이 글을 젊은 독일에게 바치노라Dem jungen Deutschland widme ich diese Reden."라고 쓴 헌사에서 비롯되었다. 이들은 현실 세계에서 사회적·정치적 문제에 몰두할 것을 내세웠지만, 고전적·비더마이어적·낭만주의적 잔해가 남아 있었다.

이러한 젊은 독일파의 대표 주자인 하이네는 1797년에 뒤셀도르프에서 유태인의 아들로 태어났다. 그는 19살 때 함부르크에서 숙부가 경영하는 은행의 견습생으로 근무하면서 사촌 아말리에와 그녀의 동생 테레제를 사랑한다. 그는 이 사랑을 연애시로 발표하게 된다. 하이네는 본, 괴팅겐, 베를린 대학에서 법학을 공부하면서 슐레겔, 헤겔 등의 강의를 듣고 영향을 받았다. 그는 27세 때 하르츠를 기행하고 그 기록을 『하르츠 기행*Die Harzreise*』으로 남겼고, 28세 때 신교로 개종했다. 그는 유태인으로서는 변호사가 될 수 없었기 때문에 끝내 변호사가 되지는 못했다. 하이네는 1830년 7월 프랑스혁명이 발발하자 자극을 받아 프랑스로 망명하여 59살의 나이로 파리에서 사망했다. 그는 낭만주의에서 출발하여 낭만적인 기분으로 평생을 살았으나, 의식적으로 낭만파를 부인하고 정치적·현실적 방향을 택한 비운의 시인이다. 작품으로는 『여행의 그림*Reisebilder*』(1826~1831), 『노래의 책*Das Buch der Lieder*』(1827), 『아타 트롤-여름밤의 꿈*Atta Troll-Ein Sommernachtstraum*』(1847), 『신시집*Neue Gedichte*』(1844), 『독일. 겨울 이야기*Deutschland. Ein Wintermärchen*』(1844), 『로만체로*Romanzero*』(1851) 등이 있다.

## 5. 뷔히너

뷔히너G. Büchner(1813~1837)는 절규와 선동 대신에 정치적 틈바구니 속에서 빚어지는 인간의 비극을 차원 높이 예술적으로 조형한 극작가이며, 24세에 요절했다. 뷔히너는 투철한 사실성과 근대성 때문에 사실주의 문학의 샛별로 간주된다. 그는 자연과학적인 눈으로 사회현실을 깊이 관찰하고, 현실의 사회고를 뼈저리게 체험하면서, 새로운 인간존재를 창조해 보려고 했다. 1813년에 뷔히너는 헤센의 다름슈타트 근교 고델라우Goddelau에서 외과 의사 아들로 태어나, 슈트라스부르크와 기센 대학에서 의학·철학·역사학을 전공했다. 뷔히너는 1830년 7월 프랑스혁명에 자극 받아 혁명사상이 싹텄다. 그는 1836년(23세)에 스위스 취리히에서 박사학위를 받고 강사가 되었으나, 이듬해 2월 24살의 나이로 장티푸스에 걸려 급사했다. 그의 작품으로는 『당통의 죽음 *Dantons Tod*』(1835)-4막 희곡, 『렌츠*Lenz*』(1839)-미완성 단편소설, 『레온체와 레나*Leonce und Lena*』(1843)-3막 희극, 『보이체크*Woyzeck*』(1879)-단편 희곡 등이 있다.

## 6. 루이스 캐럴

캐럴Lewis Carroll(1832~1898)은 세계에서 가장 유명한 동화책 중 하나인 『이상한 나라의 앨리스*Alice's Adventures in Wonderland*』(1865)의 작가이며, 근대 동화문학을 확립한 영국 아동문학가이다. 동화 이야기이면서 사회소설적인 요소와 윤리적인 문제에 대한 언급을 절묘하게 결합시킨 이 작품은 그 당시 제대로 평가받지 못한 채 무시당하고 조롱당했으나 인간의 참된 모습을 보여 주는 데는 부족함이 없었다.

루이스 캐럴의 본명은 찰스 루트위지 도지슨이며, 1832년 1월 27일 영국의 체셔 데어스베리에서 태어났다. 캐럴은 아버지 찰스 도지슨 목사와 어머니 프랜시스 제인 루트위지 사이의 4남 7녀 중 셋째이자 맏아들로 데어스베리에 있는 낡은 목사관에서 태어난 것이다. 캐럴의 형제들은 외딴 시골 마을에 살았기 때문에 가족 외에는 친구가 거의 없었으나, 같은 환경에 사는 다른 집 아이들처럼 나름대로 재미있게 지냈다. 다시 말해, 캐럴은 외딴 시골 마을에서 11명의 남매들과 함께 자랐고, 외부와 차단된 생활을 했지만 남매들과 말장난과 체스를 하거나 새로운 놀이들을 고안하며 놀았다. 캐럴은 일곱 살 때 기독교 문학의 고전으로 꼽히는 우의소설『천로역정』을 읽을 만큼 총명하고 감수성이 풍부한 소년이었으며, 형제들과 하는 놀이, 체스, 사진과 논리학을 특히 좋아하고 관심 있어 했다고 한다. 이런 관심과 기독교적 성장 배경은 후일『이상한 나라의 앨리스』등에 고스란히 반영되었다.

캐럴은 칼리지 재학 시절 학장이었던 헨리 리델의 집에 드나들면서 그의 세 딸 로리나, 앨리스, 이디스와 친밀하게 지냈는데, 특히 둘째 딸인 앨리스를 귀여워했다. 그는 아이들에게 옛날이야기를 변형하거나 자신이 만든 이야기들을 들려주곤 했는데, 그때마다 연필이나 잉크로 삽화까지 그려 가면서 아이들에게 보여 주었다고 한다.

1862년, 30세의 캐럴은 세 자매와 친구 로빈슨 덕워스와 함께 템스 강에서 뱃놀이를 했고, 그때 앨리스를 주인공으로 한 이야기를 즉석에서 지어 들려주었다고 한다. 앨리스는 그날 헤어지기 전에 앨리스의 이야기를 써서 선물해 달라고 졸랐고, 집으로 돌아온 그는 이 이야기를 발전시켰다. 여기에 앨리스의 사진과 직접 그린 앨리스의 스케치를 넣어 소장용 책 한 권으로 만들어

선물했다. 이것이 『땅속 나라의 앨리스』이다. 이 책은 회중시계를 꺼내 보는 토끼 신사를 따라 땅속 나라로 들어가게 된 앨리스가 몸이 커졌다 작아졌다 하고, 담배 피우는 애벌레, 체셔 고양이, 가발 쓴 두꺼비 등 신기한 동물들과 만나며, 트럼프 나라의 여왕과 함께 크로케 경기를 하는 등 신기하고 환상적인 모험을 겪는 이야기이다. 다양한 일들이 뒤죽박죽 얽힌 유머러스하고 환상적인 캐럴의 동화 속 세상은 어린이의 내면에 존재하는 무한한 상상이 가능한 세상이다. 어린이를 어른에게 부속된 존재가 아니라 하나의 독립적인 인격체로 대우하고, 그들의 가능성에 기대를 걸었던 캐럴의 사고방식과 어린 시절 형제들과 하고 놀았던 놀이와 상상, 그의 관심사가 작품으로 승화된 것이었다. 빅토리아 시대의 사회적·문화적 배경들이 판타지 세계와 유머로 한데 어우러진 이 동화는 1865년 『이상한 나라의 앨리스』로 출간되면서 전 세계 수많은 어린이와 성인 독자들을 사로잡았다. 그리고 동화문학사의 기념비적인 작품이 되었다.

이 동화는 '루이스 캐럴'이라는 필명으로 발표되었는데, 이는 본명인 찰스 루트위지를 라틴어로 번역한 'Carolus Ludovicus'를 순서를 바꾸어 영어로 만든 이름이다. 괴팍할 정도로 꼼꼼하고 규칙적인 생활을 했던 캐럴은 청년 시절부터 매일의 일상을 세심하게 기록했는데, 이 일기에 '루이스 캐럴'이라는 이름을 이미 사용하고 있었다. 또한 『이상한 나라의 앨리스』를 출간하기 전 익명이나 필명으로 몇몇 시와 산문을 발표했는데, 그중 몇 시 작품에도 루이스 캐럴이라는 필명을 썼다.

1881년, 49세의 캐럴은 대학에서 나와 사제가 되었다. 그는 내성적인 성격 탓에 설교단에는 서지 않았다. 그는 말년에는 이야기체의 난센스 시 「스나크 사냥」과 동화 『실비와 브루노』 및 『실비와 브루노 완결편』을 썼다.

캐럴은 수학자, 기호학자로서도 꽤 많은 책을 썼다. 『유클리드와 현대의 경쟁자들』 등의 저술들은 본명으로 발표했으며, 1898년 1월 14일 죽기 전까지 『기호 논리학』을 집필했다. 그는 평생 독신으로 살았고, 기관지염이 악화되어 생을 마감했는데, 가족만이 참석한 채 조촐한 장례를 치르고 길퍼드의 마운트

공동묘지에 안장되었다.[32)]

①『이상한 나라의 앨리스』

『이상한 나라의 앨리스』는 영국의 수학자이자 작가인 찰스 루트위지 도지슨이 루이스 캐럴이라는 필명으로 1865년에 발표한 동화이다. 앨리스가 토끼굴에 들어가 기묘하고 의인화된 생명체들이 사는 환상의 세계에서 모험을 겪는 이야기이다. 원제는『앨리스가 이상한 나라에서 겪은 모험*Alice's Adventures in Wonderland*』이지만『이상한 나라의 앨리스』로 더 많이 알려져 있다. 아이들뿐만 아니라 어른들에게도 높은 인기를 얻은 이 이야기는 훗날 연극, 영화, 텔레비전 드라마, 뮤지컬 등 다양한 분야에서 각색되었다.『이상한 나라의 앨리스』는 아이들과 어울려 놀면서 지어낸 이야기를 바탕으로 만들어졌으며, 모두 12장으로 구성되어 있다.

**제1장 토끼 굴속으로:** 앨리스는 언니와 함께 강둑에 있다가 옷을 입고 회중시계를 가진 토끼를 따라 굴속으로 들어간다. 굴속에는 큰 방이 있고 여러 개의 문이 있다. 앨리스는 그 가운데 가장 작은 문 밖으로 보이는 정원에 가고 싶지만 방법을 찾지 못하다 탁자 위에 있는 병을 마시고 작아진다. 하지만 열쇠를 탁자 위에 올려놓아서 문을 열 수가 없다. 앨리스가 탁자 밑에 있는 케이크를 발견하여 먹는다.

**제2장 눈물 웅덩이:** 케이크를 먹은 앨리스는 몸이 다시 커졌고, 탁자 위의 열쇠로 문을 열었지만 지나갈 수 없었다. 어찌할 수 없게 된 앨리스가 눈물을 흘리면서 울자 물웅덩이가 생겼다. 이때 흰토끼가 장갑과 부채를 들고 지나가다 앨리스가 부르는 소리에 깜짝 놀라 그것들을 떨어뜨리고 사라진다. 앨리스는 흰토끼가 떨어트린 부채를 부치고 작아져서 자신이 흘린 눈물 웅덩이에 빠진다. 눈물 웅덩이엔 여러 동물들이 함께 빠져 있었다.

**제3장 코커스 경주와 긴 이야기:** 눈물 웅덩이를 빠져나온 여러 동물들이 몸을 말리기 위해 코커스 경주를 한다. 앨리스가 고양이 디나 이야기를 꺼내자 동물들은 겁을 먹고 뿔뿔이 흩어진다.

**제4장 토끼가 작은 빌을 보내다:** 흰토끼는 떨어트린 부채와 장갑을 찾아 다시 돌아오고, 앨리스를 하녀로 여기며 자신의 집으로 보낸다. 토끼집에서 다시

32) http://100.daum.net/encyclopedia

커지는 약을 먹은 앨리스는 집에 갇히고 토끼는 정원사인 도마뱀 빌을 보내 집 안에서 무슨 일이 벌어지고 있는지 알아보려 한다. 앨리스는 과자를 집어 먹고 다시 작아진다.

**제5장 애벌레의 충고:** 앨리스는 버섯 위에 앉아 물 담배를 피우는 애벌레를 만나 버섯을 먹고 몸이 커지고 작아지는 방법을 배운다.

**제6장 돼지와 후추:** 앨리스는 공작부인 집에 들어간다. 공작부인 집에는 물건을 마구 던지는 주방장이 요리마다 온통 후춧가루를 치는 바람에 아기가 울음을 그치지 않는다. 공작부인은 아기를 앨리스에게 맡기고 여왕의 크로켓 경기에 참가하러 떠난다. 앨리스가 아기를 밖으로 데리고 나오자 아기는 어느새 돼지가 되어 있다.

**제7장 미치광이 다과회:** 앨리스는 3월의 토끼와 모자장수, 그리고 겨울잠 쥐가 모여 다과회를 하는 곳에 간다. 그들은 수수께끼를 내지만 아무도 맞히지 못하고 겨울잠 쥐의 이야기를 듣는다. 앨리스는 무례함을 못 참고 빠져나온다.

**제8장 여왕의 크로켓 경기장:** 앨리스는 하트 여왕의 크로켓 경주장에 도착한다. 하트 여왕은 아무에게나 화를 내며 목을 치라고 명령한다. 사형집행인이 공작부인을 사로잡아 온다.

**제9장 모조 거북 이야기:** 공작부인이 들어서며 앨리스에게 다정한 척 치근댄다. 공작부인이 어떤 이야기든 교훈을 늘어놓자 앨리스는 지루해 한다. 이때 하트 여왕이 나타나고 공작부인은 도망간다. 하트 여왕은 앨리스에게 그리폰을 타고 모조 거북을 만나러 가라고 명령한다.

**제10장 바다가재 카드리유:** 그리폰과 함께 모조 거북을 만난 앨리스는 모조 거북이 들려주는 바다가재 카드리유 이야기를 듣는다. 재판이 시작된다는 소리에 앨리스는 하트 여왕에게 되돌아간다.

**제11장 누가 파이를 훔쳤나?:** 왕은 잭이 여왕의 파이를 훔쳤다며 재판을 열고는 시작하자마자 유죄를 선고하려 한다. 하지만 하얀 토끼는 재판의 진행절차에 따라 증언을 들어야 한다며 여러 증인을 데려온다. 그 사이 앨리스는 버섯을 먹어 몸이 점점 커진다. 모자 장수와 공작부인의 주방장이 차례로 증인으로 나서고, 마지막 증인으로 앨리스의 이름이 불린다.

**제12장 앨리스의 증언:** 증인으로 나선 앨리스는 왕이 별다른 근거도 없이 잭을 처형하려는 것에 반대한다. 재판 끝에 여왕이 배심원의 평결도 듣지 않고 선고하라고 말하자, 몸이 커져서 아무도 두렵지 않게 된 앨리스는 그럴 수

없다고 반박한다. 입조심하라는 여왕의 말에 앨리스는 너희는 그저 카드 한 벌일 뿐이라고 외친다. 카드들이 일제히 일어나 공중에 솟구쳐 앨리스를 잡기 위해 달려들고 앨리스는 꿈에서 깨어난다.[33)]

# 7. 스티븐슨

스티븐슨Robert Louis Stevenson(1850~1894)은 스코틀랜드 에든버러에서 출생한 시인이자 수필가이며 소설가이자 동화작가이다. 그는 토목기사인 토머스 스티븐슨Thomas Stevenson과 마거릿 이사벨라 밸푸어Margaret Isabella Balfour 사이에서 태어난 외아들로 부유한 가정환경에서 성장했다. 그는 건강이 나빠서 정상적으로 학교에 다니기가 어려웠으나, 에든버러 아카데미 등의 학교에 다녔다.

스티븐슨은 1867년에 토목기사인 아버지의 뒤를 잇기 위해 에든버러 대학 공학과에 입학하였으나, 어릴 때부터 허약한 체질과 문학을 애호하는 성향을 지녔던 탓에 법과로 전과했다. 스티븐슨은 어려서부터 글을 쓰고 싶어 했으며, 청소년 시절에는 작법을 배우려고 다양한 산문과 운문을 모방해 본 적도 있었다. 대학 시절에 그는 부모의 청교도 종교관에 반발했고, 체면을 내세우는 중산계급이 가지는 잔인성과 위선을 혐오하는 자유로운 보헤미안을 자처했다. 그는 평생 심각한 폐병을 앓았고, 아버지와의 불화는 점점 심각해졌으며, 그가 자란 고향의 청교도적 인습을 견딜 수 없게 되었다. 그래서 그는 유럽 각처에서 요양 생활을 하다가 서른이 넘어 문필활동을 하게 된다. 이후 그는

---

33) https://ko.wikipedia.org

10여 년 동안 시 · 소설 · 동화 · 동요 · 평론 · 에세이 등 여러 분야에서 우수한 작품을 남겼다. 그는 젊은 혈기에 17세기의 장로교회를 지키기 위해 결성된 스코틀랜드인들의 집단인 '서약파誓約派 Covenanter'를 추종하여 첫 작품 『펜틀랜드의 봉기*The Pentland Rising*』를 쓰게 되었다.

그 후, 폐결핵으로 건강이 악화되자 유럽 각지로 요양을 위한 여행을 계속하였는데, 그것이 그가 많은 수필과 기행문을 쓰는 데 큰 도움을 주었다. 스티븐슨은 1870년대 중반부터 단편소설과 수필을 펴내기 시작했다. 그는 프랑스와 벨기에에서 카누를 타면서 여행한 경험과 관련된 인상을 『내륙 여행*An Inland Voyage*』(1878)과, 이듬해 프랑스 도보여행을 다녔던 때를 묘사한 『세벤느에서 당나귀와 함께 한 여행*Travels with a Donkey in the Cévennes*』(1879) 같은 여행기에 담았다. 이러한 초기 작품은 서투른 점이 드러났지만, 품위 있고 매력적인 수필로 유명해지는 계기가 되었다.

1873년 23세 때에는 아버지와의 견해 차이로 힘들게 지내다 잉글랜드 서퍽Suffolk에서 결혼해 사는 사촌을 방문했다. 그해 말에 스티븐슨은 심한 호흡기 질환을 앓아 프랑스의 리비에라로 요양을 떠났는데, 뒤에 영문학자 시드니 콜빈과 패니 시트웰이 이곳에 왔다. 사실 스티븐슨보다 나이가 더 많은 시트웰은 매력과 재능을 갖춘 여자로서, 그의 관심을 끌었고 신뢰를 얻었다. 그는 곧 사랑에 깊이 빠져 에든버러로 돌아와서도 계속 편지를 보냈는데, 결국 시트웰이 콜빈과 결혼함으로써 그녀에 대한 스티븐슨의 열정은 변치 않는 우정으로 바뀌었다. 그의 작가활동은 서서히 진전되어, 1873년에 수필 「길Roads」이 「포트폴리오*Portfolio*」지에 실렸고, 1874년에는 「질서가 있는 남쪽Ordered South」이 「맥밀런스 매거진*Macmillan's Magazine*」에, 리턴 경의 『노래 우화집*Fables in Song*』에 대한 평론이 「포트나이틀리*Fortnightly*」에 실렸다. 빅토르 위고를 다룬 그의 첫 번째 기고문은 당시 비평가이자 전기 작가인 레슬리 스티븐이 편집하던 「콘힐 매거진*The Cornhill Magazine*」에 실렸다. 스티븐슨이 작가로서 처음 사람들의 관심을 받게 된 것은 특이한 감수성을 매우 명상적인 어조로 정교하게 표현한 이런 초기 수필들이었다.

스티븐슨은 1875년 7월에 변호사 자격을 얻었으나 개업은 하지 않았다. 그는 외국에 자주 머물렀는데 주로 프랑스에서 지냈다. 1876년에 파리에서 자기보다 열한 살 연상인 미국인 여자 패니 오즈번을 만났다. 연상의 시트웰을 사랑한 것처럼 연상의 오즈번을 좋아했고, '패니'라는 이름도 일치해서 더욱 그녀에게 몰두했다. 부모의 반대에도 불구하고 1878년 28세 때 그는 오즈번을 찾으러 캘리포니아 샌프란시스코로 갔다. 다음 해인 1879년 그녀가 전 남편으로부터 이혼하자 스티븐슨은 그녀와 결혼을 한다. 이 힘든 여행에 대한 기록은 후에 출판된 『평원을 지나서*Across the Plains*』(1892)와 『풋내기 이주자*The Amateur Emigrant*』(1895)에 잘 묘사되어 있다. 이 무렵 화를 가라앉힌 아버지가 전보를 보내 재정지원을 하겠다고 제안했고, 스티븐슨은 버려진 은광에서 신혼여행을 보낸 뒤 스코틀랜드로 와서 아버지와 화해했다.[34)]

스티븐슨은 영국으로 돌아온 직후에 아내와 의붓아들 로이드 오즈번을 데리고 결핵 치료차 스위스의 다보스에 갔다. 1881년 4월까지 이곳에 있다가 피틀로크리와 스코틀랜드 브래머에서 여름을 보냈다. 스티븐슨은 병이 발작했지만 의붓아들 로이느를 즐겁게 해주려고 『보물섬*Treasure Island*』(1883)을 쓰기 시작했는데, 이 작품은 1881년 10월부터 『선박의 요리사*The Sea-Cook*』라는 제목으로 「영 포크스*Young Folks*」에 연재되었다. 『보물섬』은 분위기와 인물과 사건이 서로 잘 맞물려 있으면서 완벽한 기량으로 쓰인 모험동화이다. 이 동화책은 아이들의 흥미를 사로잡는 모험담이면서 동시에 인간행위의 모호한 동인動因에 대한 기묘한 해설서이기도 하다. 가을에 다보스로 돌아가 그곳에서 『보물섬』을 완성하고, 더 복잡한 줄거리를 가진 『오토 왕자*Prince Otto*』(1885)를 쓰기 시작했으나 인기는 얻지 못했다. 이때부터 스티븐슨은 동화작가로서 명성을 얻으며 경제적인 안정을 이루었다. 결정적으로 그를 성공시켰던 작품은 모험동화 『보물섬』이었다. 1883년에 『보물섬』이 출간되자, 동화작가로서의 그의 문명은 한층 높아졌다. 스티븐슨은 이 동화에서 짐 호킨스라는 소년이 어느 해적에

34) http://100.daum.net/encyclopedia

게서 보물섬 지도를 얻은 뒤 겪게 되는 파란만장한 모험을 리드미컬하게 그렸다.

스티븐슨 부부는 1880년에 귀국하였다가 다음해부터 7년 동안 유럽의 여러 곳을 돌아다닌다. 남편의 건강을 회복하는 데, 공기의 변화가 필요했기 때문이다. 신혼여행 이야기는 『실버라도 무단점유자*The Silverado Squatters*』(1883)에 잘 기록되어 있다. 귀국 후에는 여러 잡지에 기고하였던 평론·단편소설·여행기·자서전의 단편들을 묶어서 『젊은이를 위하여*Virginibus Puerisque*』(1881) 등 몇 권의 책에 수록, 출판했다. 1887년에는 미국으로 다시 이주하여 뉴욕 사라나크 레이크의 요양소로 들어갔다.

스티븐슨은 대부분 「콘힐*The Cornhill*」지에 발표했던 수필들을 모아서 1881년 첫 수필집 『버기니버스 푸에르스크*Virginibus Puerisque*』를 출판했다. 1881년 겨울을 다보스의 한 농가에서 지낸 뒤 1882년 4월 그곳을 떠나 스코틀랜드 고지로 갔다. 이곳에서의 생활은 걸작 단편 『심술궂은 자넷*Thrawn Janet*』, 『명랑한 사람들*The Merry Men*』을 탄생시켰으나, 스티븐슨은 이곳에서 지내는 동안 폐에서 출혈을 했기 때문에 9월에 프랑스 남부로 갔다.

프랑스 남부 이에르에 정착한 그는 이따금 병이 재발하긴 했으나 행복하게 지내면서 글도 많이 썼다. 『오토 왕자』를 개작하고 『어린이의 시동산*A Child's Garden of Verses*』(1885)을 썼다. 『어린이의 시동산』에 실린 시는 어린 시절의 정서와 감각을 어른이 정확히 포착했다는 점에서 영국 아동문학사상 보기 드문 특이한 작품이다. 의도적으로 시대에 뒤진 언어로 쓴 역사동화 『검은 화살*The Black ArrowA Tale of the Two Roses*』(1888)도 이 시기에 쓰기 시작했다. 콜레라 전염병이 나돌아 이에르에서 영국으로 돌아온 스티븐슨은 가족들과 함께 1884년 9월부터 1887년 7월까지 본머스에서 살았으나, 영국 남부의 기후조차도 그의 병에 좋지 않아 자주 심하게 재발했다. 스티븐슨은 여전히 요양 중이던 1887년 8월에 아내와 어머니, 의붓아들과 함께 미국으로 향했다. 뉴욕에 도착하자마자, 이곳에서도 이미 유명해진 그에게 편집자들과 출판업자들이 좋은 조건의 계약을 제안했다. 애디론댁 산맥Adirondack Mountains에 머물며 「스크리브너스

*Scribner's*」지에 수필을 기고했고, 『발란트레의 대가*The Master of Ballantrae*』(1889)를 쓰기 시작했다. 도덕적으로 모호한 부분을 탐구한 이 소설은 결론을 억지로 조작한 점이 흠이기는 하지만 그의 글 가운데 가장 인상적인 작품에 속한다.

스티븐슨은 스티븐Sir Leslie Stephen(1832~1904)의 소개로 시인이자 비평가인 에드먼드 고세를 만나 좋은 친구로 지냈고, 뒤에 에든버러에서는 역시 스티븐의 소개로 작가 헨리를 만났다. 헨리와는 오랜 우정을 나누었으나, 1888년 헨리가 스티븐슨의 아내에 대해 부정하다고 비난하는 편지를 보낸 것이 화근이 되어 둘 사이에 싸움이 일어났다. 시기심과 분노에 사로잡힌 헨리는 스티븐슨이 죽은 뒤 그의 전기에 대해 악의적인 평론을 썼다. 이 시기에 자코뱅 혁명을 배경으로 한 소설 『납치』와 그의 가장 유명한 추리소설 『지킬 박사와 하이드 씨*The Strange Case of Dr.Jekyll and Mr. Hyde*』(1886)가 나왔다. 『납치』에는 18세기 스코틀랜드 역사에 대한 그의 연구와 스코틀랜드의 풍경 · 역사 · 인물 · 지방색에 대한 그의 느낌이 잘 어우러져 있다. 『지킬 박사와 하이드 씨』는 고매한 인격의 지킬 박사가 인간의 내면에 뒤엉켜 잠재된 선과 악을 인위적으로 분리시킬 수 있으리라는 믿음으로 특수한 약품을 복용해 사악한 인격의 하이드 씨로 변한다는 이야기이다. 이 이야기는 이후 '이중인격'의 대명사로 쓰일 만큼 유명해졌다. 1887년 건강 문제 때문에 스티븐슨은 또다시 영국을 떠났고 사모아 섬의 우폴루에서 이상적인 기후를 찾아내자 그곳으로 완전히 이주했다.[35)]

스티븐슨은 1888년에 고국을 떠나 당시 독일 제국의 식민지배하에 있던 남태평양의 사모아 섬에 '바일리마Vailima'라는 저택을 짓고 정주함으로써, 생애 마지막 시기에 남태평양에서 인생 에세이와 남태평양을 배경으로 한 소설의 집필에 몰두했다. 남태평양의 여러 섬을 몇 달 동안 다니면서, 스티븐슨은 그곳의 경치와 사람들에 대해 알려고 애를 썼다. 그 결실인 남태평양에 대한 글 「남태평양에서In the South Seas」(1896), 『역사에 대한 각주*A Footnote to History*』

---

35) http://terms.naver.com

(1892)는 재치와 통찰력이 돋보인다. 그는 이무렵 일기를 쓰고 있었는데, 주변의 경관과 분위기를 파악한 까닭에 깊이가 있는 이 글 가운데서도 마르케사스 제도에 있는 누쿠히바에서 처음으로 발견한 육지에 대한 묘사가 일품이다. 시드니를 여행하고 1890년 10월에 사모아로 돌아와 바일리마의 집에서 원주민의 존경을 받으며 살았다. 그곳 기후가 잘 맞아 부지런하고 활동적으로 살았는데, 그가 갑자기 죽은 원인은 지병인 폐병 때문이 아니라 뇌출혈 때문이었다. 한때 건강도 회복되었으나, 최후의 걸작이라 평가받는 마지막 작품 『허미스턴의 둑*Weir of Hermiston*』을 완성하지 못한 채 갑자기 1894년 12월 3일 44세를 일기로 뇌출혈로 죽었다. 『허미스턴의 둑』은 군더더기를 모두 빼버린 문체로 비극적인 요소를 풍부하게 담았으며, 대화에는 현대 스코틀랜드 산문의 정수가 담겨 있다. 미완성 작이기는 하지만 스티븐슨의 걸작으로 꼽힌다. 그는 비록 해외에서 오랜 시기를 보냈지만 스코틀랜드의 춥고 황량한 풍경을 사랑하지 않은 적이 없었다.

사모아 섬의 추장들은 스티븐슨을 사모아인들 사이에서 성지로 여겨지던 바에아 산의 정상에 안장했고, 그의 묘비에는 그의 시 「레퀴엠Requiem」이 새겨져 있다. 거기에는 이렇게 적혀 있다.[36)]

> 여기 그가 애타게 기다려온 곳에 잠들어 있다. 본국은 항해자, 바다가 고향. 그리고 사냥꾼, 언덕이 고향.

① 『보물섬』(1883)

『보물섬』은 스티븐슨의 동화이다. 의붓아들에게 모험 이야기를 들려주기 위해서 지었다. 1883년에 책으로 처음 출판한 『보물섬』은 원래 1881년부터 1882년까지 어린이 잡지 「영 포크스*Young Folks*」에 『보물섬 또는 히스파니올라 섬의 반란*Treasure Island, or the mutiny of the Hispaniola*』이라는 제목으로 연재했다. 『보물섬』은 단행본으로 출간되자마자 어린이 독자들만이 아니라 어른 독자들에게도

---

36) https://ko.wikipedia.org

폭발적 인기를 얻었고, 그 뒤 만화, 영화, 축약본 등을 통해 전 세계로 퍼지며 아동문학의 고전으로 자리 잡았다. 2003년엔 이 동화의 배경을 미래의 우주로 옮긴 디즈니의 신작 애니메이션 『보물섬』이 개봉되기도 했다. 줄거리는 다음과 같다.

한 해변의 허름한 여관에 얼굴에 칼자국이 남아 있는 수수께끼의 인물인 빌리 본스Billy Bones가 큰 상자를 들고 나오면서 동화가 시작된다. 여관 주인의 아들인 짐 호킨스Jim Hawkins라는 소년이 이 동화의 주인공이다. 빌리 본스는 자신이 '외다리 남자'에 몹시 놀랐다고 하면서 호킨스에게 "외다리 남자를 조심하라. 외다리 남자가 나타나면 은화를 주겠다고 약속했으니 곧 나에게 알려야 한다."고 말했다. 이윽고 빌리 본스의 주변에 자신을 추적하려는 이상한 인물들이 등장하게 된다. 어느 날 밤 술에 취한 본스는 충격을 받아 죽게 된다. 호킨스는 대지주인 트렐로니Trelawney, 심리학자인 의사 리브시Dr. Livesey와 함께 본스의 상자를 조사했는데 상자에서 나온 장부에서는 빌리 본스가 플린트 선장Captain Flint이 이끄는 해적선의 일당이었고 플린트가 속했던 해적단이 보물들을 대서양에 위치한 히스파니올라 섬에 숨겼다는 기록이 남아 있었다. 또한 상자에서는 해적단이 보물들을 숨겼던 섬의 위치를 표시한 지도가 나왔다.

트렐로니와 의사 리브시는 브리스틀에서 배를 만들고 보물찾기에 나선다. 항해에 대해서는 초보였던 트렐로니는 부두에서 술집을 열고 있던 존 실버John Silver라는 외다리 남자의 도움을 받으면서 선원을 모으게 된다. 존 실버와 소년 호킨스도 배에 탑승했다. 소년 호킨스를 비롯한 일행이 탄 배는 브리스틀을 출발하게 된다. 호킨스 일행은 긴 항해 끝에 보물섬에 도착했지만 존 실버는 사실 과거 플린트 해적단의 일당이었던 몇몇 해적들과 함께 보물섬에서 반란을 일으키게 된다. 다행히 호킨스가 사전에 존 실버의 반란 계획을 입수하고 스몰렛 선장Captain Smollett에게 알리면서 트렐로니와 의사 리브시는 간신히 탈출했고 보물섬에서는 해적단과의 싸움이 시작되기에 이른다. 해적들 사이에서도 집안싸움이 벌어지면서 호킨스 일행은 옛날에 보물섬을 내버려 두고 가버린 전직 해적인 벤 건Ben Gunn의 도움을 받게 된다. 호킨스 일행은 해적들을 물리치고 보물을 손에 넣게 된다.

해적단과의 싸움에서 살아남은 존 실버는 항복했고 호킨스 일행들과 함께 보물섬을 떠나게 된다. 그렇지만 존 실버는 영국에서 처벌을 받을 것을 두려워했기 때문에 돌아오는 길에 카리브 해의 섬에서 은화 몇 자루를 빼내고 탈주한다. 영국으로 귀환한 호킨스 일행은 보물을 분배하고 각자의 길을 걷게 된다.[37)]

② 『지킬 박사와 하이드 씨』(1886)

스티븐슨이 쓴 추리소설 『지킬 박사와 하이드 씨』의 원제목은 『지킬 박사와 하이드 씨의 이상한 사건*Strange Case of Dr Jekyll and Mr Hyde*』이지만 한국에서는 줄인 제목으로만 알려져 있다. 영미권에서도 종종 줄여서 부른다. 그 내용은 변호사인 찰스 어터슨이 그의 오랜 친구인 헨리 지킬 박사와 사람을 혐오하는 사람인 에드워드 하이드의 괴상한 관계의 조사에 관한 것이다. 이 책은 1886년에 처음 출간되었다. 『지킬 박사와 하이드 씨』는 현대인의 성격분열을 통해 인간의 이중성 문제를 다룬 소설이며, 현대인의 성격분열과 인간의 이중성 문제를 다룬 대표적인 추리소설이다. 오늘날 '지킬과 하이드'는 이중인격을 나타내는 관용어로 쓰이고 있다.

이 소설이 환각제의 영향하에 쓰였다는 주장이 있다. 집필 당시에, 스티븐슨은 지역 병원에서 버섯류인 맥각으로 치료받고 있었다. 맥각이 환각제 LSD(리세르그산 디에틸아마드) 성분을 포함하지 않는다는 일부의 소문과는 반대로, 맥각은 예측할 수 없는 양의 비슷한 물질을 포함하고 있다. 환각제 LSD가 합성된 것도 바로 맥각류의 파생종으로부터인데, 그것은 맥각의 환각 성분의 순수한 형태를 만들어 내기 위한 노력에서 나온 것이다. 따라서 이 이야기가 자아와의 싸움을 주제로 했으며 그에게 통제 불능의 느낌을 준 우연한 마약 복용 경험에 의해 발생했다고 하겠다. 줄거리는 다음과 같다.

하이드 씨는 걱정할 필요가 없다고 한 지킬 박사의 주장에도 불구하고 이 조사는 호기심과 걱정에서 시작되었다. 그 조사는 하이드가 명망 있는 국회의원의 잔인한 살인사건 현장에서 발견되었을 때 양상이 바뀐다. 변호사 어터슨이 그 범죄 수사를 돕게 되자, 지킬은 점점 더 은둔적이고 우울해지며, 어터슨은 지킬 박사가 하이드 씨를 돕고 있다고 믿게 된다. 결국 지킬 박사는 아무도 이해할 수 없다는 정신적 부담에 사로잡힌 채 그의 실험실에 자신을 고립시킨다. 어터슨의 다른 친구인 래니언이, 지킬 박사가 연루된 것으로 보이는 끔찍한

37) https://ko.wikipedia.org

정신적 충격으로 갑작스레 죽는다. 지킬 박사의 집사가 지킬 박사의 잠긴 실험실에 들어와서 지킬 박사를 죽인 낯선 사람을 처리하는 것을 도와달라고 요청하러 어터슨에게 온다. 그들은 함께 실험실에 있는 낯선 사람은 하이드 씨라는 것을 알아내고, 그들은 문을 부수고 들어가지만 자살로 죽은 하이드 씨의 시체를 찾아낼 뿐이었고 지킬 박사는 어디에서도 발견되지 않는다.

마침내 어터슨은 그의 죽은 친구가 그에게 남긴 두 통의 편지를 읽는다. 첫 번째 것은 래니언으로부터 받은 것이다. 그 편지에는 하이드 씨는 지킬 박사의 연구로 만든 약물에 의해 지킬 박사가 육체적으로 다른 자아로 변형된 것이나 다름없다는 것을 래니언이 직접 목격했다고 밝힌다.

다른 편지는 모든 사람은 끊임없이 자신과 싸우게 하는 두 가지 모습, 곧 선과 악을 가지고 있다는 것을 그가 깨달았을 때 일어난 일을 밝힌 지킬 박사로부터의 고백이다. 이 두 가지 모습을 양분하고 고립시킬 수 있다는 이론에 관해 실험한 후에, 그는 한 사람을 그의 악한 면의 화신으로 바꿀 수 있는 약물과, 또한 다시 그의 선한 면으로 돌아올 수 있는 약물을 만들어 냈다. 그 약물을 그 자신에게 사용한 후, 지킬 박사는 육체적으로 작아졌고 동시에 그의 악한 본성은 강력해졌다. 이 인격을 에드워드 하이드라고 불렀다. 하이드 씨로서 약간의 시험을 행한 이후에, 지킬 박사는 그가 지킬 박사로서는 결코 저지르지 못할 모든 금지된 반사회적인 기쁨에 취하기 위해 이 변화를 정기적으로 실험하기 시작했다. 그러나 하이드 씨의 모습은 더 강하게 성장하기 시작했고 지킬 박사가 반작용제로 통제할 수 있는 능력을 넘어서게 되었다. 하이드 씨가 살인을 저지른 후에, 지킬 박사는 약물 먹기를 그만두기로 하지만, 결국 하이드 씨 모습에의 중독은 저항하기엔 너무 강하게 진행되어 버렸고, 그는 다시 약물을 복용했다.

마침내 지킬 박사는 약물 없이도 하이드 씨로 변하기 시작했다. 그 약물의 반작용제는 효력을 잃기 시작했고, 약물이 그의 분류 선반에 있는 동안까지만 지킬 박사가 그의 원래 모습으로 남아 있을 수 있게 되었다. 결국 지킬 박사에게는 그 약물의 희귀한 재료가 남아 있지 않게 되었고, 특히 그가 처음에 아주 많은 양을 얻은 '소금'이 없었다. 이 소금의 부족이 효력이 있는 약물을 만들어 내지 못했다. 그는 처음에 그 이유를 새로운 공급분에 불순물이 있어서라고 여겼지만, 마침내 그는 최초의 주문에 불순물이 있었고, 약물에 있는 그 '알 수 없는 불순물'이 그 효력에 필수적이었다고 결론을 내렸다. 그는 이 불순물이

섞인 소금을 더 이상 구할 길이 없었기 때문에, 하이드 씨로 영원히 남게 될 운명에 처했다.

이 추리소설에서 다룬 인간의 선과 악의 내면적 모순이 서양 문화에서 중심적인 개념으로 자리 잡았다. 이 소설은 또한 빅토리아 시대를 다룬 최고의 작품들 중 하나인데 그 이유는 겉으로는 체면을 차리면서도 속으로는 욕정으로 가득한 19세기의 근본적인 이중성에 대해 꿰뚫는 듯한 묘사 때문이다. 이 소설이 사회적 위선의 경향을 반영했기 때문에 이후 수많은 연극과 영화 작품으로도 각색되었다.

이 소설의 가장 유명한 현대적 변용은 만화 주인공 헐크이다. 헐크는 정신적으로 억압된 과학자의 힘세고 난폭한 또 다른 자신이다. 헐크는 그가 분노나 공포와 같은 격렬한 정신적 스트레스를 겪을 때마다 변신한다. 최근에는 작곡가 프랭크 와일드 혼과 작사가 레슬리 브리커스가 지은 브로드웨이 뮤지컬인 『지킬 앤 하이드』가 있다. 이 뮤지컬은 그 작품의 어두운 빅토리아 시대의 느낌에 팝-오페라 장식을 섞어 놨다.[38)]

38) https://ko.wikipedia.org

# X.

# 자연주의

(1880~1900년)

# X.

# 자연주의 (1880~1900년)

자연주의란 19세기 후반 실험과학적인 방법을 의식적으로 문학에 도입하여 문학을 하나의 특수한 과학으로 보려는 문학사조이다. 자연주의는 자연과학적·유물론적·실증주의적·사회주의적 세계관에 입각하여 문학이념을 수립했다. 사회문제, 주로 프롤레타리아 계급의 현상과 사회적 위기를 문학의 소재로 택했고, 유물론적·자연과학적인 세계관에서 비롯된 유전과 환경문제가 부각되었다. 자연주의에서는 진실을 추구하고 현실을 냉정히 관찰하다 보니, 전통적인 미학이 부정되고, 생의 아름다운 면보다 저속하고 추악한 면, 어둡고 본능적인 면, 병적인 면이 묘사된다. 또한 가공성이 배제되고, 평범한 사람들의 일상생활의 단면이 노출되고, 향토색이 부각되며, 실증주의적·과학적 태도에 따른 정밀한 객관묘사가 주를 이룬다.

자연주의의 사상적·사회적 배경은 첫째, 자연과학의 발달이다. 1879년 에디슨의 전구 발명, 1886년 벤츠의 자동차 제작, 1898년 마르코니의 무선전신 발명, 1903년 라이트 형제의 비행기 제작 등 근대과학의 발전과, 의학과 심리학의 실험경향이 자연주의 문학에 도입되었다.

둘째, 현실적·유물론적·자연과학적 인생관을 갖게 하는 합리주의 사상의 유행이다. 포이어바하의 유물론, 콩트의 실증철학, 테느의 환경설, 다윈의 진화론, 헤겔의 유전학 등이 자연주의자들에게 현실적·혁신적 인생관을 갖게 했다.

셋째, 정치적·사회적 측면이다. 자본주의의 발달로 프롤레타리아와 부르주아 계급, 빈부의 격차, 모든 것이 돈과 물질에 귀결되어 인간성과 정신적인 것보다 유물론적·사회적 관심이 세상을 지배한다는 것이다.

프랑스의 소설가 에밀 졸라Emil Zola는 실험소설론을 제창하여 소설가를 특수 과학자로 보고, 인간 생활을 자연과학적으로 관찰하여 실험적·해부학적으로 연구 기술했다. 졸라는 기독교의 원죄도 유전학적으로 해결하려고 했고, 인간의 악을 환경의 죄로 보았다. 그의 대표작 『루곤 막카르 총서*Rugon Macquart*』에서 정신병에 걸린 여자의 피를 받은 30명의 자손들이 사회 각 방면으로 진출하여 삶을 추구하지만, 그녀의 성격과 활동 상태와 환경이 그들에게 남아 있음을 묘사함으로써, 인간을 역사적·지리적·사회적·유전적 환경의 측면에서 해부하고 실험했다.

또한 노르웨이의 입센Henrik Ibsen은 비판적·사실적 사회극 『사회의 기둥』, 『민중의 적』, 『인형의 집』 등을 써서 자연주의 발전에 크게 영향을 미쳤다.

독일 자연주의의 전개과정은 크게 3단계로 나누어 볼 수 있다. 첫째는 개척기인데, 발생지는 뮌헨과 베를린이다. 뮌헨에서 콘라트Michael Georg Conrad(1846~1927)는 "문학은 건강한 창조적 생활에 봉사해야 한다."는 주장하에, 잡지 「사회*Die Gesellschaft*」(1885~1902)를 창간하여 자연주의 이론을 전개했다. 졸라의 작품을 본받아 뮌헨의 이자르 강 주변을 세밀히 그린 소설 『이자르 강은 속삭인다*Was die Isar rauscht*』(1887)를 그의 잡지에 발표했다. 친구 블라입트로이Karl Bleibtreu(1859~1928)도 대도시의 근대 생활을 적나라하게 묘사한 소설 『과대망상*Größen wahn*』(1887)을 발표했다. 한편 베를린에서는 하르트 형제(형:

Heinrich Hart, 1855~1906, 동생: Julius Hart, 1859~1930)가 기관지 「비평전투*Kritische Waffengänge*」(1882~1884)를 통해 지난 시대 문학 배격에 앞장섰다.

둘째는 성수기, 철저자연주의Der konsequente Naturalismus 양식이 풍미하던 시기이다. 철저자연주의란 소재 선택에서 한 걸음 더 나아가 예술의 사명은 자연의 재현이라는 기치하에 철저한 표현과 묘사에 역점을 두는 정밀묘사기법을 말한다. 대상의 형태, 동작, 음향 등 외적 모습을 지극히 미세한 부분까지 묘사하며, 완전한 언어가 아닌 소리까지도 표현하고자 시도했다. 홀츠Arno Holz(1863~1929)와 슐라프Johannes Schlaf(1862~1941)가 철저자연주의의 대표적 인물이다. 이들은 문학이란 현실의 정밀한 재현작용 외에 아무것도 아니라고 주장하고, 함께 쓴 『파파 햄릿*Papa Hamlet*』(1889)에서 베를린의 골목 생활, 학생 생활, 예술가의 생활 등 일상생활을 시간의 축에 따라 극도로 세밀한 장면 묘사에만 매달렸다. 이것이 소위 '초진秒進 스타일Sekundenstil'인데, 초秒까지 묘사하는 사실적·객관적 묘사의 극치이다.

셋째는 쇠퇴기로서 자연주의가 몰락할 때까지의 심리적 자연주의라고 부르는 시기이다. 자연주의자 헤르만 바르Hermann Bahr(1863~1934)가 『자연주의의 극복*Zur Überwindung des Naturalismus*』(1891)이라는 책을 써서 반자연주의적 경향을 나타낸 데서부터 시작된다. 그는 환경묘사 대신에 인간의 내부세계, 곧 정신과 감각을 철저자연주의 수법으로 묘사할 것을 시도했다. 심리적 자연주의의 작품으로는 하우프트만의 『한넬레의 승천』을 들 수 있다. 자연주의는 소설 분야보다 희곡 분야가 우세하다. 자연주의 문학은 중심 작가인 하우프트만, 주더만이 극작가였고, 베를린에 '자유극장Freie Bühne'(1889년 창설)이 설립되어 연극을 주도했기 때문이다.

# 1. 쥘 베른

쥘 베른Jules Verne(1828~1905)은 19세기 프랑스의 자연주의 소설가로 근대 SF(공상과학소설)의 선구자이다. 공상과학소설은 외형적으로 동화와 유사하다. 그러나 공상과학소설은 바로 명백한 선과 악의 양면성과 측량하기 어려운 운명의 힘을 가진, 그리고 마력과 놀라운 마법을 가진 아이들 방의 동화가 아니며, 오히려 동화의 편견을 벗어난 매우 현세적으로 발전된 문학양식이다. 공상과학소설의 저자들은, 그들이 생각할 수 있는 계산기의 가장 대담한 구조와, 미래의 촉광처럼 빠른 공간교차로, 혹은 미래의 사회형태의 대담한 구조에 대한 실현 가능성을 암시하는 일에 노력한다. 소도구와 등장인물, 그리고 공간적이고 시간적인 저승 세계의 묘사에서 공상과학소설은 동화보다 도덕적 관념이 희박하다. 더욱이 공상과학소설이 때로는 마치 독자의 믿음에 따라 가능한 현실을 설계하는 듯하지만, 이러한 현실적 요구는 동화처럼 현실과는 동떨어져 있다.

베른은 1828년에 프랑스 낭트에서 태어났다. 그는 어린 시절부터 바다와 배에 대한 낭만적인 환상을 키워 나갔고 『로빈슨 크루소』와 같은 모험소설을 즐겨 읽으면서 멋진 모험가를 꿈꾸었다. 그는 1848년 20세에 고향을 떠나 작가가 되기 위해 파리로 이사했다. 베른은 집필 초기 희곡 작품을 주로 발표했고, 1850년대에는 당시 명망 높은 잡지에 단편소설을 연재했다. 베른은 출판인 피에르쥘 헤첼이 1863년에 그의 소설 『5주간의 기구 여행』을 출판하고 성공을 거둠으로써 소설가로서의 삶을 살기 시작했다. 헤첼은 베른의 성공작들에 "알려진 세계와 알려지지 않은 세계에서의 기이한 여행"이라는 시리즈 제목을 붙여 주었다. 『80일간의 세계 일주』를 포함하여 『지저 여행』, 『해저 2만 리』, 『미셸 스트로고프』 등이 이 시리즈에 포함되어 있다.

『80일간의 세계 일주』는 과학을 통한 인류의 진보를 신봉하는 쥘 베른의 성향이 반영된 소설로, 과학과 문학이 절묘하게 어우러진 작품이다. 이 소설이 처음 소개된 때부터 지금까지 대중의 인기를 한 몸에 받고 있다. 또한 이 소설은 다른 작품들과 마찬가지로 연극으로도 상연되어 큰 성공을 거두었다. 1869년부터 죽을 때까지 베른은 피카르디 주의 도시 아미앵에서 살았다. 그곳에서 그는 중도 공화주의자로서 지역 정치와 행정에 매우 적극적으로 참여했다. 1905년 사망할 때까지 64편에 이르는 많은 작품을 남긴 베른은 가장 대중적이며 끊임없이 번역되어 읽히는, 19세기를 대표하는 프랑스 자연주의 작가이다.

쥘 베른의 소설에는 그 당시에는 전혀 존재하지 않았던 소재들이 등장한다. 작가의 뛰어난 상상력은 그가 여행을 다니면서 넓힌 견문과 다양한 자료 조사를 통해 얻은 지식과 어우러져 독자들에게 설득력 있게 전달되었다. 작가의 상상력이 미래의 기술 발전을 예측하게 했으며, 새로운 과학 기술의 개발에 자극을 준 것이다. 베른은 영국의 허버트 조지 웰스Herbert George Wells (1866~1946)와 미국의 휴고 건스백Hugo Gernsback(1884~1967)에게 영향을 준 고전 과학 소설가이다.

### ①『해저 2만 리*Vingt mille lieues sous les mers*』(1869)

『해저 2만 리』는 잠수함이나 잠수복도 없던 시대에 쓰인 공상과학소설의 선구적인 작품이다. 이 소설은 바닷속이라는 미지의 영역을 여행하면서 겪는 등장인물들의 모험을 그리고 있다. 작가의 과학적 상상력으로 만들어 낸 잠수함 '노틸러스'호를 타고 등장인물들이 바닷속 세계를 탐험하는 내용이 담긴 공상과학소설이다. 우연히 '네모' 선장이 지휘하는 잠수함 노틸러스호에 탑승한 '나'가 그와 함께 전 세계의 바다를 항해하는 내용을 담고 있다. 해저 깊은 곳에 감추어져 있는 신비하고 환상적인 이야기를 들려주고 있는 이 작품은 정확한 과학적 지식과 공상이 조화를 이룬 해양모험소설의 대표작이라고 해도 과언이 아니다. 세계 각지의 바다에서 정체불명의 거대한 그 무엇이 출몰하고 있다는 소문이 돈다. 군함이 파견되어 그 괴물을 처치하려 하지만 무산되고 그곳에

타고 있던 박물학자인 아로낙스 박사와 몇 명의 일행이 사고로 인해 그들이 괴물이라고 착각한 잠수함 노틸러스호에 탑승하게 된다. 그때부터 전 해양을 휘저으며 신비한 해저여행이 시작된다. 마침내 '해저 이만 리'를 항해하고 나서 노틸러스호는 거대한 소용돌이 속으로 휘말려 들어가고 아로낙스와 두 사람의 동료만이 탈출하여 이 이야기를 세상에 전한다. 쥘 베른이 상상했던 잠수함 '노틸러스'호는 1954년 미국이 개발한 최초의 원자력 잠수함으로 실현되었으며, 그 이름도 'SNN-571 노틸러스호'로 명명되었다.[39]

② 『80일간의 세계 일주*Le Tour du Monde en Quatre-vingts Jours*』(1873)

『80일간의 세계 일주』는 80일 동안 세계를 일주할 수 있다는 내기에 자기 재산의 절반을 건 영국 신사의 박진감 넘치는 모험담이 문화 답사기처럼 쓰여진 장편소설이다. 『80일간의 세계 일주』는 당시 프랑스 유명 잡지에 80일 만에 세계 일주를 할 수 있다는 기사가 실린 뒤 그에 대한 찬반 토론이 활발했던 때에 쓰였다. 책으로 출간되기 전인 1872년에 「르 탕」지에 연재되었는데, 이로 인해 잡지 판매량이 세 배가 될 만큼 독자들의 관심이 뜨거웠다. 책의 내용과 마찬가지로, 어떤 사람들은 주인공 포그가 성공하리라는 쪽에 내기를 걸고 또 다른 사람들은 실패하리라는 쪽에 내기를 걸었다고 한다. 포그가 대서양 횡단 여행을 마치는 데 자기네 선박을 이용한다면 사용료를 지불하겠다고 증기선 회사들이 제안했으나 쥘 베른이 그 제안을 거절했다는 일화는 당시는 물론 그 이후로도 큰 화제가 되었다.

기계처럼 정확하고 냉정하며 흔들림 없는 영국 신사 필리어스 포그는 런던을 출발해 수에즈-봄베이-캘커타-홍콩-요코하마-샌프란시스코-뉴욕을 거쳐 런던으로 돌아오는 세계 일주를 정확히 80일 만에 해낼 수 있다는 데 자기 재산의 반을 걸었다. 그리고 새로 고용한 충직한 프랑스 하인 파스파르투와 함께 도버행 기차에 몸을 싣는다. 그러나 한 치의 오차도 없으리라 확신했던 여행 경로에는 예기치 않은 재난과 사고가 뒤따르면서 기계처럼 냉정할 것 같던 필리어스 포그의 숨겨진 온정을 시험하는 사건들이 불쑥불쑥 일어난다.

우여곡절 끝에 세계 일주를 마치고 런던으로 향하는 포그를 픽스 형사가 은행 절도 혐의로 체포한다. 곧 진범인 은행 강도가 이미 잡힌 것으로 드러나며

39) https://ko.wikipedia.org

풀려나지만, 기차를 놓쳐 약속된 시간보다 5분 늦게 런던에 도착한다. 전 재산을 다 잃게 된 포그는 여행 중에 만난 인도 여성인 아우다와 사랑을 확인하고 결혼식을 올리려고 한다. 그런데 교회에 주례를 요청하러 갔던 파스파르투가 자신들의 예상과 달리 시차 덕분에 하루를 벌었다는 사실을 깨닫게 된다. 포그는 약속 시간을 3초 남겨두고 클럽에 도착해 내기에서 승리하고 재산을 되찾는다.

1956년 미국에서 개봉한 영화 『80일간의 세계 일주』는 흥행에 성공한 것은 물론 아카데미 여러 부문에서 상을 받기도 했다. 과학기술이 한창 발달하던 19세기의 무한한 꿈과 낭만, 긴장감과 성취감을 맛볼 수 있는 모험소설이다. 과학의 전지전능을 신봉하는 것처럼 보이는 주인공을 내세우면서도 자연에 순응할 수밖에 없도록 만드는 과학의 한계와 사람을 움직이는 인간애의 중요성을 함께 보여 주는 작품이다.[40)]

## 2. 하우프트만

하우프트만G. Hauptmann(1862~1946)은 독일 자연주의가 낳은 세계적인 거장으로 1862년에 슐레지엔의 온천지 잘츠브룬에서 여관집 주인의 아들로 태어났다. 그는 실업학교를 중퇴하고, 농업 견습도 지속하지 못하고, 미술학교도 그만두는 등 제대로 하는 일이 없었다. 하우프트만은 20세 때 예나 대학의 청강생이 되어 철학과 진화론에 흥미를 가졌으나 1년 만에 그만두었다. 그 후 그는 이탈리아 여행을 가서 빈민들의 비참한 생활에 깊이 동정하여 사회문제에

40) http://100.daum.net/encyclopedia

관심을 갖게 된다. 하우프트만은 22세 때 결혼하고 베를린으로 가서 사회학에 흥미를 갖고, 마르크스, 다윈을 연구하는 한편, 입센, 졸라, 톨스토이의 작품을 읽는다. 그는 홀츠와 슐라프와 교제하면서 철저자연주의에 공조하여 희곡을 썼다. 그 결과 『해뜨기 전』을 써서 '자유극장'에서 상연하여 일대 선풍을 일으킨다. 이후 하우프트만은 인기작가로서 『직조공』을 발표하여 독일 희곡계의 거성으로 군림한다. 그는 『마부 헨셀』, 『쥐』 등 자연주의풍의 작품과, 『한넬레의 승천』, 『심종沈鍾』 등 상징적 작품을 교대로 발표하면서 점차 심리적 자연주의의 경향으로 옮겨 간다. 하우프트만은 제1차 세계대전부터는 작풍이 바뀌어 희곡 『오디세우스의 활』, 소설 『소아나의 이교도』 등 고대 신화적 제재를 취급함으로써 에로스에 지배되는 인간을 그린다. 그는 여러 작풍으로 변모해 가면서 희곡, 소설, 서사시, 자서전 등 다방면에 걸쳐 수많은 작품을 남긴다. 하우프트만은 나치 시대에는 국내에 머물렀고, 제2차 세계대전이 끝난 후 소련 점령 지구에서 정신수련동맹의 총재로 있다가 추방령이 내리기 이틀 전에 84세를 일기로 세상을 떠났다.

① 『해뜨기 전*Vor Sonnenaufgang*』(1889)

『해뜨기 전』은 하우프트만의 출세작이자, 독일 자연주의의 특징을 잘 나타낸 최초의 걸작이다. 이 작품은 기교는 철저자연주의 기법을 따르고 있으나, 내용면에서는 이상주의적 색채가 짙다. 환경과 유전문제, 비참한 광부들의 생활 같은 사회문제의 추구, 생의 추악한 면, 어두운 면의 폭로, 밀도 있는 환경묘사 등 자연주의의 골격과 살을 다 갖추고 있다. 이 드라마의 무대는 작가의 고향인 슐레지엔의 비츠도르프라는 가난한 마을이다. 이 드라마가 1889년 10월에 베를린의 '자유극장'에서 상연되었을 때 고성과 괴성이 난무하고, 물건이 날아가는 등 일대 소동이 벌어질 정도로 센세이션을 일으켰다고 한다.

② 『직조공*Die Weber*』(1892)

『직조공』은 하우프트만의 대표작으로 독일 자연주의의 최대 걸작이다. 이 드라마는 5막극으로 소재는 슐레지엔의 마직 공장에서 일어났던 폭동사건에서 가져왔다. 하우프트만의 할아버지가 이 공장의 직공으로 있을 때의 사건이기에 공장 내막과 노동자들의 현황을 소상히 알 수 있었고, 특별한 관심을 가질 수 있었다고 한다. 이 드라마는 특정한 주인공이 없다. 직조공이라는 군중 전체가 주인공이고, 뚜렷한 줄거리 없이 환경묘사로 이루어져 있다. 이 작품은 노동쟁의를 다룬 최초의 드라마라는 점에 큰 의의가 있다.

③ 『한넬레의 승천*Hanneles Himmelfahrt*』(1893)

『한넬레의 승천』은 하우프트만이 자연주의에서 벗어나 상징적인 방향으로 기울어지기 시작한 심리적 자연주의의 과도기 작품이다. 이l 드라마의 구성 기법은 자연주의를 따르고 있지만, 내용 면에서는 몽환적·낭만적 요소가 농후하다. 어머니를 잃고 계부의 학대에 못 이겨 연못에 투신한 한넬레가 구조되어 수용소에서 의사의 치료를 받다가 죽는다는 이야기이다. 한넬레가 자살하는 동기라든지 하층 생활을 그린 사회상 등은 자연주의적이지만, 핵심 부분인 임종 직전의 꿈 이야기에서는 미적·종교적 세계가 펼쳐진다. 예를 들면, 환각 속에서 그리스도가 나타나기도 하고, 어머니가 천국의 즐거움을 이야기하기도 하고, 하늘의 열쇠라는 이름을 가진 꽃을 받기도 한다. 검은 옷을 입고 검은 날개를 가진 죽음의 천사가 나타나 소녀를 칼로 찌르려고 하자 그녀는 누더기 옷을 입고서 천국에 못 간다고 버티는 장면, 난쟁이가 비단옷을 입혀 주고 유리 구두를 신겨 주는 장면 등이 동화적으로 묘사되었다. 방정환(1899~1931)은 1922년 23세 때 세계명작동화집 『사랑의 선물』을 출판했는데, 이 동화모음집에는 「란파션」, 「산드룡의류리구두」, 「왕자와제비」, 「요슐왕아아」, 「한네레의죽음」, 「어린음악가」, 「잠자는왕녀」, 「텬당가는길」, 「마음의꼿」, 「꼿속의작은이」 등 10편의 이야기가 담겨 있다. 이 중에 「한네레의죽음」이라는 동화가 바로 하우프트만의 『한넬레의 승천』을 번안한 작품이다. 즉 방정환은 하우프트만의 드라마를 번역하여 동화로 재탄생시킨 것이다.

# 3. 입센

입센Henrik (Johan) Ibsen(1828~1906)은 자연주의 희극의 창시자이다. 대표작인 『인형의 집』은 중대한 스캔들을 불러일으킨 작품으로, 개인의 자유 및 표현 상실이 사회의 인습 때문임을 폭로했다. 1889년 런던에서 공연되어 '입센주의'(당대 도덕성에 대한 극형식의 비판)를 둘러싼 격론의 시발점이 되었고, 1890년대 자연주의 문학논쟁의 중요한 핵심이 되었다.

1828년에 입센은 부유한 상인의 아들로 태어났으나, 집안의 파산으로 불우한 성장기를 보냈다. 그는 1850년 22세에 첫 희곡 『카틸리나』를 썼다. 입센은 1851년부터 1857년까지 6년 동안 노르웨이 극단에서 145편 이상의 희곡 제작에 참여했다. 그는 극심한 생활고로 인해 1864년 36세에 고국을 떠나 27년간 해외에서 살았다. 입센은 1866년에 출판된 『브란』의 성공 이후, 『페르 귄트』, 『인형의 집』, 『유령』 등의 화제작을 잇달아 발표했다. 그는 1891년 63세에 노르웨이로 돌아와 크리스티아니아에 정착했다. 입센은 1900년 72세 때 뇌일혈로 쓰러지고, 1년 후 또 한 번의 발작을 일으킨 뒤 1906년 향년 78세에 죽었다. 그의 주요 작품으로는 『페르 귄트*Peer Gynt*』(1867), 『인형의 집*Et dukkehjem*』(1879), 『유령*Gengangere*』(1881), 『헤다 가블러*Hedda Gabler*』(1890) 등이 있다.

① 『인형의 집』

『인형의 집』(노르웨이어: *Et Dukkehjem*, 영어: *A Doll House*)은 1879년에 노르웨이의 극작가 헨리크 입센에 의해 발표된 희곡이다. 이 작품은 같은 해 12월 21일 코펜하겐에 있는 덴마크 왕립극장에서 상연되었다. 이 드라마는 은행가 헬마의 아내 노라를 주인공으로 새로운 시대의 여성상을 세상에 보인 이야기로 전체 3막으로 구성되어 있다. 입센의 대표작인 『인형의 집』은 사회극의 효시로 간주되며, 이후 그는 거의 2년에 한 작품을 써서 내놓았다. 이 드라마는 종종 페미니즘 운동의 시작으로 거론되는 작품이며, 이 작품의 성공이 입센을 일약 세계적인 극작가로 만들었다.

2006년, 입센의 죽음 100주년을 맞아 『인형의 집』은 그해 세계에서 가장 많이 공연된 작품이 되었다. 유네스코는 2001년 입센의 자필 서명이 있는 『인형의 집』 원고를 역사적 가치를 고려하여 세계기록유산으로 등재했다.

은행가 헬마의 아내 노라는 천진난만하게 헬마를 포함한 인간을 믿었고, 가난한 이에게 나눔을 줄 수 있는 마음의 여유를 가진 여성이었다. 그녀는 세 아이의 어머니이자 남편 헬마에게 사랑받는 아내였다. 고양이를 귀여워하는 노라는 사랑의 본질에 대해 인식하고 있으면서도 평범한 나날을 보내고 있었고, 그런 노라에게 어느 날 사건이 일어난다. 헬마의 부하 직원인 크로그시타는 헬마의 부재를 노리고 노라에게 청탁을 하러 온 것이다. 그는 허물이 있었기 때문에 헬마에게 소외당하고, 결국에는 해고될 예정이었다. 노라는 거절하려고 했지만, 크로그시타는 그녀의 약점을 쥐고 있었다. 그것은 남편 헬마가 신혼 무렵 중병에 걸려 돈이 필요했을 때, 그녀는 고리대금업자로 일하고 있던 크로그시타에게 빚을 지게 되었고, 그때 그에게 써준 차용증은 아버지의 서명을 날조한 것이었다. 당시 그녀의 아버지는 중병에 걸려 있었기 때문에 이것은 고육지책이었다. 만약 해고된다면 그 사실을 헬마에게 폭로할 것이라는 크로그시타의 선언에 노라는 고민한다. 자신을 지배하고 있는 헬마가 이 사실을 알면 모든 생활은 파멸될 것이 뻔했기 때문이다.

이윽고 노라는 헬마에게 크로그시타의 해고를 취소하도록 요구하지만, 사정을 모르는 헬마는 무시했고 크로그시타는 결국 해고된다. 그가 선언한 대로 크로그시타는 노라의 비밀을 폭로하는 내용의 편지를 헬마에게 보낸다. 사실을 알게 된 헬마는 대노하여 노라를 호되게 매도한다. 모든 것이 끝났다고 생각하던 노라에게 마음을 고쳐먹은 크로그시타로부터 날조한 증거인 차용 증서가 온다. 이제 헬마의 위기는 지나갔다. 헬마는 방금 전까지의 태도를 돌변하여 다시 미소 지으며 달콤한 말을 노라에게 건넨다. 그러나 노라는 남편 헬마가 대등한 인간으로서 절망과 고민을 공유하고, 기쁨을 나눌 수 있는 '한 명의 인간'이 아닌 자신을 '인형'으로만 보고 있다는 데 절망하며 헬마의 제지를 뿌리치고 집을 떠난다.

『인형의 집』은 가정주부이자 변호사의 아내였던 노라가 남편의 비겁한 모습에 반발하여 집을 뛰쳐나온다는 설정으로 인해 연극이 공연되지 못할 정도로 심한 반발을 받았다. 하지만, '다람쥐', '종달새' 등으로 불리면서 남성들에게 매여 있던 여성이 자신의 삶을 찾아 스스로를 해방시킨다는 내용은 페미니즘의 교본이라는 평가이다.[41)]

## 4. 콜로디

콜로디C. Collodi(1826~1890)는 『피노키오의 모험*Le adventure di Pinocchio*』(1883)을 써서 세계적인 명성을 얻은 이탈리아 자연주의 동화작가이다. 『피노키오의 모험』은 지금도 전 세계 어린이들에게 즐거움을 준다. 콜로디는 청년시절 신학교에 들어갔으나 오스트리아와의 투쟁 과정에서 리소르지멘토를 지지하기 위한 수단으로 언론에 종사하게 되면서 이탈리아의 국가적 통일의 대의명분이 그의 성직 생활의 종지부를 찍게 했다.

콜로디는 1848년에 정치풍자 신문 「람피오네*Il Lampione*」를 발간하기 시작했고, 1861년에는 이탈리아 왕국이 창건되자 활동을 중단하고 어린이들을 위한 글을 쓰기 시작했다. 그는 1876년에 『잔네티노*Giannettino*』를, 1878년에 『미누촐로*Minuzzolo*』를 출간했다. 그는 1880년에 『피노키오의 모험』의 제1장을 「어린이 신문*Giornale dei bambini*」에 연재하여 큰 성공을 거둔다. 콜로디의 모든 작품은 자연주의적 관점에서 어린이들을 묘사하며 장난스런 행동을 아이들로 하여금

---

41) https://ko.wikipedia.org

쉽게 따라 하게 만드는 특징이 있다.[42)]

① 『피노키오의 모험』(1883)

『피노키오Pinocchio』로 널리 알려진 이 동화의 원제목은 『피노키오의 모험』이다. 소목장이 노인 제페트가 나무토막을 이용해 작은 인형을 만들어 '피노키오'라고 이름 붙인다. 피노키오는 마치 인간처럼 말도 하고 움직이기도 하는데 무척 장난꾸러기이다. 여기서 인형이 사람처럼 말하고 행동하는 '의인화' 현상이 나타난다.

어느 날 피노키오는 긴 모험여행을 떠나 여러 사건에 휘말리고 몇 번의 위험한 고비를 맞는데, 그때마다 푸른 머리의 요정에게 구원을 받는다. 마침내 피노키오는 고래에게 먹힌 제페트를 구출하고 함께 집에 돌아온다. 과거의 행동을 뉘우치고 효도하려고 노력하던 어느 날, 요정에 의해 피노키오는 진짜 사람 어린이로 바뀐다. 동화의 특징 가운데 하나인 '변신'이 일어난 것이다. 동화 속에서 거짓말을 하면 자꾸 커지는 피노키오의 코는 이 작품을 읽지 않은 어린이에게도 잘 알려져 있다. 『피노키오의 모험』의 배후에는 이탈리아의 민화와 인형극 등의 민중적 전통이 있다.

피노키오는 작가 카를로 콜로디가 이탈리아 최초의 「어린이 신문」에 주간으로 연재한 동화 『피노키오의 모험』의 주인공이다. 작가는 연재 도중 신문사와 원고료 문제로 사이가 틀어져 화가 난 나머지 피노키오가 여우와 고양이에게 속은 뒤 나무에 목매달려 죽어 버리는 결말로 이야기를 끝내 버린다. 피노키오가 죽었다는 이야기를 접한 어린이 독자들이 큰 충격을 받고 신문의 구독률도 떨어져 신문사 측에서 작가에게 먼저 화해의 손길을 내밀어 '푸른 머리의 요정이 피노키오를 살려준다'는 전개로 바꾸어 다시 연재를 재개했다고 한다.

연재 재개 후에도 마음을 다잡고 착한 아이로 살기로 한 피노키오는 통나무 시절부터 가지고 있었던 특유의 말썽쟁이 기질 때문에 고초를 겪는다. 피노키오는 나쁜 친구의 꾐에 빠져 수상한 놀이동산에 갔다가 당나귀로 변하기도 하는 등 '착한 아이 - 나쁜 친구의 유혹에 빠짐 - 사건사고를 겪음 - 간신히 돌아옴'의 패턴을 반복하는데, 그때마다 푸른 머리의 요정이 나타나 피노키오를 구해 준다.[43)]

42) http://100.daum.net/encyclopedia
43) http://100.daum.net/encyclopedia

# 5. 마크 트웨인

마크 트웨인Mark Twain(1835~1910)은 미국 자연주의 문학의 전통을 창조한 동화 작가이다. 그는 심리적·문화적·영적 측면에서 미국 역사에 가장 큰 영향을 미친 작가로 일컬어진다. 윌리엄 포크너는 그를 '미국 문학의 아버지'로 칭했으며, 어니스트 헤밍웨이는 "미국의 모든 현대 문학은 『허클베리 핀의 모험』에서 시작되었다."고 말했다. 소위 미시시피 3부작으로 일컬어지는 『톰 소여의 모험』, 『미시시피 강의 생활』, 『허클베리 핀의 모험』은 가장 미국적인 동화로 불리며, 19세기 미국 자연주의 문학의 장을 열었다고 평가받고 있다.

마크 트웨인의 본명은 '사무엘 랭혼 클레멘스Samuel Langhorne Clemens'이다. 'Mark Twain'은 뱃사람들의 용어로 '두 길(한 길은 6피트)'이라는 의미로, 깊이가 두 길이라 가까스로 항해할 수 있는 강을 뜻한다고 한다. 그는 1835년 11월 30일에 미주리 주 플로리다의 가난한 개척자 집안에서 태어나 흑인 노예 학대나 백인 개척민들의 거친 언동을 보고 자랐다. 그의 어린 시절의 생활은 가난하기 그지없었고, 아버지 존 마셜 클레멘스는 가족에 대한 애정도, 삶에 대한 의욕도 없는 그저 그런 낙오자였다. 그런 환경에서 12세 때 아버지가 사망하자 마크 트웨인은 학교를 중퇴하고 인쇄소에 견습공으로 들어갔다. 그는 어린 나이였지만 이미 인생의 고뇌에 시달리던 나태하고 신경질적인 남자아이였는데, 마을의 비슷한 청년들과 어울리며 갖은 탈선행위를 하고 다녔다고 한다.

견습공 생활을 할 당시 마크 트웨인은 지방 신문사에서 인쇄 식자공으로 일했는데, 틈틈이 신문기자 일을 배우고 유머 콩트를 써서 신문에 게재하곤 했다. 정식 인쇄공이 된 후에는 뉴욕, 필라델피아, 세인트루이스, 키오쿡 등 각지를 전전하며 살다가 22세 때부터 미시시피 강의 수로 안내인으로 일했다. 어린 시절 미시시피 강 유역에서 뛰놀았고, 수로 안내인을 하면서 쌓은 경험은

후일 그의 작품 세계에 큰 영향을 미친다.[44)]

1861년 26세 때 마크 트웨인은 남북전쟁이 터져 수로 안내인 일을 못하게 되자, 잠시 남부군에 들어갔다가 형을 따라 네바다 주로 갔다. 그는 채굴장에서 광부로 일하고, 버지니아 주로 가서 지방지의 의회 취재기자로도 일했다. 이 무렵 '마크 트웨인'이라는 필명으로 기사를 작성했으며, 광산 지역 노동자들의 입담과 거친 삶을 관찰하여 동화를 쓰고, 동화 강연을 시작했다. 또 얼마 지나지 않아 그는 금광을 찾아 샌프란시스코로 갔다가 허탕을 치고, 캘리포니아 지역으로 가서 여행기자로 일했다.

그가 동화작가로서 최초의 명성을 얻은 것은 1867년 첫 단편동화집 『캘러베러스 군의 명물, 뛰어오르는 개구리』인데, 이 책은 동화 강연가로 활발히 활동했던 시기에 출간된 것이다. 대담하고 유머러스한 이야기들이 담긴 이 동화집으로 마크 트웨인은 동화작가로서 명성을 얻었다.[45)]

1870년 35세에 마크 트웨인은 동부의 석탄 부상의 딸 올리비아 랭던과 결혼했다. 결혼 후 장인에게 버펄로 지역 신문인 「익스프레스」지를 선물로 받아 한동안 운영하다가 팔고, 하트퍼드에 대저택을 지어 이주했다. 이 무렵부터 그는 강연과 집필 활동에 매진했다. 이때 펴낸 『서부 유랑기』나 『지중해 유람기』 등은 식자층들에게는 멸시당했지만, 대중에게는 많은 인기를 끌었다.

마크 트웨인이 작가로서 본격적으로 인정받기 시작한 것은 1871년 광부로 일했을 때의 경험을 살려 쓴 『불편한 생활』과 1873년 황금만능주의로 치닫던 미국의 사회 풍조를 풍자해서 쓴 『도금시대』부터이다. 특히 미국의 1860~1890년대 금광 러시 및 황금만능주의가 팽배했던 시기를 '도금시대'라고 일컬은 것은 이 작품 『도금시대』에서 유래한 것이라고 할 정도로 사회적으로 큰 반향을 일으켰다.

그는 1874년에 「애틀랜틱 먼슬리」라는 잡지에 도선사 생활을 추억하며 쓴 『미시시피 강의 옛 시절』을 연재하기 시작했는데, 이때부터 미국의 정신을

---

44) https://ko.wikipedia.org
45) https://terms.naver.com

대표하는, 자연주의 동화작가로 거듭나는 계기가 되었다. 1876년에는 『톰 소여의 모험』이, 1883년에는 「애틀랜틱 먼슬리」에 연재했던 작품을 보완 증보한 『미시시피 강의 생활』이 출간되었다. 1884년에는 『허클베리 핀의 모험』이 영국에서 출간되었고, 미국에서는 1885년 출간되었다. 이 3편의 작품들은 단순히 미국 백인 소년들의 모험동화가 아니라 남북전쟁 직전의 미국 사회, 특히 남부 지역의 도덕과 관습을 밀도 있게 조망하고 있다. 고상한 척하는 어른들의 사회와 문명사회의 허식과 위선에 반기를 들고, 노예제도, 흑백 인종 문제, 미국의 지나친 산업화와 정치적 타락 등 사회 현실을 비판적으로 다루고 있기도 하다. 그러나 이런 문제, 특히 인종 문제에 있어서는 기존의 온정주의나 휴머니즘적 시각이 아닌 현실적이고 냉소적인 시선으로 당대 현실을 생생하게 묘사하고 있다. 이 3편의 동화들은 영국 문학의 전통에서 독립하지 못했던 미국 문단에서, 미주리 주의 사투리나 하층민들이 쓰는 비속어 등 미국인들이 사용하는 구어체를 사용해 미국적인 소재와 주제, 미국 사람의 생활을 사실적으로 묘사함으로써 미국 문학의 전통을 확립했다고 평가받는다.[46)]

마크 트웨인은 1880년대에는 이 동화들뿐만 아니라 『왕자와 거지』를 비롯해 독일·이탈리아·스위스 등지를 다녀와서 『유럽 방랑기』, SF 소설의 효시로 평가되는 『아서 왕 궁전의 코네티컷 양키』 등에 이르기까지 많은 작품을 썼다.

마크 트웨인은 물질적·사회적 욕구가 큰 사람이었으며, 결혼으로써 얻은 경제력과 후일 스스로 만든 명성을 부유한 생활을 누리는 데 활용했다. 그러나 그는 원하던 사회적·경제적 성공은 손에 넣었지만 개인적 삶은 평탄하지 않았다. 그가 10대 초반부터 20대 초반에 이르는 기간 동안 형과 누이들을 잃었고, 장남 랭든은 생후 18개월 만에 디프테리아로 죽었다. 말년에 그는 무리한 사업 시도로 파산했으며, 평생의 지지자였던 부인 올리비아를 잃고,

46) https://ko.wikipedia.org

사랑하던 딸 수지와 진도 먼저 떠나보냈다. 불행한 말년이었지만 죽는 날까지 그의 명성과 인기는 미국을 넘어 유럽에까지 미쳤으며, 예일 대학, 옥스퍼드 대학 등에서 원하던 명예 문학박사 학위를 받았다. 마크 트웨인은 1909년에 딸 진이 세상을 떠난 뒤 편집증과 우울증에 시달리다가 1910년 4월 21일 향년 75세 나이로 코네티컷 주 레딩의 저택에서 눈을 감았다.[47]

① 『톰 소여의 모험*The Adventures of Tom Sawyer*』(1876)

『톰 소여의 모험』은 마크 트웨인의 동화이다. 이 동화는 19세기 미국 남부 미주리 주에 있는, 가공의 마을인 세인트 피터즈버그St. Petersburg를 배경으로 하고 있다. 이 작품에서는 귀여운 말썽꾸러기 톰 소여의 익살맞은 모습을 통해 기성세대를 조롱하는 것이 특징이다. 그 실례가 폴리 이모가 개구쟁이 조카 톰에게 울타리에 페인트칠을 하게 한 설정이다. 톰은 순진한 친구들을 이용해서, 자기 대신 페인트칠을 하게 해놓고는, 마치 자기가 한 것인 양 폴리 이모 앞에서 뽐낸다. 폴리 이모는 조카의 귀여운 거짓말에 속아 넘어간다. 작가는 어린이가 어른을 속인다는 설정을 통해 기성세대를 조롱하는 것이다. 시점은 등장인물들의 심리 상태를 들여다보듯 서술한 3인칭 전지자 시점이다. 톰 소여, 허클베리 핀, 톰의 여자친구 베키, 세인트 피터즈버그 마을 모두 실제 인물과 지역을 모델로 했다.

『톰 소여의 모험』에 나오는 등장인물을 소개하면 다음과 같다.

**톰**(토머스) **소여:** 주인공이자 공부를 전혀 못하는 말썽꾸러기 학생이다. 매일 밤중에 허클베리 핀과 함께 노는 탓에 학교에 가기만 하면 수업시간에 졸고 있다. 그래서 담임선생에게 미움을 받고, 이모에게는 말썽을 부리지 못하게 감시해야 한다고 여겨지는 요주의 인물이다. 그래도 친구들과 어울려 명랑하고 자유롭게 사는 어린이이다. 인디언 조의 살인사건 때 머프 포터가 억울한 누명을 쓰자, 어린이들은 말썽만 부린다는 편견을 가진 대부분의 어른들과는 달리 자신의 말을 진지하게 귀담아 듣는 변호사와 판사에게 자신이 목격한 대로 증언하여 사건의 진상이 드러나게 된다. 덕분에 머프 포터는 석방되고 궁지에 몰린 인디언 조는 도망갔다가 동굴에서 아사한 시체로 발견된다.

47) http://100.daum.net/encyclopedia

**허클베리 핀:** 톰 소여의 친구이자 떠돌이로 매일 밤마다 톰 소여와 함께 모험을 한다. 이 아이는 어린이들의 부러움을 살만큼 자유롭게 사는 리버럴Liberal 소년이다.

**베키 대처:** 톰 소여가 첫눈에 반한 여자친구이다. 그 소녀는 톰 소여와 다툰 후 사이가 멀어지나, 자신의 잘못을 대신 덮어쓰고 벌을 받는 톰을 보고 감동한다. 톰과 함께 동굴을 탐험하다가 길을 잃는다.

**인디언 조:** 체격이 크고 험상궂게 생긴 현상수배범이다. 의사를 살해하는 장면을 톰과 허크가 목격하게 되면서 재판정에 선다. 재판 도중 탈출했지만 톰과 허크가 동굴에서 그를 발견했을 때 그는 시체였다. 미국인들의 미국 원주민에 대한 두려움이 만들어 낸 인물이라고 할 수 있다.[48)]

② 『허클베리 핀의 모험*Adventures of Huckleberry Finn*』(1885)

『허클베리 핀의 모험』은 1885년 2월 출간된 마크 트웨인의 동화이다.

1851년 늦여름 미시시피 강에서 증기선을 바라보면서 남미를 여행할 꿈을 꾸는 남루한 차림의 소년 허클베리 핀과 흑인 노예 짐의 모험이 시작된다. 인종과 문화의 차이로 갈라져 있는 두 친구지만 자유분방한 핀과 짐이 뗏목을 타고 미시시피 강을 표류하며 생애 최고의 이상한 여행을 떠난다. 그 속에서 짐은 핀에게 당시 사람들의 믿음과는 달리 모든 인간은 기본적으로 평등하며 존중되어야 함을 가르쳐 준다.

이 동화는 신분이 낮은 서민 주인공의 노상 경험을 기록함으로써 독자가 사회의 암울한 그늘을 간접 체험할 기회를 제공하는 '악한 소설'의 갈래에 속한다고 하겠다. 『허클베리 핀의 모험』에서는 반어법과 해학으로 미국의 가장 심각하고 예민한 사회문제인 인종차별을 과감히 풍자했고, 미국 고유의 정서인 유머로 미국 문화의 토대를 조심스레 두드리는 용기를 보여 주었다. 또한 흑인을 주인공의 동반자이자 분신으로 세우고 문학 작품에 흑인 방언을 사용한 저자의 개척 정신은 미국의 개척 정신과 부합한다.

마크 트웨인이 발표한 많은 작품 중에서 『허클베리 핀의 모험』은 가장 중요한 작품으로 평가되며, 미국문학사뿐 아니라 세계문학사에서도 고전 아동문학으로 취급된다.

---

48) https://ko.wikipedia.org

『허클베리 핀의 모험』은 여행 그 자체보다는 여행을 통해 주인공이 얻게 되는 깨달음이 중요한 주제로 제시된다. 동화의 주인공은 방랑자이듯이 뗏목을 타고 미시시피 강을 따라 여행하는 동안 짐의 성숙한 인격을 체험하며 핀은 흑인에 대한 편견을 극복한다. 어느 날 멀리 두고 온 아내와 자식들을 생각하며 비통한 감회에 젖는 짐의 모습을 보면서, 핀은 흑인도 백인과 똑같은 감정을 지닌 인간이라는 사실에 놀란다. 핀의 충격적인 깨달음은 독자를 인도하는 본보기 역할을 한다. 미시시피 강을 따라 떠나는 뗏목 여행으로 핀과 짐이 자유를 추구하는 모습은, 독자에게 자유를 향해 전진할 수 있는 동기와 용기를 선사한다. 짐이 노예제도가 부여하는 육체적인 구속과 속박의 멍에로부터의 자유를 추구한다면, 핀은 문명사회가 부여하는 모든 제약이나 구속에서의 해방, 즉 정신과 영혼의 자유를 추구하는 것이다. 이 동화를 읽는 독자는 흑인에 대해, 세상에 대해 지녔던 자신의 편견으로부터의 자유를 선사받는다.[49]

49) https://ko.wikipedia.org

# XI.

# 상징주의

(1850~1910년)

# XI.

# 상징주의
## (1850~1910년)

상징주의는 사실주의와 자연주의의 외면적·객관적 경향에 대한 반동으로 상징적 방법에 의해 형이상적形而上的 또는 신비적 내용을 암시적으로 표현하려는 문예사조이다. 사실 상징주의는 범시대적 사조이다. 곧 상징주의는 특정 시대를 초월한 상징적 표현양식을 말하나, 특정 시대의 문학사조로서의 상징주의는 19세기 말엽 프랑스에서 리얼리즘사실주의, 실증철학 및 과학과 결부된 자연주의, 그리고 객관적 조형성을 강조하는 고답파高踏派에 대한 심미적·이상주의적 반동사조를 의미한다.

프랑스의 보들레르Boudelaire, 베를렌Verlaine, 랭보Rimbaud, 말라르메, 네르발Nerval, 발레리Valery, 영국의 예이츠Yeats, 독일의 릴케Rilke, 호프만스탈Hofmannsthal, 게오르게 등이 상징주의의 대표 작가이다. 상징주의는 파리의 카페나 주점에서 문학운동 서클을 형성함으로써 퍼져나갔다.

상징주의 운동은 저널 「라 누벨 리브 고셰*La nouvelle Rive gauche*」(1882), 「뤼테스*Lut ce*」, 「르 데카당*Le Decadent*」, 「라 보그*La Vogue*」(1886), 「라 플륌*La Plume*」(1889) 등을 통해 활발하게 진행되었다. 하나의 문학운동에 많은 서클과 많은 잡지가 참여했음은 상징주의가 집단적 문학운동의 성격을 띠고 세기말 문학을 주도했고, 새로운 세기의 문학을 예비하고 있음을 알 수 있다.

사상과 감정의 직접적 표현, 객관적 묘사, 구체적 영상에 의한 직유적 암시를 거부하는 상징주의의 상징은, 모레아스가 말한 대로 '이념에 감각적 의장衣裝을 입히는 것'이 그 구조적 핵심이다. 이때 의장은 그 자체가 목적이 아니라 이념 표현이 그 기능이므로 역시 이념에 종속되며, 또 이념은 외부의 아날로지analogy(유추)의 화사한 의장을 입지 않고서는 표현할 수 없다.

상징 Symbol은 그리스어 Symbolon기호, 특징에서 나온 명사이며, 그리스어 symbollein은 '결합하여 있다'를 의미한다. 원래 그리스에서 이 단어는 친한 사람들, 곧 부부, 연인, 계약파트너 등이 이별할 때 두 개의 반쪽으로 쪼개서 나눠 가진, 그리고 훗날 다시 만날 때 재인식을 위해 맞춰 보는 인식표를 의미했다. 상징은 본질적으로 인식 표시이며, 물건, 현상, 개념 그리고 과정 등을 대신하여 비유적·시각적으로 표현하는 것이다. 예를 들면, 영원한 삶의 상징으로서 포도나무, 영혼의 나라의 상징으로서 산, 낭만주의의 상징으로서 푸른 꽃 등이 그것이다.

상징주의에는 두 개의 측면이 있는바, 상징의 매개가 도달하는 관념·감정이 인간적 차원으로서의 내면에 머무는 개인적 상징주의private symbolism라고 하고, 개인적 차원을 넘어선 초월적·보편적 이데아idea 이상세계를 암시한다면 초월적 상징주의transcendental symbolism 라고 한다.

상징주의 운동은 기독교적이진 않지만 이상세계나, 이상미理想美에 대한 신앙은 플라톤적 이데아와 기독교적인 신비적 체험과의 유사성 또는 관련성을 갖는다. 여기에 바그너Wagner에게서 받은 음악적 영향은 상징시를 음악과 동일시하고, 음악을 시의 궁극적 목적으로 본다. 상징은 일반적인 것에 특별한 의미를 부여하여 표현하는 것이며, 내용의 비유적인 압축, 마음속으로의 몰두 그리고 내부의 의미심장한 통일을 통하여 표현될 때, 비로소 가치를 지니는 것이다.

# 1. 니체

니체F. Nietzsche(1844~1900)는 상징주의에 가장 큰 영향을 미친 사상가이자 시인이다. 그는 자연주의 이전에 이미 자연주의를 극복하고, 정신의 위대함을 부르짖고 "신은 죽었다"고 외치면서 기독교적 의미와 가치를 부정하며, 생긍정生肯定의 철학사상을 창조했다. 니체는 라이프치히 근교의 뢰켄Röcken에서 신교 목사의 아들로 태어났고, 어릴 때부터 음악에 대한 감수성이 강했으며, 고독한 면모가 있었다. 니체는 본 대학에서 신학과 고대 문헌학을 배우다가, 라이프치히 대학으로 옮겼는데, 이때 쇼펜하우어Schopenhauer의 철학에 깊이 감명을 받고, 사상의 바탕을 거기서 출발했다. 니체는 성적이 특출하여 졸업 전 25세의 나이에 스위스 바젤 대학의 교수로 발탁되어, 고전 언어학을 강의했다. 그는 거기서 스위스에 와 있던 바그너Wagner와 사귀면서, 그의 영향으로 낭만적·비관적인 문학관과 디오니스적인 격정에 심취했다. 니체는 1799년에 정신병과 안질을 일으켜 교수직을 그만두고, 이탈리아와 남프랑스를 유랑했다. 그는 1889년에 정신착란을 일으킨 후, 10년간 암흑 속을 헤매다가 뇌연화증으로 바이마르에서 56세를 일기로 세상을 떠났다.

① 『차라투스트라는 이렇게 말했다*Also sprach Zarathustra*』(1883~1891)

고대 페르시아의 현인이며 배화교 교조로 알려진 차라투스트라Zarathustra를 주인공으로 하여 니체의 근본사상인 초인Übermensch 사상 및 영겁회귀Ewige Wiederkunft 사상을 상징적인 비유와 일화로 묘사한 철학적 산문시이다. 이 작품은 모두 4부로 되어 있는데, 1부는 신의 죽음, 2부는 권력에의 의지, 3부와 4부는 영겁회귀가 중심 테마로 되어 있다. 고향을 버리고 10년간 산속에 은거한 차라투스트라는 그동안에 쌓아 올렸던 사상을 세상 사람들에게 전하기 위해

하산한다. 도중에 그는 기독교를 신봉하는 성자를 만나 이야기를 나누다가 "그는 아직 신이 죽은 것을 모르고 있구먼."이라고 중얼거린다. 이 독백이 이후 이 작품을 일관하는 중요한 모티브가 된다. "신이 죽었다Gott ist tot"라는 것은 유럽 문화의 근원인 기독교가 그 권위를 잃었다는 것을 의미하며, 그 때문에 인간은 일체의 의존처를 잃고 허무가 지배하는 시대를 맞이하게 된다는 것을 의미한다. 즉, 여기서 모든 권위의 주체를 신에 두는 종래의 사상과 도덕이 전면적으로 부정되는 것이다. 차라투스트라는 신이 없는 허무시대를 극복하기 위해서는 초인이 신의 자리를 대신해야 한다고 강조한다. 초인이란 천국이 부정된 지금 신 대신에 이 지상에서 새로운 문화를 창조하는 존재라는 뜻이다. 초인은 자유로이 창조에 전념할 수 있고, 끊임없이 창조활동 속에서 생의 의의를 발견한다. 이와 같은 창조는 보통사람은 할 수 없고, 어떤 고난이 닥쳐도 이겨 낼 수 있는 초월적인 정신력이 필요하며, 낙타처럼 인내심이 강하고, 사자처럼 의지가 굳으며, 유아처럼 순진무구한 심정을 가진 자만이 가능하다. 니체는 이러한 초인이 탄생되어 새로운 문화 창조를 담당해야 된다는 것이다. 전반(1, 2부)에서는 이 같은 초인사상이 다루어지고, 후반(3, 4부)에서는 영겁회귀 사상이 전해진다. 영겁회귀란, 의미도 없고, 끝도 없는 인생이 그대로의 모습을 띠고 불가피하게 회귀한다는 것이다. 허무적인 사상이지만, 초인만이 이 허무를 극복하고, 다시 회귀할 수 있다는 것이다. 이러한 숭고한 정신문화가 고답적이고 심미적인 상징주의자들에게 커다란 영향을 미쳤다.

## 2. 라이먼 프랭크 바움

라이먼 프랭크 바움Lyman Frank Baum(1856~1919)은 미국의 상징주의 동화작가이다. 바움은 1856년 미국 뉴욕 주에 위치한 매디슨 카운티의 마을인 시터냉고에서 태어났으며, 잡지 편집자·신문기자·배우·외판원 등 여러 직업을 전전했다. 하지만 아내의 격려로 좌절하지 않은 그는 밤마다 아이들을 위해 이야기를 지었으며, 장모 마틸다 게이지의 권유로 글을 쓰기 시작했다. 처가 덕분에 동화 『오즈의 마법사*The Wonderful Wizard of Oz*』를 1900년부터 1919년 별세할 때까지 총 14편을 발표할 수 있었다. 『오즈의 마법사』는 작가의 별세 이후에도 40편 넘게 이야기가 이어질 정도로 사랑을 받았으며, 영화와 만화영화로도 만들어졌다.

① 『오즈의 마법사*The Wizard of Oz*』

『오즈의 마법사』는 라이먼 프랭크 바움이 쓰고 W. W. 덴슬로가 삽화를 그린, 총 14편으로 된 아동문학 작품이다. 제1편은 '오즈의 위대한 마법사The Wonderful Wizard of Oz'라는 이름으로 1900년 시카고 조지 M. 힐 출판사에서 나왔다. OZ는 금과 은의 단위를 상징하는 Ounce의 영어식 줄임말이다. 이 처녀작은 1년 만에 2만 1천 부가 팔렸으며, 다음 해에 총 3만 5천 부의 초판이 매진되었다. 프랭크 바움은 제1편이 호응이 좋은데다 1903년 제1편을 소재로 한 브로드웨이 뮤지컬도 성공을 거두면서 13편의 후속작들을 더 쓰게 된다. 이후 수많은 판이 거듭 출판되었다.

이야기의 핵심은 도로시라는 한 소녀가 오즈 대륙에서 겪는 모험을 시간 순으로 서술한 것이다. 1939년 개봉된 MGM 영화 '오즈의 마법사*The Wizard of Oz*'에 힘입어 이 동화는 미국 대중문화에서 가장 유명한 작품 중 하나가 되었고 여러 나라의 언어로 번역되었다.[50)]

총 14편의 『오즈의 마법사』 중 제1편 「위대한 마법사 오즈」와 제2편 「환상의 나라 오즈」의 줄거리를 소개하면 다음과 같다.

**제1편 「위대한 마법사 오즈」**

도로시는 캔자스 주에서 농부인 헨리 아저씨와 엠 아주머니와 함께 살고 있었다. 모든 것이 회색인 황량한 초원에서 도로시의 유일한 친구는 강아지

50) https://ko.wikipedia.org

토토였다. 회오리바람이 불어온 어느 날 도로시는 토토와 함께 숨은 집에서 집을 그대로 들어 올린 회오리바람에 의해 토토와 함께 오즈의 세계로 가게 된다. 오즈의 동쪽 뭉크킨의 나라에 도착한 도로시는 자신의 집이 나쁜 동쪽 마녀를 깔고 떨어졌다는 사실을 알게 되고, 뭉크킨들은 자신들을 괴롭혀 온 나쁜 마녀를 처치해 준 도로시에게 감사를 표한다. 뭉크킨들과 함께 온 착한 북쪽 마녀는 마법으로 도로시가 에메랄드 시로 가서 위대한 마법사 오즈를 만나야 한다는 예언을 한다. 도로시는 동쪽 마녀가 사라진 곳에 남겨진 은구두를 신고 에메랄드 시로 가는 노란 벽돌 길을 걸어간다.

도로시는 가면서 여러 친구들을 만난다. 첫 번째 친구인 허수아비는 자신이 생각할 수 있는 뇌가 없어 새들에게도 무시당해 아무 쓸모가 없다고 하면서, 오즈에게 뇌를 만들어 달라고 부탁한다. 두 번째로 만난 양철나무꾼은 녹이 슬어 숲에 서 있다가 기름칠을 해 움직이게 되고, 오즈에게 사랑을 할 수 있는 마음을 만들어 달라고 부탁한다. 세 번째 친구인 사자는 겁이 많아 어떤 동물 앞에도 나설 수 없다고 생각해, 오즈에게 용기를 달라고 부탁한다.

일행은 노란 벽돌 길에서 뾰족한 바위가 깔린 계곡과 곰의 몸에 호랑이 머리를 한 괴물 칼리다에게 쫓기는 위기를 넘긴다. 양철나무꾼이 들고양이에게서 구해 준 들쥐의 여왕은 은혜를 갚기 위해 들쥐들을 모두 모아 양귀비 밭에 잠든 사자를 구해 낸다. 세찬 강과 영원히 잠들게 하는 양귀비 꽃밭을 지날 때는 허수아비가 지혜롭게 꾀를 내어 문제를 해결한다.

에메랄드 시에 도착한 일행은 오즈를 만나기로 한다. 오즈는 누구나 쉽게 만나 주지 않았는데, 도로시의 은구두와 북쪽 마녀의 입맞춤 자국을 듣고는 일행을 하루에 한 명씩 만나 주기로 한다. 오즈는 큰 머리의 아름다운 여인, 이상한 괴물과 불타는 공으로 나타나며, 서쪽 나라의 나쁜 마녀를 죽이고 돌아오면 소원을 들어주겠다는 약속을 한다. 일행은 서쪽 윙키의 나라로 가는데, 나쁜 마녀는 자신의 영역에 들어온 일행을 해치려고 늑대와 까마귀와 벌떼를 차례로 보내지만, 모두의 지혜로 살아남는다. 마녀는 윙키들에게 공격하게 하지만 사자의 함성에 모두 달아났다. 마녀는 세 번 쓸 수 있는 황금모자의 마법을 이용해 날개 달린 원숭이를 부른다. 원숭이들은 허수아비와 양철나무꾼을 못 쓰게 만들고 사자를 묶어 가뒀지만, 도로시는 북쪽 마녀의 입맞춤으로 보호되고 있어 서쪽 마녀에게 데리고 온다.

마녀는 도로시의 구두를 빼앗고 싶어 곁에 두고 부엌일을 시킨다. 마녀가 구두를 빼앗자 화가 난 도로시가 양동이의 물을 끼얹자, 마녀가 갈색 물로 녹아 사라져 버렸다. 자유롭게 된 도로시는 일행을 되찾고, 들쥐 여왕의 도움으로 황금 모자가 지닌 마법의 힘을 알고 날개 달린 원숭이를 불러 에메랄드 시로 돌아가게 된다. 마녀를 돕던 원숭이가 황금 모자의 주인이 도로시 일행으로 바뀌자 그들을 도와주는 것이다. 도로시 일행이 에메랄드 시에 도착하자 오즈는 그들을 피하지만, 토토가 오즈 앞에 쳐진 장막을 당기면서 자신의 진짜 정체를 들키게 된다. 알고 보니 마법사 오즈는 캔자스 근처 오마하 출신으로 복화술을 익힌 서커스단의 기구 여행가였는데, 젊었을 때 기구를 탔다가 실수로 바람에 의해 오즈에 오게 됐다. 하늘에서 내려온 그를 마법사로 알게 된 오즈의 사람들에게 에메랄드 시의 담장과 성을 짓게 한 후 초록색 안경을 씌워 그곳의 모든 것이 초록색으로 빛난다고 믿게 만들고, 궁전의 알현실에 숨어 자신의 복화술을 이용해 마법사 행세를 해 온 것이다.

허수아비는 원래 지혜로웠고, 양철나무꾼은 원래 따뜻한 마음을 갖고 있었고, 사자는 원래 용감했다. 이를 안 오즈는 그들에게 원래 갖고 있었던 감정을 거짓으로 주어 부탁을 들어준다. 오즈는 도로시와 함께 캔자스로 돌아가기 위해 열기구를 만들지만, 도로시는 토토를 찾느라 타지 못하고 오즈 혼자 고향으로 돌아갔다. 에메랄드 시의 왕으로 추대된 허수아비를 비롯한 일행과 함께 도로시는 남쪽 마녀를 찾아간다. 도중에 요술나무의 숲과 도자기 인형들의 나라를 지나, 거대한 거미에게 공격을 받은 숲속 동물들을 만난다. 사자는 거미를 처치해 주고 그들의 왕이 되었다. 긴 목을 뻗어 편평한 머리로 통행자를 공격하는 망치머리 사람들의 언덕에 다다랐을 때, 도로시는 날개 달린 원숭이들을 불러 무사히 쿼들링들의 나라에 도착했다. 친절한 남쪽 마녀 글린다는 은구두의 뒷굽을 세 번만 울리면 원하는 곳으로 돌아갈 수 있음을 알려 주고, 도로시는 토토와 함께 캔자스로 돌아갔다.[51]

**제2편 「환상의 나라 오즈」**

오즈의 북쪽 보라색 길리킨의 나라에는 티페타리우스, 줄여서 팁이라는 이름의 소년이 살고 있었다. 몰래 못된 마술을 하곤 하는 몸비 할머니가 고아인 그를 아주 어릴 때부터 키워 왔는데, 팁은 소와 돼지를 먹이고 농사를 짓는 힘든 일을 해야 했지만 그도 몸비를 미워했기에 적당히 놀면서 일을 했다.

51) https://ko.wikipedia.org

어느 날 몸비가 이웃의 못된 마법사 니키딕을 찾아간 사이, 팁은 그녀를 골려 주기 위해 호박을 깎은 머리에 단풍나무 몸통, 떡갈나무 다리를 가진 나무인형을 만들어 '호박머리 잭'이라 이름 짓고 옷을 입혀 길에 세워 둔다. 몸비는 니키딕에게 얻은 생명의 마법가루를 인형에 시험하는데, 실제로 잭이 살아 움직이게 된다.

그날 밤 몸비는 말썽쟁이 팁을 대리석 동상으로 만들어 줄 마법약을 만들고, 이 사실을 안 팁은 몸비가 잠든 사이 몸비의 마법가루를 훔쳐 잭과 함께 탈출한다. 잭은 자신을 만들어 준 팁을 아버지라고 부르고 팁에게 오즈의 모든 것을 하나하나 알려 준다. 팁은 나무로 만든 잭의 관절이 약해 닳아 없어질 것을 걱정해, 숲에 나무꾼들이 만들어 둔 나무받침대에 생명의 마법가루를 뿌려 목마를 만든다.

이제 목마에 탄 잭과 팁은 에메랄드 시로 여행을 계속한다. 둘은 목마를 타고 강을 건너다 옷이 모두 젖게 되어 옷을 말리기 위해 목마를 빨리 달리게 하는데, 그만 팁이 숨이 차 목마를 놓친다. 그런 줄도 모르고 에메랄드 시에 도착한 잭은 당황하고, 신기한 그의 모습을 본 성문지기는 허수아비 왕에게 그를 안내한다.

왕이 된 허수아비는 예전 도로시와 여행을 다닐 때와는 조금 달라졌다. 머리에 쓴 무거운 황금관 때문에 얼굴은 일그러져 있고, 자신이 누구보다 지혜롭다는 자부심이 가득 차 있다. 잭은 다른 나라 사람과 말이 통하지 않을 것이라 생각하고, 이에 허수아비는 통역사로 소녀 젤리아 잼을 부르지만, 사실 오즈의 나라들은 모두 같은 말을 썼기 때문에 망신만 당한다. 허수아비는 자신처럼 보통 사람과 다른 모습의 잭을 친구로 삼아 주겠다고 하고 둘은 왕궁의 뜰에서 사이좋게 고리 던지기 놀이를 한다.

잭과 헤어진 팁은 에메랄드 시를 점령하러 가는 반란군들의 지휘관 진저 장군을 만나게 된다. 진저 장군과 오즈의 네 개 나라에서 온 소녀들은 뜨개질바늘을 들고 에메랄드 시의 보석과 권력을 뺏기 위해 진격한다. 전쟁에 대비가 안 된 병사들은 별다른 저항 없이 시를 빼앗기고, 허수아비 왕은 잭, 그리고 잭을 찾아 왕궁으로 온 팁과 함께 목마를 타고 왕궁을 탈출한다.

허수아비는 왕위가 지겨웠지만 소녀들이 자신을 헤칠까 두려워 일행과 함께 양철나무꾼이 황제가 된 윙키의 나라로 향한다. 허영심에 가득한 양철나무꾼은 금은으로 치장한 응접실에서 니켈로 도금된 몸을 포마드 기름으로 한껏 광택을

낸 채 친구들을 맞는다. 그러나 그는 우정을 잊진 않았고 친구를 도와 에메랄드 시를 되찾기로 하고 함께 여행을 떠난다.

한편 영웅으로 알려진 허수아비 왕과 양철나무꾼 황제가 함께 올 것을 두려워한 진저 장군은 몸비를 부르고, 몸비는 팁 일행이 오는 길에 마법으로 환상을 만들어 내어 길을 잃게 만든다. 허수아비의 지혜로 길을 헤쳐 가던 일행은 목마가 토끼구멍에 빠져 다리가 부러지는 바람에 멈추게 되고, 그곳에서 사람만큼 큰데다 양장까지 차려입은 워글벌레를 만나게 된다. 이 워글벌레는 우연히 학교에 갔다가 벽난로 틈에서 3년간 살며 노위틀 교수의 수업을 들었고, 자신을 완전하게 교육을 받은 학위 있는 벌레라고 소개한다. 또한 그는 교수에게 잡혔다가 교재용으로 확대경 위에 올랐었는데, 이때 도망쳐 지금처럼 큰 몸을 가져 대단히 위대한 워글벌레가 되었다는 것이다. 새로운 일행이 된 워글벌레는 학식과 교양을 갖춘 지식인이라면 농담을 통해 천재성을 드러낸다며 말장난을 하지만 일행은 모두 불쾌해 한다.

워글벌레의 조언으로 목마의 다리를 고친 일행은 다시 길을 떠난다. 마침 들쥐가 있는 들판에 온 그들은 옛 친구인 들쥐 여왕을 불러 에메랄드 시로 가는 길을 인도해 달라 부탁한다. 허수아비 왕은 또한 출발 전에 그녀의 부하 12마리를 자신의 지푸라기 품속에 숨겨 달라는 부탁을 한다

환상에 속지 않는 들쥐 여왕 덕에 무사히 에메랄드 시로 온 팁 일행은 남자들이 집안일을 하고 여자들이 수다를 떨고 있는 도시를 보게 된다. 일행은 별다른 저항 없이 왕궁에 들어갔지만 곧 소녀들에 포위된다. 끔찍한 사형의 위기에서 허수아비가 데려온 들쥐들을 풀어놓자 소녀들은 왕궁 밖으로 달아난다. 포위된 왕궁을 벗어나기 위해 일행은 마법가루로 날아갈 탈것을 만들 계획을 세운다. 야자수 나뭇잎을 날개로 몸통은 소파, 꼬리는 빗자루, 머리는 사슴과 비슷한 짐승인 검프의 박제된 머리로 엉성하게 만든 새 친구 검프는 모든 일행을 태우고 빠른 속도로 날아 왕궁을 탈출한다.

허수아비는 글린다를 찾아간다는 계획을 세우고, 날아가면서도 잭은 자신의 호박머리가 망가져 죽을까봐 걱정만 한다. 이를 농담거리로 삼는 워글벌레에게 팁은 그가 현실과 동떨어진 낡은 교육만 받았다며 일침을 놓는다. 일행은 가면서 다 쓴 생명의 마법가루 통에 숨겨져 있던 니키딕 박사의 소원이 이루어지는 알약을 세 개 찾아내지만, 처음 수에 2를 곱하고 2를 계속 더해 17을 만들라는 사용 방법이 적혀 있어 낙심한다.

밤사이 계속 날아간 검프는 사막 건너의 나라까지 도착해 있었고, 일행은 놀라 돌아가려 하지만 착륙에 실패한 검프는 날개를 잃고 만다. 갈까마귀 둥지에 떨어진 일행은 갈까마귀 떼의 공격을 받게 되고, 다른 일행들이 허수아비 지푸라기 밑에 숨은 사이 양철나무꾼과 목마는 용감하게 싸운다. 검프가 마지막 힘을 다해 갈까마귀 떼를 내쫓아 일행은 목숨을 구하지만 허수아비는 지푸라기를 다 잃어버리고 만다. 그의 몸을 갈까마귀가 둥지에 모아둔 각종 지폐들로 다시 채운 후, 우연히 목마가 알약의 마법을 쓸 묘안을 생각해 내어(1/2에 2를 곱했다) 팁이 알약을 삼키다 고통을 느껴 검프를 고치지 못한다. 워글벌레가 인간은 벌레와 다를 것 같다고 하면서 알약을 삼키고 소원을 빈다. 일행은 검프의 날개를 고치고 다시 글린다의 나라로 떠난다.

일행은 가는 길에 실수로 남은 알약을 모두 잃어버리지만 무사히 글린다의 성에 도착한다. 이미 모든 것을 알고 있던 글린다는 에메랄드 시의 진짜 주인은 과거에 마법사 오즈에게 왕위를 빼앗긴 패스토리아의 딸, 오즈마 공주라는 얘기를 해 준다. 허수아비는 기꺼이 오즈마에게 왕위를 돌려주기로 하지만 오즈가 소녀를 이상한 마법을 써 감춰 두었기 때문에 글린다조차도 찾을 수가 없었다. 이 마법에 몸비가 관련돼 있다는 기록을 찾은 글린다는 자신의 군대를 모아 에메랄드 시로 진격하고 몸비를 붙잡아 오즈마 공주를 찾아내겠다는 계획을 세운다.

진저 장군은 몸비를 내놓으라는 글린다 군대의 위용에 겁을 먹지만 마녀 몸비 역시 두려워했다. 먼저 몸비는 마법을 부려 자신과 젤리아잼의 외모를 바꾸고 대신 글린다에게 보내지만, 글린다는 속임수를 간파하고 화를 낸다. 두 번째로 몸비는 장미꽃으로 둔갑해 덤불에 숨은 후 밤이 될 때까지 자신을 찾아내지 못하면 물러가라는 요구조건을 걸고 글린다를 들여보내라고 한다. 글린다와 친구들은 그녀를 찾지 못하지만 우연히 양철나무꾼이 유난히 큰 장미꽃을 꺾어 돌아가고, 실패에 낙심한 친구들 사이에서 글린다는 다시 한 번 몸비의 속임수를 꿰뚫어 본다.

몸비는 들통이 나자 글리핀으로 변신해 달아나지만 글린다는 절대 지치지 않는 목마를 타고 쫓아가 마침내 마녀를 붙잡는다. 글린다의 무서운 추궁에 입을 연 몸비는 놀랍게도 팁이 바로 오즈마 공주라는 사실을 털어놓고, 팁은 소녀가 되기 싫어하지만 변신술을 풀자 아름다운 오즈마 공주가 되어 나타난다.

진저 장군은 이 소식을 듣고도 다시 평범한 소녀로 돌아가기가 두려워 에메랄드 시를 걸어 잠그지만, 하늘을 나는 검프의 활약으로 항복한다. 왕위를 되찾은 오즈마 공주는 글린다의 조언대로 현명하게 나라를 다스렸다. 워글벌레는 교육부장관이 되었고 검프는 그의 희망대로 몸을 풀고 머리는 궁전 벽난로에 걸려 원래 모습을 되찾았다. 목마는 여왕의 개인 소유물이 되어 황금말굽을 갖게 되었고, 호박머리 잭은 머리는 나빠도 순진한 마음 그대로 평생 오즈마의 친구로 살았다. 마지막으로 양철나무꾼은 다시 윙키의 나라로 돌아가면서 몸에 지폐를 가득 채운 친구 허수아비를 왕실 재무상으로 삼는다.[52)]

바움은 독자들의 폭발적인 호응에 다라 제3편「오즈의 오즈마 공주」, 제4편「도로시와 오즈의 마법사」, 제5편「오즈로 가는 길」, 제6편「오즈의 에메랄드 시」, 제7편「오즈의 누더기 소녀」, 제8편「오즈의 틱톡」, 제9편「오즈의 허수아비」, 제10편「오즈의 링키팅크」, 제11편「오즈의 사라진 공주」, 제12편「오즈의 양철나무꾼」, 제13편「오즈의 마법」, 제14편「오즈의 착한 마녀 글린다」 등의 후속편을 내놓았다.

## 3. 게오르게

게오르게Stefan George(1868~1933)는 독일 상징주의 시인의 거성이다. 그는 1868년 7월 12일 빙엔 근처 뷔데스하임Büdesheim bei Bingen에서 여관주인과 포도주 상인의 아들Sohn eines Gastwirts und Weinhändlers로 태어났다. 게오르게는 1887년(19세) 다름슈타트Darmstadt에서 김나지움Gymnasium을 졸업하고, 이후 정해진 주거지 없이 온 유럽을 떠돌아다니는 방랑생활Wanderleben을 한다. 그는 1892년(24세) 베를린에서 「예

52) https://ko.wikipedia.org

술 서지書紙 *Blätter für die Kunst*」를 간행하여 예술지상주의 운동을 전개했고 1912년(44세)까지 지속되었는데 이들을 게오르게 일파라고 한다. 이 시기에 게오르게는 제1시집 『찬가, 순례, 알가발*Hymnen, Pilgerfahrten, Algabal*』(1892)을 발표한다. 여기서 찬가는 자연에 대한 찬가이고, 순례는 시인의 고독한 여정을 읊은 시이며, 알가발은 로마 황제 알가발의 모습을 빌어 미와 힘의 융합을 구하는 주아주의主我主義를 노래했다.

게오르게는 1896년(28세)에 제2시집 『목인가牧人歌와 찬가, 전설과 가요, 걸려 있는 정원*Die Bücher der Hirten- und Preisgedichte, der Sagen und Sänge und der hängenden Gärten*』(1896)을 발표한다. 목인가와 찬가는 고대 그리스를, 전설과 가요는 중세 기사와 음유시인을, 걸려 있는 정원은 동양의 왕후 생활을 제재로 하여 자연과 역사를 노래하며, 인간존재를 추구한다. 그는 1900년(32세)에 다양한 삶의 근원적인 모습을 그린 『인생의 양탄자*Der Teppich des Lebens*』(1900)를 발표한다. 니체의 생긍정 철학의 영향으로 근대적인 허무주의를 극복하고, 시작詩作을 통해 미적 인생을 창조한다.

게오르게는 1907년(39세)에 새로운 세계관을 확립한 『일곱 번째 반지*Der siebente Ring*』(1907)를 발표한다. 단테, 괴테, 니체를 예찬하고, 시대를 비판하며, 자기의 입장을 선언한 '시대의 적賊', 인류의 지도자와 유혹자를 노래한 '군상', 막시민Maximin 체험을 테마로 한 '막시민' 등으로 이루어진 작품이다. 모두 새로운 신神을 갈구하고, 인간주의를 바탕으로 하는 새로운 세계를 확립한다. 그는 1914년(46세)에 미적 세계의 건립을 호소한 『맹약의 별*Der Stern des Bundes*』(1914)을 발표한다. 여기서 미는 최고의 인생 가치이고, 예술과 문학은 유희 이상의 것으로서 인생을 조형하면서 스스로를 시대의 정신적 지도자로 자처하며 미적 세계 실현을 갈망한다.

게오르게는 1928년(60세)에 신비적이고 예언가적인 새로운 자세로 새로운 나라를 꿈꾸는 『새나라*Das neue Reich*』(1928)를 발표한다. 그는 1933년(65세) 12월 4일 스위스 로카르노 근처 미누시오Minusio bei Locarno에서 사망했다. 시인은 이제 더 이상 현실의 노예로 머무르는 것을 중지하고, 예언자적 고지의 사명을 다시 지녀야 한다고 강조한다. 타락한 물질문명이 지배하는 세계에서 정신으로 인간의 품위와 권위를 회복하고자 정신의 아름다움을 시적으로 조형한 시인이다. 그는 형식미를 중시하는 엄격한 시작詩作을 통하여 현대인이 직면한 허무를 극복하고, 사상과 신앙에서 독자적인 경지를 개척하는 동시에 미적인 인생의 건설을 강력히 부르짖는 심미주의자이다.

게오르게는 평생을 독신으로 보냈고, 파리에서 프랑스 상징시인 말라르메, 베를렌 등과 친하게 지내며, 프랑스 상징주의를 체득했다. 그는 예술지상주의를 표방하며 대중과는 관계없이 소수의 이해자를 위해 고답적이고 심미적인 시詩를 썼고, 시어詩語를 개혁했다. 예를 들면 명사를 소문자로 쓴다든지, 혹은 특수한 활자를 사용하여 시각적인 효과를 노린다든지, 혹은 구두점을 생략한 것이다. 독일 시어의 딱딱한 점을 극복하기 위해 부드러운 새로운 독일어의 음향을 창조해 보려는 의도이다.

## 4. 잘텐

잘텐Felix Salten(1869~1945)은 오스트리아의 동화작가이자 언론인이다. 그는 야생사슴의 일생을 주관적인 시점에서 풍부한 감수성으로 이야기해 주는, 어린이의 고전이자 어른의 우화인 『밤비*Bambi*』(1923)의 작가이다.

잘텐은 독학한 젊은 작가로서 후고 폰 호프만스탈, 아르투르 슈니츨러, 헤르만 바르와 친구가 되었다. 그는 18세 때 언론인으로서 영향력 있는 연극평론가가 되었다. 잘텐은 빈에서 살았지만 유태인이었기 때문에 1939년 70세 때 도피했다가 이후 스위스에 정착했다.

그에게 국제적인 명성을 안겨준 『밤비』는 한 사슴이 태어나서 지혜롭고 강인한 동물로 자라날 때까지 그의 주된 적인 사냥꾼에 대항하여 살아남기 위해 분투해 가는 이야기를 담고 있다. 의인화 형식으로 어린 사슴에서 수사슴이 되어가는 과정을 사실적이고 감동적으로 묘사해 많은 어린이들에게 공감을 얻었으며, 어른들에게는 도덕성을 일깨워 주었다.

잘텐은 1934년 65세에 또 한 권의 인기 있는 동화집 『황제의 종마 플로리안 *Florian, the Emperor's Stallion*』을 출판했는데, 황제의 종마였다가 제1차 세계대전이 끝난 후 지위가 격하되어 거리의 마차를 끌게 된 자랑스러운 리피잔산產 말의 이야기를 담고 있다.[53)]

## 5. 호프만스탈

호프만스탈Hugo von Hofmannsthal(1874~1929)은 독일 상징주의 문학의 대표 작가이고, 20세기 초 현대문학의 대표 시인이자 동화작가이다. 그는 시, 소설, 희곡, 에세이, 오페라 대본, 동화 등 모든 장르를 총망라한 다재다능한 천재 작가이다. 그가 표현 수단인 언어의 고갈을 고민하는 모습은 새로운 언어 찾기를 고투하는 20세기 현대문학의 출발을 상징한다. 1874년에 호프만스탈은 빈Wien에서 유태계의 은행가 아들로 태어났다. 그는 어릴 때부터 다양한 언어를 배워 각국의 문학을 원어로 읽었다. 그는 10대부터 필명 '모렌Morren', '레비스Levis',

53) http://100.daum.net/encyclopedia

'멜리코브Melikow', '로리스Loris' 등으로 창작물을 발표했다. 그는 17세 때 처녀작 1막으로 된 운문극 『어제Gestern』(1891)를 발표했고, 게오르게의 「예술 서지」에 운문희곡 단편 『티치안의 죽음Der Tod des Tizian』(1892)을 발표했다. 호프만스탈은 18세 때 빈 대학에 입학하여 아버지 희망에 따라 법학을 전공했지만, 곧 문학으로 전환했다. 이 무렵 그는 초기 대표작 『바보와 죽음Der Tor und der Tod』(1893), 『672번째 밤의 동화Das Märchen der 672. Nacht』(1895), 『황제와 마녀Der Kaiser und die Hexe』(1897), 『창 안의 여자Die Frau im Fenster』(1897), 『황금사과Der goldene Apfel』(1897), 『하얀 부채Der weiße Fächer』(1897) 등을 발표하여 상징주의의 대표자가 된다. 그는 세기 전환기에 언어의 고갈을 느껴 산문 『챤도스 경의 편지Der Brief des Lord Chandos』(1902)를 써서 그 고민과 회의懷疑를 묘사한다. 이후 호프만스탈은 『엘렉트라Elektra』(1903), 『장미의 기사Der Rosenkavalier』(1911), 『예더만Jedermann』(1911), 『그림자 없는 부인Die Frau ohne Schatten』(1919), 『잘츠부르크의 대 세계극장Das Salzburger große Welttheater』(1922), 『탑Der Turm』(1925), 『안드레아스Andreas』(1932), 『시 모음집Gesammelte Gedichte』(1907) 등 제2의 괴테로 불릴 만큼 대작들을 다양한 장르에서 발표했다. 1929년(55세) 7월 13일 뇌우가 치는 동안 호프만스탈의 아들 프란츠가 부모의 방에서 권총으로 자살한다. 7월 15일 호프만스탈이 아들의 매장을 위해 로다운에 있는 집을 떠나려 할 때, 그는 졸도발작을 일으키고 심장마비로 죽는다. 그의 유해는 근처 칼스부르크 공동묘지에 묻힌다.

① 『황금사과』

동화 『황금사과』는 후고 폰 호프만스탈이 죽은 후 유고遺稿로서 1930년에 「새 평론」이란 잡지에 출판되었다. 1887년에 이 동화는 『황금사과의 이야기』 혹은 『사과이야기』라는 두 가지 다른 제목들로 써졌다. 『황금사과』는 미완성의 동화이다. 이 동화는 호프만스탈의 다른 동화작품들인 『672번째 밤의 동화』(1895), 『베일 쓴 부인의 동화』(1900) 그리고 『그림자 없는 부인』(1919)과 더불어 호프만스탈의 동화세계를 음미해 볼 수 있는 귀한 자료이며, 상징적 의미에서 현대 창작동화의 표본의 하나로 간주된다.

이 동화의 줄거리는 주인공 양탄자 상인의 7년 만에 귀향歸鄕으로 시작된다. 귀향길에서 그는 한 도시에서 밤을 지새운다. 거기서 그는 과거에 경험했던 일들을 회상한다. 특히 그의 부인과, 그가 사랑의 표시로서 선사했던 황금사과에 대한 기억들이 그를 괴롭히며, 불안한 예감에 빠지게 한다. 다음 날, 그의 딸 일곱 살짜리 소녀는 엄마 품을 빠져나와, 궤櫃 속에 보관해 놓은 황금사과를 훔친다. 아이는 그 사과를 거리에서 우연히 만난 마술교관馬術敎官에게 준다. 왜냐하면, 그가 소녀를 위해 수갱竪坑의 무거운 돌 뚜껑을 들어 올렸기 때문이다. 그동안에, 양탄자 상인의 부인은 지하의 아늑한 방에서 낮잠을 잔다. 선잠에서 깨어난 후, 그녀는 꿈꾸었던 것에 대한 불안한 생각에 사로잡혀 괴로워한다. 더욱이 그녀가 궤 속에 있던 황금사과가 없어진 것을 발견할 때, 그녀의 불안은 더욱 증가된다. 그녀는 잃어버린 황금사과를 스스로 찾기 위해, 이웃 향료 상인의 집으로 들어간다. 거기서 그녀는 향료 상인의 열다섯 살 먹은 딸의 시체와 엄숙한 사람들의 무리를 본다. 여기서 이 동화는 미완성인 채 끝난다. 그러나 첨부한 메모들로부터, 양탄자 상인의 부인이 황금사과를 습득한 마술교관의 정부情婦가 된 것을 추측할 수 있다. 또한 양탄자 상인은 마술교관의 방으로 들어가, 침대에 있던 그의 부인을 죽인다. 마침내 그 자신도 목숨을 끊는다.

## 6. 릴케

릴케R. M. Rilke(1875~1926)는 순수한 내면세계를 시적으로 조형한 시인이다. 그는 현대인의 고독과 고뇌를 느끼면서 오직 시작詩作을 통해 인간존재의 의의를 찾으려고 했다. 1875년에 릴케는 뵈멘Böhmen의 프라하Prag에서 태어났다. 그는 5살 때까지 여자아이처럼 양육되었고, 7살 때 부모가 이혼했다.

그는 11살 때 육군유년학교에 입학했고, 15살 때 육군사관학교로 진학했다. 하지만 그는 1년 후 자퇴하고, 이듬해 상업학교에 입학한다. 여기서 릴케는 연애사건으로 퇴학당했다. 그래서 그는 개인교습을 받아 김나지움 졸업자격을 취득했다. 릴케는 프라하 대학에서 미술사, 문학사, 역사철학을 전공했다. 그는 덴마크의 야콥센Jacobsen에 심취하고, 현실을 통찰하고 진실을 형상화하는 상징법을 배운다. 그는 루 살로메Lou Salome와 사귀고, 평생 많은 영향을 받는다. 살로메와 함께 두 차례 러시아를 여행했고, 톨스토이를 만났다. 이후 그는 북독일 보릅스베데Worpswede의 화가촌을 방문해서 인상파 화가와 교제한다. 그곳에서 만난 조각가 클라라 베스트호프와 결혼했고, 딸 루트Ruth가 태어난다. 릴케는 파리로 가서 로댕을 방문하고, 그의 비서로 취직한다. 여기서 그는 대상을 주시하고 이해하며 사물화하는 수법을 배운다. 릴케는 34살 때 탁시스Taxis 후작부인을 알게 되고, 그녀의 호의로 이탈리아 아드리아 해안에 있는 두이노Duino 성에 체류하게 된다. 그는 앙드레 지드, 로망 롤랑, 폴 발레리 등과 교제하고, 많은 영향을 받는다. 릴케는 1926년 10월 장미를 꺾다가 가시에 찔려 그것이 화농하여 출혈성 백혈병으로 51세를 일기로 세상을 떠난다. 릴케의 시는 감성이 풍부한 인상풍의 서정시, 신을 구현하면서 사물 속에 깊이 파고들어가 본질을 알려고 한 중기 시, 눈에 보이지 않는 세계, 곧 내면적 공간을 묘사하는 만년의 시로 이루어져 있다. 그의 작품으로는 『형상 시집*Das Buch der Bilder*』(1902), 『시도 시집*Das Stundenbuch*』(1905), 『신시집*Neue Gedichte*』(1909), 『말테의 수기*Die Aufzeichnungen des Malte Laurids Brigge*』(1910), 『두이노 비가*Duineser Elegien*』(1923), 『오르페우스에게 부치는 소네트*Sonette an Orpheus*』(1923) 등이 있다.

# XII.

# 표현주의

(1900~1930년)

# XII.

# 표현주의
## (1900~1930년)

표현주의는 제1차 세계대전(1914~1918)을 전후한 위기적 시기에 청년 문학도들이 추진한 혁신적·폭발적·전투적 문학운동이다. 기성 질서에 대해 선전포고하여 진부하고 낡은 것을 허물어 버리고, 새롭고 신선한 것을 찾으려 했으며, 외계만을 대상으로 삼는 전 시대의 자연주의를 거부하고 인간 내면에서 분출하는 감정의 표출을 지상 목표로 삼았다. 어원 'Expressio'는 라틴어로 '내부에 있는 것을 밖으로 밀어내다'의 뜻이다. 독일 미술사가 보링거Wilhelm Worringer가 1911년 프랑스 파리에서 열렸던 미술 전람회에서 자연주의적 대상 묘사나, 인상주의적 점묘와는 달리 역동적이고 강렬한 색채로 그린 마티스, 반 고흐, 세잔 등의 그림을 보고 "표현주의"라고 한 것이 예술상의 용어로 정착되었다.

표현주의 미술에서는 재현적·외면 사실적 기법을 거부하고 감정 표출을 위주로 하며, 외계의 시각을 폐쇄하고 내면적 충동을 표현하기 때문에, 현실에서는 볼 수 없는 별개의 세계가 그려진다. 강렬한 색을 즐겨 쓰고, 필촉도 난폭하며, 기법도 단순하다. 정열의 고뇌와 깊은 감동을 주며, 놀데, 칸딘스키, 마르크, 클레, 뭉크 등이 유명한 표현주의 예술가이다.

문학에서도 자연주의나 인상주의와 같은 외계 묘사를 거부하고,

마음 깊숙한 곳에서 우러나는 내면 충동을 강렬하게 표출하여, 예술을 정신의 직접적인 표출이라고 생각하고, 불순물 없는 순수한 부르짖음을 표현했다. 마음의 움직임을 폭발적으로 방출하기 때문에 표현 언어가 절규와 신음이 된다. 표현형식도 서술 문체가 아닌, 단편적인 구·단어의 나열, 신조어·독백 등이 범람하며 추상성을 띤다. 내용과 테마는 기성 가치체계의 파괴와 새로운 것을 추구, 창출한다. 표현주의자들은 전전, 전후의 위기와 혼란을 극복하기 위해 인간 자체를 근본적으로 개조할 것을 주장한다. 개조된 인간이란, 기존 전통과 인습에서 벗어나 완전한 공백 위에서 개인, 민족, 국가, 계급, 종교와 같은 경계를 허물어 버리고 오직 인간 정신만으로 이루어져 있는 나라를 세워 거기서 진정한 인간다운 존재가 되어 사는 사람들을 말한다. 그들은 내면의 힘으로 순수한 정신적인 세계를 만들어 정신적인 생을 누리는 사람들이다.

표현주의 시대 기관지로는 「폭풍*Der Strum*」(1910, 베를린), 「행동*Aktion*」(1911, 베를린), 「백지*Die Weissen Blätter*」(1913, 라이프치히), 「혁명*Revolution*」(1913, 뮌헨), 「새로운 예술*Die Neue Kunst*」(1913, 라이프치히), 「방화자*Der Brenner*」(1910, 인스부르크) 등이 있다. 표현주의자들은 낡은 것의 상징인 당시의 사회 혹은 가정을 비판하고, 낡은 인습과 속박을 벗어나 개인의 자유를 구가하는 내용을 잡지에서 다룬다. 특정한 환경, 직업, 신분 등 낡은 인습에 구애됨 없이 자유로운 인간으로서 영원한 인간성을 파고들려는 의도의 발로이다. 현실에서 벗어나 정신적인 것을 추구하기 때문에 추상적인 경향을 띠게 되며, 인간 자체도 개성이 없어지고 추상화되고 전형화된다. 예를 들면, 사람을 등장시킬 때 고유명사를 쓰지 않고, 아버지, 아들, 남자, 여자, 노동자, 매춘부 등으로 불러 한 족속 전체를 나타낸다.

# 1. 베데킨트

베데킨트F. Wedekind(1864~1918)는 표현주의 선구 작가이다. 그는 1864년에 하노버에서 의사인 아버지와 여배우인 어머니 사이에서 태어났다. 아버지가 스위스에서 성城을 매입하여 이주했고, 그곳에서 고등학교를 졸업한 베데킨트는 20세 때 아버지의 희망에 따라 뮌헨 대학에서 법학을 전공하지만 학업에 태만해서 학자금이 단절되어 회사에 취직하게 된다. 이후 서커스단에 가입하여 유럽 각지를 돌아다니던 베데킨트는 아버지와 화해하고, 아버지가 사망하자 많은 유산을 상속받지만, 런던·파리 등지에서 방탕한 생활로 물려받은 재산을 탕진하고 만다. 그는 26세 때 뮌헨에 정착하고, 3막 비극 『봄의 눈뜸*Frühlingserwachen*』(1891)을 쓴다. 이 작품은 6년 후 상연되어 세계적으로 이름을 떨친다. 그는 런던에서 미술상 비서를 하면서 여주인공 룰루Lulu의 4막 비극 『지령地靈 *Erdgeist*』(1894)을 썼다. 그는 다시 뮌헨으로 돌아와 카바레를 개업하고 스스로 배우가 되어 자기 작품을 공연한다. 그 후 그는 라이프치히와 베를린에서 배우 겸 연출가로 활약한다. 이때 『지령地靈』의 속편 3막 비극 『판도라의 상자*Die Büchse der Pandora*』(1904)를 쓴다. 베데킨트는 연극의 주제로서 성性의 영역을 사회 하층민에게까지 확장시키면서, '성의 자유'라는 비극적인 갈등 속에서 위선적인 부르주아의 도덕과 함께 파멸해 버리는, 시대를 초월한 부도덕한 요부 룰루를 등장시키고 있다. 이 두 편의 비극은 알반 베르크의 미완성 오페라인 『룰루*Lulu*』의 모태가 되었다. 베데킨트는 1908년 이후 뮌헨으로 돌아와 연출가와 문필가로 활약하다가 1918년 제1차 세계대전이 끝나는 해에 향년 54세의 나이로 사망했다.

# 2. 키플링

영국에 대한 찬양, 인도와 미얀마의 영국 군인들을 다룬 이야기·시·동화 등으로 유명한 동화작가인 러디어드 키플링(Joseph) Rudyard Kipling(1865~1936)은 1907년 42세 때 영미권 작가 중 최연소로 노벨 문학상을 받았다.

인도 봄베이에서 태어난 키플링은 6세 때 영국으로 와서 5년 동안 사우스시의 한 가정에서 양자로 키워졌다. 그때의 불행한 어린 시절의 공포는 『음매 음매, 검은 양*Baa Baa, Black Sheep*』(1888)이라는 동화에 묘사되어 있다. 그는 그 뒤 데번 북부에 있는 유나이티드 서비시스 대학에 들어갔는데, 이 학교는 학비가 싸고 수준이 낮은 신설 기숙학교였다. 이 학교의 기억은 평생 그를 따라다녔지만, 그가 쓴 『스탤키 회사*Stalky Co*』(1899)에서는 이 학교를 영국 교육의 지고한 목표를 달성한 무법의 낙원으로 미화했다. 이 작품은 키플링의 상상력이 이루어 낸 최고의 업적 가운데 하나이다.[54)]

1882년 17세에 키플링은 고향인 인도로 돌아가 7년 동안 저널리스트로 일했다. 그의 부모는 인도에 거주하는 영국인 중 최상층에 속했기 때문에, 그는 이 계층의 사람들을 잘 알게 되었다. 또한 그는 어린 시절부터 관심과 애정을 가졌던 인도인들의 다양한 삶의 모습도 관찰하게 되었다. 그는 1886년에 『부문별 노래*Departmental Ditties*』, 1888년에 『옛날부터 전해오는 소박한 이야기*Plain Tales from the Hills*』를 출판했다.

키플링은 1892년에 『막사의 담시*Barrack-Room Ballads*』를 발표하면서 유명해졌는데, 영국에서 바이런 이후 그처럼 빨리 명성을 얻은 시인은 없었다고 한다. 1901년에 키플링는 고전으로도 손색이 없는 『킴*Kim*』이라는 동화를 썼고, 문체

---

54) http://blog.naver.com

가 뛰어나고 이야기가 재미있는 그의 대표작 장편동화 『정글북*The Jungle Books*』(1894, 1895)을 출판했다. 이 동화에는 키플링이 어린 시절 체험한 인도의 풍경과 동물들에 대한 사랑이 잘 묘사되어 있으며, 그를 동화작가로 널리 알리는 계기가 되었다. 키플링은 1907년 노벨 문학상을 수상한 최초의 영국인 작가가 되었다. 그는 1936년 71세의 나이로 사망했고, 이듬해인 1937년에는 자서전격인 미완성 유고 『나에 관한 어떤 점』이 출간되었다.[55)]

① 『정글북*The Jungle Book*』(1894)

러디어드 키플링이 인도에 널리 퍼져 있는 늑대 소년 이야기에서 착안해 집필한 장편동화 『정글북』은 우연히 늑대 무리의 일원이 되는 모글리를 중심으로 서로 교류하는 인간과 동물의 다양한 모습을 그리고 있다.

인간과 동물의 필연적 상호관계를 전제로 하는 『정글북』은 인간과 동물의 경계를 떠나 모두가 어울려 살아가야만 하는 사회에서 나타나는 수많은 삶의 모습을 정글이라는 세상을 통해 보여 주고 있다. 이 책 속에 등장하는 동물 주인공들은 우리 주변에서 볼 수 있는 다양한 인간 군상을 대변하며, 그들이 모여 살아가는 모습은 우리 사회의 단면을 상징한다. 인도의 정글, 이곳의 불청객인 호랑이 쉬어 칸의 먹잇감이었던 인간 아기가 늑대 가족의 도움으로 목숨을 건진다. 인간 아기는 모글리라는 이름을 얻고 늑대 무리에 섞여 정글에서 살아간다. 표범 바기라와 곰 발루에게 정글의 언어와 살아가는 방식을 배우며 자라난 모글리는 갖가지 놀라운 모험을 겪으며, 정글의 법칙을 무시하고 호시탐탐 정글을 손아귀에 쥐고 싶어 하는 숙적 쉬어 칸을 처치한다.

그 후 모글리는 인간 마을에서 잠시 살았을 때 자신을 보살펴 준 메스와와 그 남편이 마을 사람들에게 악마로 몰려 죽을 위기에 처했다는 소식을 듣고, 코끼리 하티 무리와 정글 동물들과 연합해 마을을 공격해서 메스와 부부를 탈출시킨다. 동물들에게 짓밟힌 마을이 정글이 되어 버리자 모글리는 진정한 정글의 영웅이자 관리자가 된다. 몇 년이 흐른 후 잔인한 붉은 개 무리가 정글을 침공하고, 이 전쟁 중 늑대 무리의 지도자 우카일라가 죽음을 맞는다. 우카일라의 예언대로 본능적인 이끌림에 인간의 마을을 다시 찾아간 모글리는 그곳에서

55) https://ko.wikipedia.org

인간 어머니인 메스와를 다시 만나고 인간들의 세계로 돌아갈 것을 결심한다.[56)]

# 3. 되블린

되블린A. Döblin(1878~1957)은 슈테틴에서 유태인의 아들로 태어나 베를린에서 의학을 전공한 후 의사가 된다. 그는 6년간 연구소와 정신병원에서 근무한 다음, 베를린 동부 슬럼가에서 정신과 의원을 개업한다. 되블린은 대학시절 창작을 시작하고, 1910년에는 표현주의 문예지 「폭풍*Strum*」의 창간 멤버로서 풍자적·정치적 에세이를 발표했는데, 이때 표현주의 기법으로 쓰인 단편집 『민들레꽃의 암살*Die Ermordung einer Butterblume*』(1913)을 발표한다. 이어서 그는 세계가 행동으로 지배되는 것이 아니고, 정신으로 지배된다는 것을 강조한 장편소설 『왕룬의 3도약*Die drei Sprünge des Wanglun*』(1915), 『검은 커튼*Der schwarze Vorhang*』(1919), 『발렌슈타인*Wallenstein*』(1920), 그리고 과학소설 『산, 바다, 거인*Berge, Meere und Giganten*』(1924) 등을 발표하여 유명해진다. 되블린은 대표작 장편소설 『베를린 알렉산더 광장*Berlin Alexanderplatz*』(1929)을 발표하여 세계적인 명성을 얻는다. 1933년에는 나치에 의해 그의 작품들이 금서가 되었고, 되블린은 같은 해 파리로 망명한다. 1940년 독일군이 파리를 침공하자 그는 스페인, 포르투갈을 거쳐 미국으로 망명하여 로스앤젤레스에서 군국주의를 비판한 『대령과 시인*Der Oberst und der Dichter*』(1946)을 발표한다. 종전 후 귀국하여 문예지 「황금의 문」을 간행하며 되블린은 자신의 망명체험을 묘사한 『운명의 여행*Schicksalreise*』(1949), 귀환병을

56) http://100.daum.net/encyclopedia

주인공으로 하여 시대의 위기와 고뇌를 그린 심층심리학적 장편 『햄릿*Hamlet oder die lange Nacht nimmt ein Ende*』(1956) 등을 발표한 후, 1957년 79세의 나이로 프라이부르크의 엠엔딩겐에서 죽는다.

# 4. 벤

벤G. Benn(1886~1956)은 표현주의에서 출발하여 제2차 세계대전 후 독일 시단에서 최고의 존재가 된 서정시인이자 평론가이다. 1886년에 벤은 서프로이센 만스펠트에서 복사의 아들로 태어났고, 아버지의 희망대로 신학과 철학을 전공하다가, 군의 학교에 들어가 의학과 생물학을 전공한다. 그는 학위를 받고 군의관으로 복무했으나, 1년 후 건강상의 이유로 군복무를 면제받는다. 벤은 의학생 시절의 체험을 바탕으로 최초 시집 『시체공시장*Morgue*』(1912)을 발표한다. 이것은 익사하여 부패된 소녀의 시체 복강腹腔 속에 만들어진 쥐들의 집, 절단된 고기토막으로 화한 탁상의 시체, 암병동의 광경, 신음하는 임산부의 공동병실 등, 어느 것이나 시체 썩는 냄새가 풍기는 쇼킹한 제재들을 의학 해부용어를 구사하여 냉혹하고 시니컬하게 묘사한 작품이다.

벤은 제1차 세계대전 중에는 군의관으로 서부전선에 참가했고, 전후에는 베를린에서 피부비뇨기과 전문의로 개업한다. 벤은 『고기*Fleisch*』(1917), 『토사*Schutt*』(1919), 『분열*Spaltung*』(1925) 등의 시집과, 단편 『뇌*Gehirne*』(1915)를 발표하여 표현주의의 이색적인 전위시인이 된다. 그는 제2차 세계대전 후 10년간의 침묵을 깨고 『정시집靜詩集 *Statische Gedichte*』(1948), 소설집 『프톨레메어*Der Ptolemer*』

(1949), 나치시대의 생활과 사상의 기록인 『이중생활Doppelleben』(1950) 등을 발표하여 큰 반향을 일으키고 세계적으로 유명해진다. 그는 어떠한 목적에도 이끌리지 않는 순수한 미적인 언어로 이루어진 시, 곧 절대시를 제창하여 『신시집Neue Gedichte』(1953), 『종곡終曲 Apréslude』(1955) 등에서 그것을 시도한다. 벤은 1955년 노벨문학상의 유력한 후보로 추천된 바 있고, 다음 해 베를린에서 죽는다.

## 5. 트라클

트라클G. Trakl(1887~1914)은 기계화에 대한 반항과 인간 본래의 정신을 찾으려는 노력, 존재의 불안, 몰락의 감정, 고독한 영혼의 비통한 절규 등 표현주의적 요소를 잘 조형한 시인이다. 1887년에 트라클은 잘츠부르크에서 부유한 철물상 아들로 태어나, 빈 대학에서 약학을 전공했다. 그는 누이 그레터와 서로 존경하면서 애인처럼 죽을 때까지 사랑했으며, 김나지움 학생 때부터 알코올과 마약에 중독된다. 트라클은 랭보, 베를렌, 보들레르의 시를 애독하고, 스스로 시를 썼다. 그는 1910년에 아버지가 죽자 충격으로 군에 지원했다. 트라클은 1912년에 문예지 「방화자Brenner」의 편집자를 알게 되어 거기에 시를 게재했다. 그는 제1차 세계대전 때 위생병으로 동부전선에 참가하여 신음하는 많은 중상자들을 간호하다가 정신착란으로 권총자살을 기도하기도 한다. 얼마 후 그는 코카인을 다량 복용하고, 자살인지 과실사인지 모르게 죽는다. 누이 그레터도 마약과 알코올 중독으로 3년 후 권총으로 자살한다. 그의 작품으로 『시집Gedichte』(1913), 대표작 『꿈속의 세바스찬Sebastian im Traum』(1915) 등이 있다.

# XIII.

# 현대 이후

(1930년~현재)

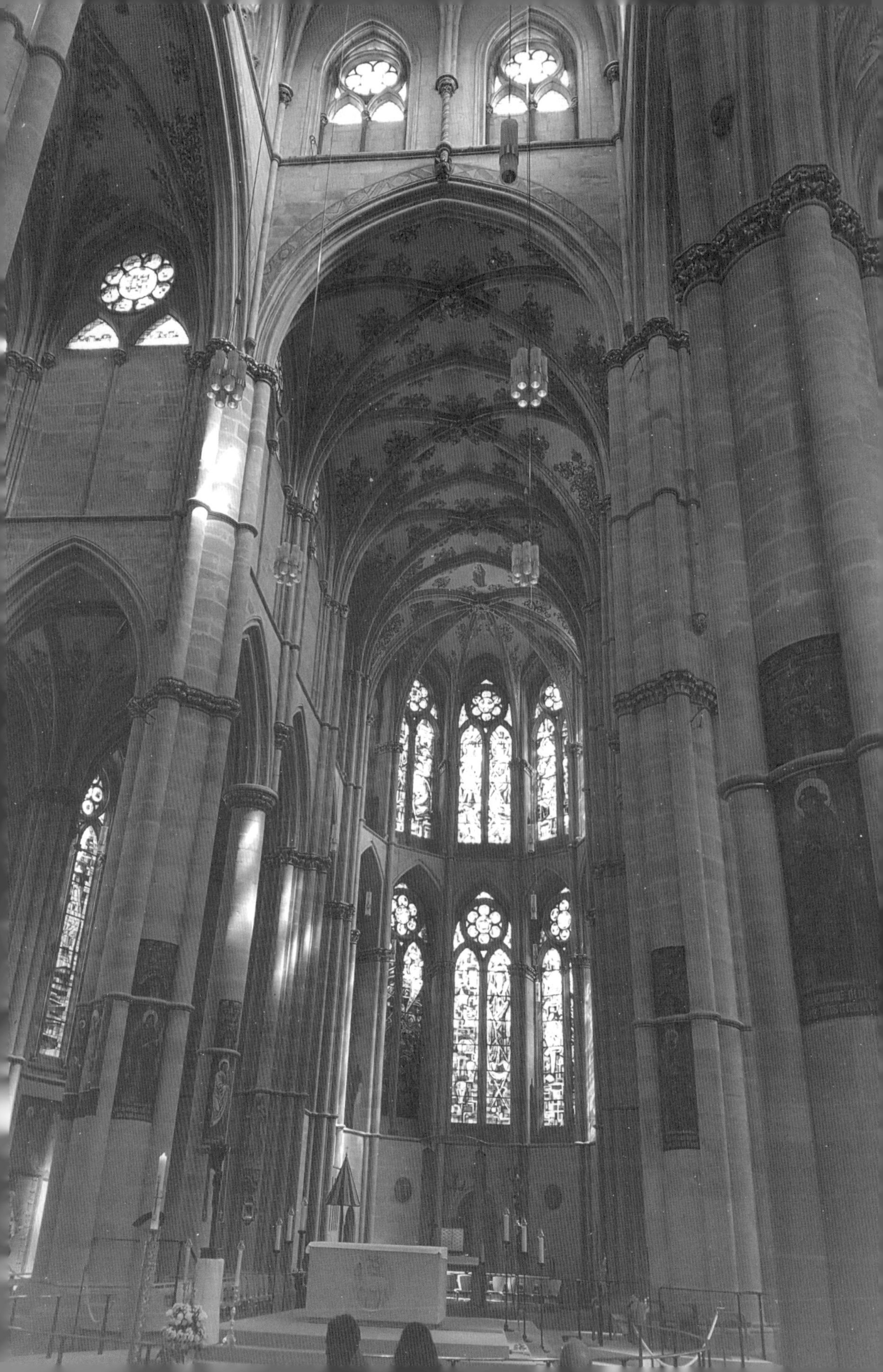

# XIII. 현대 이후 (1930년~현재)

동화문학사의 마지막 장인 현대 이후 동화문학을 위해 앞의 내용을 정리해 보자. 동화는 태초부터 시작되었지만 본질적인 동화문학은 이탈리아 바실레부터 출발한다. 이어서 어린이를 위한 동화를 쓴 사람은 17세기 말 프랑스의 샤를 페로였다. 그러나 페로가 쓴 동화는 바실레 동화와 전해 내려오는 옛날이야기 등을 어린이들에 맞게 다시 고쳐 쓴 것이었다. 인쇄되어 나온 최초의 동화문학 작품 가운데 하나는 모라비아의 교육자 코메니우스가 아동용 교재로 만든 『그림의 세계*Orbis Sensualim Pictus*』(1658)였다. 최초의 아동용 그림책이기도 한 이 책에는 어린이는 어른의 축소판이 아니기 때문에 특별한 종류의 책을 읽어야 한다는 새로운 통찰이 구체적으로 나타나 있다.

또한 어린이를 위한 동화책을 최초로 출판한 사람은 18세기 영국의 뉴베리Newbery이다. 뉴베리가 본격적으로 창작 활동을 시작하게 된 것은 1820년 무렵 어린이를 위한 책과 잡지가 많이 나오면서부터였다. 어린이를 위한 책이 없었을 때는 입으로만 전해 오는 전래동화를 즐겨 들을 수밖에 없었다. 다시 말하면 책으로 된 동화문학은 없어도 예부터 전해져 내려오던 이야기는 있었던 것이다.

그러나 전래동화는 꼭 어린이를 위해 만든 이야기가 아니다.

민중 속에 입에서 입으로 구전되어 내려온 이야기이다. 『신데렐라』 같은 이야기도 옛날이야기를 바실레, 페로, 그림 형제가 어린이들의 취향에 맞게 엮은 것이다.

실제로 어린이를 위한 동화는 19세기에 접어들어 『그림 동화』로부터 시작되었다. 『그림 동화』에는 「개구리 왕자」, 「라푼첼」, 「헨젤과 그레텔」, 「백설 공주」 등 다양한 210편의 이야기가 들어 있다. 『그림 동화』보다 50년쯤 뒤에는 영국의 앤드루 랭이 세계의 전래동화를 모은 『랭 동화집』을 출판했다. 전래동화에는 세상을 살아가는 데에 필요한 지혜와 재치가 들어 있다. 그런 동화는 대개 동물들을 등장시켜 인간 사회를 비유·풍자하고 있다. 동물동화의 원조는 인도의 『자타카』나 그리스의 『이솝 우화』와 같은 우화이다. 이것들은 남녀노소 누구에게나 공감과 교훈을 주므로 지금도 생명력을 가지고 있는 것이다. 우화는 대체로 세상을 비꼬는 풍자로서 교훈을 준다. 13세기에 나온 중세 프랑스의 『여우 이야기*Roman de Renart*』도 재미있는 풍자우화이다.

물론 고대 신화나 영웅담이 동화에 근간이 되었음은 말할 것도 없다. 『그리스 로마 신화』, 『북유럽 신화』, 『유태 신화』 등이 세계적으로 알려진 신화이다. 영웅담으로는 인도의 『라마야나』, 영국의 『베오울프』, 그리스의 『호메로스 이야기』 등이 유명하다. 더욱이 영웅담은 프랑스의 『롤랑의 노래』, 영국의 『아서 왕』, 독일의 『니벨룽겐의 노래』 등 용감한 기사들의 이야기로 변한다. 서민의 영웅인 로빈 후드의 이야기도 그중에 하나이다. 영웅이나 기사들의 이야기는 어린이들에게 깊은 감동을 주고 있다. 웃음과 호기심 넘치는 이야기로는 『천일야화아라비안나이트』를 빼놓을 수 없다. 동양의 『천일야화』가 없었다면 서양의 동화문학도 발전하지 못했을 것이다.

이와 같은 신화, 전설, 우화, 영웅담, 옛날이야기, 기사담, 민담, 전래동화들이 어린이를 대상으로 꾸며진 것은 19세기에 이르러서였고, 특히 그림 형제가 어린이들의 호기심과 그들 수준에 맞게 고쳐서 동화책으로 엮어 낸 것이다.

태초에 동화가 있었지만 실제로 동화문학은 18세기 후반에야 다른 장르와 뚜렷이 구별되는 독자적인 형태로 등장했다고 말할 수 있다. 동화문학이 이렇게 늦게 발달한 이유는 경제적·사회적·관습적 요인에서 찾을 수 있다. 근대 이전에는 어린이를 단순히 어른을 축소시켜 놓은 작은 존재로 생각하는 경향이 널리 퍼져 있었다. 그래서 어린이만의 독특한 요구와 이해 수준에 맞는 문학이 필요하다고는 생각하지 않았다. 또한 인쇄술 발명 이전에는 책을 만드는 데 돈과 시간이 너무 많이 들어 가르치는 것 이외의 다른 목적을 위해서는 책을 만들 여유가 없었다. 모든 일이 어른을 중심으로 돌아가는 시대였으니 말이다. 더욱이 어린이만을 위한 문학작품을 창작·배포하는 일이 경제적으로 합당할 만큼 큰 시장이 형성되려면 많은 사람이 글을 읽고 쓸 줄 알아야 하며 집단교육이 널리 보급되어 있어야 했기 때문이다.

동화문학은 19세기에 특히 유럽과 미국에서 꽃을 피워 유아기에서 청소년에 이르기까지, 모든 연령의 어린이를 위한 풍부하고 다양한 장르로 발전했다. 19세기 후반에는 유럽은 물론 미국 등 각지에서 뛰어난 작품들이 많이 나왔다. 자유로운 공상의 세계를 동화로 창작한 안데르센의 영향을 받아, 1863년 영국에서는 킹슬리의 『물의 아이들』이 나왔다. 이 동화는 이제까지 상상할 수 없었던,

물속에서의 자유로운 활동을 주인공 톰의 눈을 통해 보여 주었다. 이로부터 2년 뒤 캐럴의 『이상한 나라의 앨리스』가 나왔다. 이 동화에서는 상상 밖의 사건들을 다루어 어린이들에게 꿈과 용기를 북돋우었다. 이 작품에 의해 동화는 완전히 어린이들의 친구가 되었다. 그 후 오스카 와일드의 『행복한 왕자』, 맥도날드의 『공주와 도깨비』, 키플링의 『정글북』, 위더의 『플랜더스의 개』, 스티븐슨의 『보물섬』 등이 나왔다. 이러한 다양한 주제의 동화들은 어린이들의 꿈과 희망을 키우는 데 많은 영향을 주었다. 다양한 어린이들의 꿈은 20세기에 들어와서 배리의 『피터 팬』으로 인해 더욱 발전되어 갔다.

프랑스에서도 19세기 후반에 훌륭한 동화들이 나타나는데, 그것은 『해저 2만 리』, 『땅속 여행』, 『달세계 여행』 등 베른의 환상동화들이다. 또한 베른의 『15소년 표류기』는 아이들의 지혜와 용기로 어려움을 이겨 내는 모험동화로서 자신감을 북돋우어 주었다. 아동문학의 새로운 경향을 보여 준 말로의 『집 없는 아이』는 냉정한 사회에 적응하고 이겨 내는 어린이의 인내력을 보여 준 작품이다.

이 시기 이탈리아에서도 많은 걸작 동화들이 나왔다. 콜로디의 『피노키오』, 데 아미치스의 『쿠오레(사랑의 학교)』는 너무도 유명하다. 그 밖에 카푸아나의 『시칠리아의 소년』 등의 재미있는 동화가 나왔다.

스위스에서는 1880년 스피리의 『하이디(알프스의 소녀)』가 나왔고, 전 세계 소녀들에게 꿈과 사랑의 마음을 전했다. 독일에서 출판된 아그네스 자퍼의 『사랑의 가족』과 본젤스의 『꿀벌 마야의 모험』도 널리 알려진 동화이다.

북유럽에서는 스웨덴 동화작가 라게를뢰프의 『닐스의 이상한 여행』이 나왔다. 이 작품은 백조를 타고 하늘을 나는 이야기인데, 동화의 재미와 스웨덴의 지리·역사·전설을 곁들인 흥미 있는 창작동화이다.

러시아에서도 19세기 후반에 많은 동화가 나왔다. 특히 러시아에서는 양심의 문제를 다룬 동화들이 많았다. 톨스토이의 『바보 이반』, 『사람에게는 얼마만큼의 땅이 필요한가』 등과 체호프의 『카시탄카』, 투르게네프의 『초원의 아이들』 등이 모두 감동적인 동화이다. 동화에서 심리적인 개념인 양심을 다룸으로써 심리동화의 영역까지 동화의 지평을 넓혔다.

미국에서는 1852년, 스토 부인의 『엉클 톰스 캐빈』이 나왔다. 이 동화는 흑인 노예 해방에 큰 영향을 주었다고 한다. 이어서 버넷의 『소공자』와 『소공녀』, 『비밀의 화원』과 올컷의 『젊은 아씨들』이 연이어 나왔다. 19세기 후반에는 마크 트웨인이 미국의 아동문학에 가장 큰 공헌을 했다. 『톰 소여의 모험』, 『허클베리 핀의 모험』, 『왕자와 거지』 등이 그의 대표적인 동화들이다. 20세기에 와서는 진 웹스터의 『키다리 아저씨』와 이웃 캐나다의 몽고메리가 쓴 『빨간 머리 앤』 시리즈 등 다소 성숙한 소녀들을 위한 청소년동화가 나왔다. 미국에는 현실의 사회생활을 그린 생활동화가 많은 것이 특징이다.[57)]

동화에 들어간 삽화는 동화책의 주요 부분이 되었는데, 어린이 독자가 이야기에 흥미를 갖고 등장인물의 모습과 행동을 시각적으로 마음속에 그리는 것을 돕기 위해 사용되었다. 독일의 아르님과 브렌타노가 엮은 민요집 『소년의 마술피리*Des Knaben Wunderhorn*』(1806~

57) http://100.daum.net/encyclopedia

1808)에도 삽화가 실려 있고, 프랑스에서는 장 드 라 퐁텐이 쓴 『우화*Fables*』(1668~1694)에 삽화가 들어 있다. 어린이를 위한 근대적 그림책은 비어트릭스 포터의 『토끼 피터의 이야기*The Tale of Peter Rabbit*』(1901)이다. 이 그림책에는 여류 동화작가 포터가 그린 동물에 대한 사랑과 상상력 넘치는 수채화 그림이 들어 있다.

동화는 낭만주의 시대 전성기를 맞이한 뒤, 현대에 와서 동화의 르네상스를 맞이한다. 문맹자가 낮아지면서 대부분의 사람이 읽고 쓸 수 있었기 때문에 수천만 명에 이르는 어린이 독자가 생기게 되었다. 그리고 아동도서의 판매와 내용에도 큰 변화가 나타났다. 딱딱한 표지나 종이 표지를 씌운 동화책의 생산, 아동 서점의 보급, 도서관 운영의 개선, 동화에 대한 진지한 비평적 노력의 확대, 체계화된 판매전략 등이 한데 어우러져 어린이와 어른에게 동화문학에 대한 정보를 제공하고 동화문학에 쉽게 접근할 수 있도록 해 주었다.

현대 동화문학은 어린이 세계의 독특한 생각과 정서뿐 아니라 어린이가 꿈꾸는 모든 상상의 세계와 일상적 환경을 다룬다. 따라서 그 세계에는 어린이뿐 아니라 생명을 부여받은 사물과 식물, 문법적·수학적 추상개념, 장난감과 인형, 진짜 동물과 상상속의 동물, 난쟁이와 거인, 초자연적·환상적 인물, 민간설화와 신화 및 전설에 나오는 생물, 어린이의 눈으로 본 어른들 등이 모두 등장한다. 오늘날 동화문학은 성인문학만큼 다양해, 공상과학소설·판타지·모험동화·탐정소설·동물이야기·역사동화·사회문제를 다룬 동화에 이르기까지 다양한 주제로 어린 독자들을 위한 동화책이 만들어지고 있다.

한편 한국 동화문학은 독립된 장르로 우뚝 서지 못하고, 아동문학의 하류 분야로 취급되었다. 그래서 동화문학의 시작이 서양처럼 뿌리가 깊음에도 아동문학의 기원으로 설명할 수밖에 없다. 어쨌든 한국 동화문학의 기원은 『단군신화』, 『구지가』, 『서동요』 등에서 찾을 수 있다. 그 뒤 조선 초에는 전래설화의 소설화 경향에 따라 『콩쥐팥쥐』, 『흥부전』 등이 전래동화로 재구성되었고, 조선 말에는 『녹두요』, 『파랑새요』 등의 전래동요가 나왔다.

그러나 엄밀한 의미에서 한국 아동문학이 독립적으로 발전하기 시작한 것은 서양보다 100년 이상이 뒤진 20세기에 들어서이다. 최남선이 「소년」(1908), 「아이들 보이」(1913) 등의 잡지를 간행하면서 '소년문학'이라는 말을 맨 처음 쓰기 시작한 이래 아동문학은 근대적 개화·계몽사상 속에서 자라났다.

특히 한국 아동무학에서 중요한 인물 중의 하나는 방정환이다. 방정환은 일본 유학 중에 동화집 『사랑의 선물』(1922)을 펴냈고 고국에 돌아와 「어린이」(1923)라는 잡지를 간행하여 아동문학 발전에 크게 기여했다. 이에 힘입어 아동잡지 「신소년」(1923), 「새벗」(1925), 「아이생활」(1926), 「별나라」(1926) 등이 창간되었다. 방정환은 아동문학을 문화운동·독립운동의 하나로 생각하고, 「어린이」를 통해 일제강점기에 우리말과 글 등 우리 것을 민족운동의 하나로 정립시키고자 노력했다. 1925년을 전후해서 방정환의 「형제별」, 마해송의 「바위나리와 아기별」, 윤극영의 「반달」, 한정동의 「따오기」, 이원수의 「고향의 봄」, 윤석중의 「오뚜기」, 서덕출의 「봄편지」 등이 발표되었다.

1930년대에 들어와서는 아동문학에 대한 이론적 논쟁이 대두되었는데, 먼저 김태오·윤석중·홍효민·송남헌 등은 동심제일주의 입장에서, 박영희·송완순 등은 계급주의 입장에서 비평을 했다. 그러나 체계적인 아동문학의 발전은 이루지 못했고, 다만 장르 구분의 기초를 제공하고 문화운동으로서의 아동문학 활동에 그쳤을 뿐이다. 전자에 따르는 작가로는 마해송 등이 있었고, 후자에 따르는 작가로는 적파·송영·이주홍 등이 있었으며, 양자가 드러내는 한계를 극복하기 위해 애쓴 작가로는 현덕이 있었다.

8·15해방 후 1962년에 아동문학 잡지 「아동문학」이 출간되면서 아동문학에 대한 새로운 관심이 모아졌고, 이원수의 『아동문학입문』이나 이재철의 『아동문학개론』(1967), 『한국현대아동문학사』(1978)가 출간되어 아동문학 연구에 많은 도움을 주었다. 한편 아이들의 현실과 동떨어진 아동문학의 실상을 파헤친 평론집 『시정신과 유희정신』(1990)을 펴낸 이오덕은 교육현장에서의 체험을 바탕으로 글쓰기교육과 더불어 아동문학의 나아갈 길을 제시했다. 이어지는 아동문학 작가로 『강아지똥』을 쓴 권정생, 『오세암』을 쓴 정채봉 등을 꼽을 수 있으며, 1990년대 중반부터 나타나기 시작한 젊은 작가군의 활발한 활동이 아동문학의 새 지평을 열고 있다.[58] 특히 21세기에 들어 서양에서 동화를 전공하고 돌아온 이성훈에 의해 동화이론서 『동화의 이해』(2003)가 한국 아동문학 시장에 소개됨으로써 동화에 대한 학술적인 논의가 활발해지는 계기가 되었다고 하겠다.

58) http://100.daum.net/encyclopedia

# 1. 케스트너

케스트너E. Kästner(1899~1974)는 독특한 유머와 날카로운 풍자로 통쾌하게 시대를 비판한 동화문학에 새로운 분야를 개척한 동화작가이다. 그는 1899년에 드레스덴에서 피혁공의 아들로 태어나 교사가 되기 위해 교원양성소에서 공부했다. 케스트너는 제1차 세계대전 때 학병으로 출정했고, 전후 라이프치히, 베를린 대학에서 문학을 공부했다. 그는 저널리스트가 되어 신문, 잡지에 논설을 게재했다. 케스트너는 1927년 좌익계 신문에 급진적인 사설을 기고했기 때문에, 그 직을 잃고 자유문필가가 된다. 케스트너는 1928년에 최초의 시집 『허리 위의 심장*Herz auf Taille*』을 비롯하여 인생 일반과 그 당시 정치와 사회를 비판한 유머러스한 시집을 간행하여 독일인에게 경고 메시지를 던진다. 케스트너의 이름을 세계적으로 알리게 된 것은 많은 외국어로 번역된 『에밀과 탐정들*Emil und die Detektive*』(1928)과 『하늘을 나는 교실*Das fliegende Klassenzimmer*』(1933) 같은 동화이다. 이어서 그는 베를린 상황을 풍자적으로 그려 당시 독일과 유럽에 대해 경고한 풍속소설 『파비안*Fabian*』(1931)을 발표한다. 1933년 나치정권에 의해 그의 저서는 금서가 되고, 이어서 분서처분을 받았다. 케스트너는 제2차 세계대전 후에 뮌헨에서 「새신문*Neue Zeitung*」의 편집장이 되었고, 1952년부터 10년간 서독 펜클럽 회장을 맡는다. 그는 1956년에는 뮌헨 시 문학상을 받았고, 1959년에는 연방공화국 국가공로 대십자 훈장을 받았다.

# 2. 생텍쥐페리

앙투안 드 생텍쥐페리Antoine(-Marie-Roger) de Saint-Exupéry(1900~1944)는 프랑스의 동화 작가이자 공군 장교였다. 북서 아프리카·남대서양·남아메리카 항공로의 개척자이며, 야간 비행의 선구자 중 한 사람이다.[59]

그는 시인의 눈으로 모험과 위험을 바라봤고, 조종사이자 전사戰士인 작가의 독특한 증언을 그의 작품 속에 담고 있다. 몰락한 귀족 가문 출신으로, 가난한 학생이었던 그는 해군사관학교 입학시험에 떨어졌다. 생텍쥐페리는 군복무 동안 조종사 면허를 땄고(1922), 1926년 툴루즈의 라테코에르사社에 들어가 아프리카 북서부와 남대서양 및 남아메리카를 통과하는 항공우편항로를 개설하는 데 이바지했다.

그는 1930년대에는 시험비행사와 에어프랑스 항공회사의 홍보 담당자 및 「파리 수아르*Paris-Soir*」지 기자로 일했다. 생텍쥐페리는 불운한 비행기 사고로 평생 불구가 되었지만, 1939년에 육군 정찰기 조종사가 되었다. 그는 프랑스가 함락되자(1940) 미국으로 탈출했고, 1943년 북아프리카 공군에 들어간 후 정찰 임무를 수행하다가 격추당하기도 했지만, 비행에서 영웅적 행위의 원천과 새로운 문학적 주제를 발견했다. 그의 작품들을 통해 목숨을 내건 위험한 모험이야말로 인간의 소명을 가장 숭고하게 실현하는 것이라고 찬양했던 작가는 첫 작품 『남방 우편*Courrier-Sud*』(1929)에서 하늘의 사나이인 우편항공기 조종사 자크 베르니스를 아프리카 북서부에 있는 리오데오로 사막에서 죽이는 불행한 결말로 끝낸다.

생텍쥐페리의 두 번째 소설 『야간 비행*Vol de nuit*』(1931)은 최초의 정기 항공기

59) https://ko.wikipedia.org

조종사들에게 헌정된 작품으로, 그들이 임무를 충실히 수행하다가 죽음을 맞이할 때 맛보는 불가사의한 환희를 찬미했다. 그는 세계를 탐험하기 위한 수단으로 비행기를 이용했고, 임무를 완수하려고 분투하는 남자들의 동지애 속에서 인간의 유대를 발견했다. 그의 언어는 서정적이고 감동적이며, 소박한 고귀함을 갖고 있다.

생텍쥐페리의 『전투 조종사*Pilote de Guerre*』(1942)에서는 1940년 5월, 승산이 거의 없는 절망적인 상황에서 정찰 임무를 띠고 희생정신으로 출격했던 체험을 회고하고 있다. 그는 미국에 있는 동안 프랑스인의 단결을 호소하는 『어느 인질에게 보내는 편지*Lettre à un otage*』(1943)와 어른들을 위한 동화인 『어린 왕자*Le Petit Prince*』(1943)를 썼는데, 『어린 왕자』를 통해 그는 인생에서 가장 좋은 것은 역시 가장 단순한 것이고, 진정한 재산은 남에게 주는 것이라는 사실을 부드러우면서도 진지하게 상기시켜 준다. 인간에 대한 그의 견해는 슬픔과 비관론의 색조를 더해 가는데, 이런 경향은 그가 죽은 뒤 발표된 수상록 『성채*Citadelle*』(1948)에서 엿볼 수 있다. 이 작품에서도 인간의 유일한 존재 이유는 문명의 가치를 전수하는 일이라고 생각하는 그의 믿음에는 변함이 없다.[60]

### ① 『어린 왕자』(1943)

『어린 왕자』는 생텍쥐페리의 동화이다. 비행기 고장으로 사막에 불시착한 주인공이 어떤 별에서 우주여행을 온 어린 왕자와 만나면서 벌어지는 이 이야기는, 인간이 고독을 극복하는 과정을 어린 왕자를 통해 상징적으로 표현하고 있다. 인간 사회에서 정신적인 연대감을 이루려는 자신의 이상을 꿈의 세계를 무대로 하여 현실과 연결시키고자 하는 작가의 의도가 환상적인 여운을 남기면서 동화 속에 나타나 있다.

생텍쥐페리가 1943년에 발표한 『어린 왕자』는 프랑스의 패전 후 미국에 건너간 동안에 쓴 작품이다. 이 동화는 어린 왕자라는 연약하고 순결한 어린이의 눈을 통하여 가장 중요한 것은 마음으로 보아야 하며, 길들인 것에 대해서는

60) http://100.daum.net/encyclopedia

책임을 져야 한다는 것 등에 대해 말하고 있다. 동화의 형식을 취한 것은 어른들의 세계를 깨우치고 비판하기에 가장 적합한 형식이기 때문이다.[61]

# 3. 린드그렌

린드그렌Astrid Lindgren(1907~2002)은 스웨덴의 동화작가이다. 그는 1945년 주인공 삐삐를 중심으로 한 3권의 책 중 첫 번째 작품인 『말괄량이 삐삐*Pippi Långstrump*』를 발표하여 인기를 얻었다. 말과 원숭이를 데리고 혼자 사는 이 동화 속의 주인공은 이상한 옷차림의 소녀로, 많은 재산과 엄청난 힘을 가지고 있으며 일상생활에서 필요로 하고 순응해야 하는 여러 가지 일들과는 거리가 먼 인물로서 모든 아이들이 꿈꾸는 자유와 힘의 화신이다.

그가 쓴 『뢰네비르가의 에밀*Emil in Lönneberga*』(1963)도 마찬가지로 인기를 모은 주인공이 나오며, 1970년에 속편이 출판되었다. 에밀은 전환기 무렵 린드그렌의 고향을 배경으로 등장하는 자유분방한 아이이다.

린드그렌이 만들어 낸 그 밖의 유명한 등장인물로는, 1940년대와 1950년대에 발표한 3권의 동화 속에 나오는 불레르뷘의 아이들과 상상의 세계 속에 사는 한 외로운 아이의 이야기를 시적으로 묘사한 작품 『닐스 카를손피슬링*Nils Karlsson-Pyssling*』(1949)에 나오는 한 소년을 들 수 있다.

그 밖에 『미오, 민 미오*Mio, min Mio*』(1954)와 『용감한 형제*Bröderna Lejonhjärta*』(1973)에서 그는 동화의 세계를 묘사해 역시 성공을 거두었다. 그는 1971년에 스웨덴

61) http://100.daum.net/encyclopedia

한림원으로부터 금상을 받았다.[62)]

① 『말괄량이 삐삐』(1945)

이 작품은 스웨덴의 동화작가 아스트리드 린드그렌이 쓴 동화이다. 한국에선 『말괄량이 삐삐』로 널리 알려진 이 작품은 스웨덴 명으로 『피피 롱스트룸프*Pippi Långstrump*』이고, 영어명은 『피피 롱스타킹*Pippi Longstocking*』이다. 1945년에 제1권이 간행된 이래 1948년까지 4권의 책이, 1969년에서 1975년에 그 이후의 이야기를 담은 6권의 책이 출판되었다. 1979년과 2000년에 두 편의 이야기가 각각 출판되고, 이 책들은 여러 언어로 번역되어 발간되었다.

또한 이 동화는 영화와 TV 드라마, 애니메이션으로 제작되었다. 특히 1969년에 스웨덴의 'Sveriges Radio TV'에서 방송된 TV 드라마 시리즈에는 잉거 닐슨이 주인공 삐삐로 연기했으며, 한국에서는 1977년 KBS에서 우리말로 더빙하여 방영된 바 있다. 괴력을 지닌 말괄량이 소녀 '삐삐 롱스타킹'과 이웃집에 사는 '토미'와 '아니카'를 중심으로 벌어지는 에피소드가 주된 내용이다.

'삐삐 롱스타킹'은 삐삐 시리즈의 주인공 이름이다. 삐삐라는 이름은 삐삐의 실제 이름이 너무 길어서 불편하기 때문에 아빠가 붙여 준 별명이다. 실제 이름은 한국어나 영어 번역본에서는 '삐삐로타 델리카테사 윈도셰이드 맥크렐민트 에프레임즈 도우터 롱스타킹(영어: Pippilotta Delicatessa Windowshade Mackrelmint Ephraim's Daughter Longstocking)'이며, 스웨덴어 원문에서의 실제 이름은 '삐삐로타 빅투알리아 룰가디나 크루스뮌타 에프라임스도텔 롱스트룸프(스웨덴어: Pippilotta Viktualia Rullgardina Krusmynta Efraimsdotter Långstrump)'이다. 그 당시에도 이름이 길어야 오래 산다는 믿음이 있었다고 하겠다.

삐삐는 주근깨가 난 얼굴에 빨간 머리의 소녀이며 이름처럼 무릎을 넘는 긴 양말과 커다란 구두를 신고 다닌다. 삐삐의 말에 따르면 엄마는 천국에 있고 아빠는 식인종의 왕(실제는 해적선장)이다. '뒤죽박죽 빌라(스웨덴어: Villekulla villa)'에서 동거인이 없이 혼자 살고 있으나 '닐슨 씨(스웨덴어: Herr Nilsson)'라는 원숭이 한 마리와 '말 아저씨(스웨덴어: Lilla Gubben)'라고 부르는 말 한 마리와 함께 지낸다. 집에는 가방 한 가득 금화가 있어 돈 걱정 없이 넉넉하게 살고 있다.[63)]

62) http://100.daum.net/encyclopedia
63) https://ko.wikipedia.org

# 4. 모리스 센닥

모리스 센닥Maurice (Bernard) Sendak(1928~2012)은 미국의 그림책 작가이다. 그는 전 세계에 약 2,000만 부 이상 팔린 『괴물들이 사는 나라*Where the Wild Things Are*』(1963)를 비롯해 80권 이상의 작품을 발표했고, 현대 그림책계를 대표하는 작가이다. 센닥은 1963년에 '칼데콧상'을 받고, 1970년에는 '한스 크리스티안 안데르센상'을 수상했다. 2012년 향년 85세 나이에 심장마비로 죽었다.

센닥은 폴란드계 이주민의 아들로 태어나 뉴욕 시의 아트스튜던츠리그에서 정식으로 미술수업을 받았다. 그는 학교에 다니는 동안 미국적인 코미디물들의 배경그림과 장난감 가게의 진열장 장식을 맡아 그렸다. 그가 삽화를 그린 최초의 그림책은 마르셀 에이메의 『멋진 농장*The Wonderful Farm*』(1951)과 루스 크라우스의 『구멍파기*A Hole is to Dig*』(1952)였다. 이 두 권의 책이 성공을 거두자 계속해서 마인데르트 데 종, 엘스 홈런드 미내릭, 랜들 재럴 등 여러 작가들이 쓴 80권 이상의 어린이용 책에 삽화를 그렸다. 센닥은 『케니의 창*Kenny's Window*』(1956)을 시작으로 자신이 직접 이야기책을 집필해서 그림을 그려 넣었다.

센닥의 그림책으로는 4권짜리 소책자 『호두껍데기 도서관*Nutshell Library*』(1962)과 혁신적인 3부작 『괴물들이 사는 나라』(1963), 『밤의 부엌에서*In the Night Kitchen*』(1970), 『저기 밖에*Outside Over There*』(1981) 등이 있다. 1975년에 센닥은 자기 이야기책에 나오는 어린이들 몇 명을 주인공으로 삼아 텔레비전 만화영화 특집 『리얼리 로지*Really Rosie*』를 집필하여 감독했다. 이 작품은 1978년에 음악극으로 개작되고 증보되었다.

센닥의 『괴물들이 사는 나라』는 1963년에 출판되어 1974년에 단편 애니메이션으로 제작되었고, 1980년에는 오페라로 재탄생되었으며, 2009년에는 영화화되었다. 센닥은 『괴물들이 사는 나라』를 비롯한 자신의 이야기책들을 오페라로 각색했고 그 밖에도 많은 무대작품을 기획했는데, 특히 1980년에 휴스턴 시에서 제작한 모차르트의 『마술피리』를 주목할 만하다. 1983년에 그는 시애틀 발레단이 공연한 차이코프스키의 발레극 『호두까기 인형』의 상연을 기획했다. 셀마 G. 레인스가 쓴 『모리스 센닥의 미술*The Art of Maurice Sendak*』이 1980년에 출판되기도 했다.[64]

## 5. 트래버스

패멀라 린던 트레버스Pamela Lyndon Travers(1899~1996)는 오스트레일리아 출신의 영국 동화작가이다. 그녀는 오스트레일리아 퀸즐랜드 주 출신이며 어렸을 때부터 시와 동화 쓰는 것을 좋아했다. 트래버스는 1924년에 영국으로 건너가 여배우· 댄서· 저널리스트 등의 직업을 가졌다. 그녀는 자신의 즐거움을 찾기 위해 집필을 시작한 것이 계기가 되어 작가생활로 들어섰다. 트래버스는 일상생활에서 마법을 가져오는 불가사의한 너스Nurse(간호사)를 주인공으로 한 『바람타고 온 메리 포핀스』(1934)가 큰 호평을 받은 뒤 『돌아온 메리 포핀스』(1935), 『문을 여는 메리 포핀스』(1943), 『공원의 메리 포핀스』(1952) 등 메리 포핀스 시리즈를 계속 펴냈다. 이 동화들은 20세기 판타지 동화의 명작으로 평가되며, 20개 국어로 번역되었다. 그 밖에 『친구 원숭이』(1971), 『두 켤레의 구두』(1980), 『여행기』 등이 있다.[65]

---

64) http://100.daum.net/encyclopedia
65) https://ko.wikipedia.org

① 『메리 포핀스*Mary Poppins*』(1934)

『메리 포핀스』는 파멜라 린던 트래버스가 쓴 연작 동화 시리즈이다. 1934년에 처음 출간된 이후 1988년까지 속편이 이어졌다. 1964년에는 영화로 2004년에는 뮤지컬로 제작되었다.

런던 뱅크스 집안에 메리 포핀스라는 아주머니가 새로 들어온다. 아버지와 어머니가 바빠 아이들을 잘 돌보지 않을 때에 등장하는 아주머니는 부모님을 대신해서 아이들을 잘 보살펴 준다. 아주머니는 현실과 공상의 세계를 넘나들며 신기한 일을 보여 주는 등 아이들의 마음을 사로잡는다. 그러던 어느 날 아버지와 어머니가 아이들에게 관심을 갖게 되자 아주머니는 바람을 타고 사라져 버린다. 마치 알라딘의 요술램프 요정처럼 바람처럼 왔다가 바람처럼 사라지는 것이다.

## 6. 헤세

헤르만 헤세Hermann Hesse(1877~1962)는 독일이 낳은 세계적 대문호이다. 자연과 청춘을 다룬 초기 작품들이 젊은 세대에게 큰 인기를 끈다. 숲, 개울, 목장, 구름 등 자연을 사랑하고, 나비와 벌을 벗 삼는 전원적인 시풍에서 출발하여 '내면의 길'을 걸으면서 인간성의 본질을 추구하는 구도자적 성격을 띤다. 1877년에 헤세는 남독일 슈바벤의 소도시 칼브Calw에서 태어났다. 아버지는 러시아 태생의 선교사로서 젊었을 때 인도에서 선교에 종사한 금욕적인 구도자였고, 어머니는 동양학자요 목사인 군데르트Hermann Gundert의 딸로서 인도에서 태어났다. 외삼촌인 빌헬름 군데르트Wilhelm Gundert는 일본에 체류하면서 일본학과 불교철학의 대가가 된다.

헤세의 동양 취향과 코스모폴리탄적인 성격은 이러한 가정환경과 관계가 있다. 그는 목사가 되기 위해 라틴어 학교를 거쳐 마울브론 신학교에 입학하여 기숙사 생활을 한다. 그는 주입식 교육과 많은 속박과 충돌하여 이기지 못하고 신학교를 탈주하기도 하고, 신경쇠약에 걸려 자살을 기도하기도 하다가 퇴학을 당한다. 그 후 그는 기계 견습공으로 일하다가, 19살 때 서점 점원으로 일하게 되고, 신학교 중퇴생이 서점 점원으로 일하면서 접하게 되는 수많은 책과 사색을 통해 그의 내면을 충실하게 다지는 기회로 삼는다.

헤세는 27세 때 자전적 소설 『페터 카멘친트*Peter Camenzind*』(1904)가 출판되어 호평을 받자 본격적인 작가생활로 들어간다. 그해 이탈리아 여행 중 알게 된 피아니스트 마리아 베르누이Maria Bernoulli와 결혼하여 보덴 호반에 정주한다. 여기서 헤세는 자전적 체험소설 『수레바퀴 아래서*Unterm Rad*』(1906), 『게르트루트*Gertrud*』(1910), 『청춘은 아름다워라*Schön ist die Jugend*』 등 청춘문학의 명작들을 발표한다. 헤세는 1911년 34세 때 인도 세이론, 수마트라로 여행했고, 귀국 후 스위스 베른에 머물면서 예술가 부부의 파국을 다룬 『로스할데*Roßhalde*』(1914), 방랑자 이야기 『크눌프*Knulp*』(1915)를 쓴다.

헤세는 제1차 세계대전 중에는 포로가 된 독일병을 위문하고, 전쟁의 부당성과 평화를 외치는 신문기고를 쓴다. 헤세는 1918년 제1차 세계대전이 끝나는 해에 그의 창작동화 「아이리스Iris」를 썼고, 이듬해인 1919년에 발표했다. 그의 대부분의 동화들이 전쟁 중에 생성되었다. 즉, 헤세의 동화 「다른 별에서 온 진기한 소식Merkwürdige Nachricht von einem andern Stern」과 「팔둠Faldum」은 1915년에, 「어려운 길Der schwere Weg」과 「꿈의 연속Eine Traumfolge」은 1916년에, 「유럽인Der Europäer」과 「나라Das Reich」, 「화가Der Maler」와 「등나무 의자의 동화Märchen vom Korbstuhl」는 1918년에 생성되었다. 헤세는 전쟁이 끝난 이듬해에 이 작품들을 수합하여 한 권의 책으로 출판하게 된다.

헤세는 아버지의 죽음, 처의 정신병 악화 등으로 신경장애를 일으켜 정신치료를 받는다. 이것이 프로이트의 정신분석학을 접할 기회가 되었다. 이러한 체험을 그는 1919년 내면의 길로 들어가는 첫 작품 『데미안*Demian*』(1919)에 서술한다. 이어서 그는 인도의 성담聖譚을 소재로 한 장편소설 『싯다르타*Siddhartha*』(1922)를 쓴다. 헤세는 1923년 스위스 국적을 얻고, 처와 이혼한 후 스위스 여성과 결혼했으나 또 헤어지는 등 정신적·육체적 타격이 컸다. 그는 이 고뇌를 인간에 내재되어 있는 이원성, 즉 신성과 야수성의 갈등을 그린 소설 『황야의 이리*Der Steppenwolf*』(1927)에서 토로했다. 그는 뒤이어 내면의 이원성과 조화 문제를 다룬 소설 『나르치스와 골드문트*Narziß und Goldmund*』(1930)를 쓴다. 헤세는 『시집*Gedichte*』(1942)을 발표하고, 그의 대표작으로 교양소설이자 미래소설이자 유토피아 소설인 『유리알 유희*Glasperlenspiel*』(1943)를 통해 1946년에는 노벨 문학상을 받는가 하면, 독일에서도 괴테상, 라베상 등 많은 상을 받는다. 그는 1962년 85세 때 스위스 산장에서 모차르트 음악을 듣다가 뇌일혈로 잠자듯이 세상을 떠났다.

① 「아이리스」(1919)

「아이리스」는 헤세가 4년간의 제1차 세계대전이 가져온 삶의 위기를 내면적으로 승화시켜 동화 속에서 극복하려고 썼다. 동화 「아이리스」는 헤세의 개인적 어려움을 내면적으로 해결하려는 문학적 시도이며, 특히 자기극복의 문제를 주제로 하여 사랑하는 사람들의 고뇌와 번민을 정신분석학적으로 풀어 보려는 마법적 시도인 것이다.

낭만주의자들의 영향을 받아 헤세는 자신의 내면세계를 수놓을 수 있는 문학 장르로서 동화를 선택했으며, 낭만주의적 요소를 바탕으로 그의 「아이리스」 동화를 썼다.

동화 「아이리스」의 서두문은 실질적인 주인공 안젤름이 어린 시절 푸른 정원에서 천진난만하게 뛰어다니는 모습에 대한 묘사로 시작된다. 어머니가 가꿔 놓은 꽃들 중에서 '붓꽃'을 안젤름은 가장 좋아했는데, 이 붓꽃의 다른 이름인 '아이리스'가 이 동화의 제목이며, 또한 그가 사랑하는 여주인공의 이름인 것이다. 그 꽃은 '경이로운 꽃'이고, '푸른색의 꽃'이다. 낭만주의의 푸른 꽃이 그랬듯이, 이 꽃을 통해 안젤름은 '밝은 길'을 발견하고, '푸른 비밀 속으로' 들어가려고 한다. 그 길이 내면으로 들어가는 신비로운 길이고, 꿈같은 길이며, 자기발견을 위한 마법적인 길이다. 안젤름은 나비와 새, 심지어 무생물인 조약돌과 이야기를 하며, 딱정벌레와 도마뱀의 친구가 되기도 한다. 자연과 인간이 하나가 되는 동화의 세계 속에서 안젤름은 어린 시절을 보내며, 푸른 아이리스를 통해 현실과 이상이 일치하는 꿈의 세계에 몰두하는 것이다. 헤세는 그가 창조한 상상의 세계에서 모든 동화들의 근본사상인 '내면의 현실에 대한 생각'을 바탕으로 동화 「아이리스」를 묘사하는 것이다. 그래서 헤세는 우리가 살아가는 이 세상을 '비유'로 간주하고, 인간과 자연과 시간이 하나가 되는 영혼의 세계를 꿈꾸며, 보이는 외적 아름다움보다는 보이지 않는 내면의 아름다움을 강조하는 것이다. 그것이 '영원한 삶'이요, 시인만이 소유할 수 있는 마법의 세계인 것이다.

## 7. 카프카

카프카F. Kafka(1883~1924)는 초현실적·환상적 소재로 소외된 현대인의 절망, 좌절, 불안, 공포를 냉철히 정관하면서 그것을 리얼하고 실감나게 묘사한 20세기 최대의 소설가이다. 사후 친구 막스 브로트Max Brod에 의해 유고가 발표되자, 실존주의 문학의 원류로서 큰 반향을 불러일으켰다. 그는 독일에서 보다 프랑스, 영국, 미국 등지에서 더 높이 평가되어 세계적 작가가 되었다.

1883년에 카프카는 프라하에서 유태인의 장남으로 태어났다. 아버지는 생활력이 강하고 고집이 세며 이해심이 부족하고 사나운 반면에, 어머니는 학구적이고 선량하며 마음씨 고운 부드러운 여성이다. 아버지에 대해 평생 정신적·육체적 열등감을 가진 카프카는 프라하 대학에서 법학을 전공했고, 이 시기 친구 막스 브로트를 알게 되어 문학에 심취하여 창작을 시작했다.

졸업 후 노동자 재해보험국에 근무하면서 틈틈이 소설을 썼다. 친구의 권유로 반동화 『변신*Die Verwandlung*』(1916), 『판결*Das Urteil*』(1916) 등을 발표하여, 무질, 슈테른하임 등에게 주목받았다.

카프카는 폐병을 앓고, 제1차 세계대전 중 궁핍한 생활 때문에 병이 악화되어 1917년 휴직하고 요양생활에 들어갔다. 이 시기에 『소송*Der Prozess*』(1925), 『성*Das Schloß*』(1926), 『아메리카*Amerika*』(1927) 등 많은 작품을 썼다.

카프카는 몇 번 연애를 했으나 병상의 악화로 1922년에 퇴직하고, 창작에만 전념한다. 다음 해 여행지에서 만난 한 소녀를 사랑하게 되어 베를린 교외에서 동거생활을 시작한 그는 수개월 동안이지만 행복한 나날을 보냈으나, 병이 악화되어 향년 41세의 아까운 나이로 빈 교외의 요양소에서 죽었다.

① 『변신』(1916)

카프카는 『변신』을 1912년(29세)에 써서, 1915년(32세)에 발표했다. 그의 다른 작품들 『소송』, 『성』, 『아메리카』 등이 미완성으로 끝나, 사후 친구 브로트M. Brod에 의해 출판된 반면에, 『변신』은 그의 생존 시 완성되어 출판되었기 때문에, 카프카 문학의 입문서로 간주된다. 『변신』은 반동화이다.

한 인간이 갑자기 짐승이나 벌레로 변신한다는 것은 독특한 동화의 특징이지만, 갑충甲蟲으로 변신한 주인공이 다시 인간으로 돌아오지 못하는 구원의 실패는 반동화적 특징이다.

또한 그레고르가 자신에게 닥친 변신의 상태를 고민하지 않는 것이 동화적이라면, 반대로 이미 벌레로 변신한 그가 외판원의 상태를 회상하는 것은 반동화적이다. 카프카의 반동화에서는 그레고르의 변신에 대한 원인이 명료하지 않으며, 그럼에도 불구하고 그러한 변신이 주인공을 죽음으로 이끄는 불행한 결말의 원인이 된다. 카프카의 『변신』은 주인공의 죽음으로 끝난다.

"동화는 자신 안에 반동화를 함유한다."는 뤼티M. Lüthi의 말처럼, 이미 많은 동화적 특징을 함유하고 있는 『변신』은 주인공의 비극적 죽음을 통해 반동화로 간주된다. 이런 의미에서 반동화란 비극적 동화이며, 그레고르의 비극적인 죽음은 반동화적인 특징이라고 말할 수 있다.

# 8. 방정환

방정환方定煥(1899~1931)은 한국 아동문학 초창기에 활동한 작가이다. 호는 소파小波, 필명은 잔물·금파리·북극성·몽중인이다. 그는 어린이를 위한 동화의 창작과 계몽 활동을 통해 아동 복지와 지위 향상을 위해 노력했다. 그는 1921년부터 '천도교 소년회'를 조직해 "씩씩하고 참된 소년이 됩시다. 그리고 늘 사랑하며 도와갑시다!"라는 표어 아래 본격적인 소년운동을 전개했다.[66) 방정환은 '어린이'라는 명칭을 만드는 일에서부터 동화 창작에서 번역까지, 구연과 강습, 강연 등 아동의 복지와 지위 향상을 위한 다양한 활동을 펼쳤으나 33세 젊은 나이로 요절했다. 33세의 나이로 요절할 때까지 아동 운동에 헌신하여 금관문화훈장이 추서되었고, '소파상'이 제정되어 해마다 시상되고 있다.

방정환은 1899년 11월 9일 한성 적선방積善坊 야주현夜珠峴(지금의 서울시 종로구 다동 근처)에서 미곡상을 하던 방경수方慶洙의 장남으로 태어났다. 어려서 어머니를 잃고 계모 밑에서 자랐다. 그는 5살 때부터 조부에게 천자문을 배웠고, 1905년에 두 살 위의 삼촌이 다니던 보성소학교 유치반에 가장 어린 학생으로 입학했다. 신식 학교여서 머리를 깎아야 했기 때문에 조부의 반대가 있었으나 가족들이 동의하여 다닐 수 있었다. 그는 1909년에 매동 보통학교에 입학했고, 이듬해 미동 보통학교로 전학했으나 1907년부터 아버지의 사업이 실패하여 경제적으로 어려움을 겪으면서 어렵게 학교를 졸업했다. 방정환은 1913년 상업을 하길 원했던 아버지의 뜻에 따라 선린상업학교에 입학했으나 1914년에 중퇴했다.

방정환이 문학가를 꿈꾸게 된 것은 10살이 되던 1908년 어느 미술가가

---

66) http://100.daum.net/encyclopedia

그에게 선물한 환등기 때문이었다고 한다. 방정환은 아이들을 모아놓고 환등기를 영사하면서 상상의 세계를 영상으로 연출하는 것과 변사 흉내를 내면서 연기를 하는 데 대한 관심을 갖게 되었다. 그는 1916년에 생계를 돕기 위해 조선총독부 토지조사국에서 서기 업무를 담당했으나, 1917년에 천도교의 교주였던 손병희孫秉熙의 딸 손용화와 결혼하여 인생의 전환기를 맞았다. 그는 손병희의 영향으로 1918년에 보성전문학교 법과에 입학하여 공부를 계속할 수 있게 되었으며, 유광렬柳光烈·이중각李重珏·이복원李馥遠 등과 청년운동조직체인 '청년구락부'를 조직해 이듬해부터 기관지 「신청년」을 펴냈다. 1919년 3·1운동이 일어나자 방정환은 등사판 '독립선언문'을 인쇄해서 배포하다가 일본 경찰에 체포되어 1주일간 구치소에 갇혀 있었다. 그는 1920년에 일본 도요대학東洋大學 철학과에 입학해 아동문학과 아동심리학을 공부했다.

방정환은 「개벽」 도쿄東京 특파원으로 활동하면서 1920년 7월호에 시 「갈마반도」와 12월호에 소설 『그날 밤』을 발표했다. 그해 번역 동시 「어린이 노래: 불 켜는 이」를 발표하면서 '어린이'라는 말을 처음으로 사용했다. 그는 이 무렵부터 어린이에 대한 권익 보호에 대해 큰 관심을 갖고 본격적으로 활동하기 시작했다. 방정환은 1921년 5월 1일 김기전金起田·이정호李定浩 등과 '천도교 소년회'를 조직해 본격적인 소년운동을 전개했다. 1922년에 그는 천도교 소년회 중심으로 5월 1일을 '어린이날'로 선포하고, 개벽사에서 세계명작동화집 『사랑의 선물』을 펴냈다. 이어서 그는 1923년 3월 20일 순수 아동잡지 「어린이」를 창간했다. 그해 5월 1일 도쿄에서 손진태孫晉泰·윤극영尹克榮·진장섭秦長燮·고한승高漢承 등과 아동문화운동단체 '색동회'를 조직했다. 방정환은 1928년에 조선 소년연합회가 조선 소년총동맹으로 개편되고 소년운동 노선이 변화하자 일선에서 물러나 「어린이」·「학생」 등의 편집에 힘썼다.

방정환은 어렸을 때부터 익힌 이야기 솜씨로 어린이뿐 아니라 죄수들에게까지 동화구연을 했는데, 듣는 사람은 모두 감정이 고조되어 눈물을 흘릴 정도로 뛰어난 연기력을 보였다고 한다. 매년 70회가 넘는 동화 구연과 강연 때문에 전국을 돌아다녀야 했는데, 이로 인해서 건강에 문제가 발생했다.

그는 원래 비만인 데다가 고혈압이 있었는데, 1931년부터 과로가 겹치고 줄담배의 영향으로 지병인 고혈압이 악화되어 1931년 7월 23일 병상에서 숨을 거두었다.[67]

1940년 5월 1일에 마해송馬海松·최영주崔泳柱가 『소파전집』을 펴냈고, 1957년 '새싹회'에서 그의 아동문화운동과 아동문학의 업적을 기리는 '소파상'을 제정하여 매년 시상하고 있다. 1978년 대한민국 정부에서 금관문화훈장을 추서했고, 1980년 건국포장을 수여했다. 1998년에는 재단법인 한국방정환재단이 설립되어 그의 유업을 기리는 활동을 진행하고 있다. 서울시 남산 외곽의 소파길은 그를 기리기 위해 명명된 길이다.[68]

### ① 『사랑의 선물』(1922)

『사랑의 선물』은 방정환이 번안해 펴낸 한국 최초의 세계명작동화집이다. 1922년 6월 개벽사에서 펴냈다. 비록 외국의 동화를 번안했지만 원문의 뜻을 그대로 살리면서 한국 어린이들에게 잘 맞는 구수한 문체를 썼다. 권선징악의 내용을 풍자와 해학을 통해 보여 주었다. 이 동화모음집에는 「란파션」, 「산드룡의류리구두」, 「왕자와제비」, 「요술왕아아」, 「한네레의죽음」, 「어린음악가」, 「잠자는왕녀」, 「뎐당가는길」, 「마음의꼿」, 「꼿속의작은이」 등 10편의 이야기가 담겨 있다. 이 중에 이탈리아 이야기가 1편, 프랑스 이야기가 2편, 영국 이야기가 1편, 시칠리아 이야기가 1편, 독일 이야기가 3편, 미상 이야기가 1편, 정말丁抹(덴마크) 이야기가 1편이며, 일본 유학시절 접했던 세계동화들을 우리말로 번역하여 1권의 책으로 완성한 것이다.

『사랑의 선물』은 소파의 세계명작동화로 당대의 감동과 교훈이 살아 있는 고전이다. 이 책은 소파 방정환 선생이 살아생전에 낸 유일한 동화집으로 세계명작동화 중에서 10편을 가려 뽑아 번안한 번역동화책이다. 다시 말해, 방정환은 20세기 초에 일제의 지배하에 있던 한국 어린이들에게 동정과 사랑을 주기 위해 세계명작동화집 『사랑의 선물』을 출판했다.

---

67) https://ko.wikipedia.org
68) http://100.daum.net/encyclopedia

학대밧고, 짓밟히고, 차고, 어두운 속에서 우리처럼, 또 자라는, 불상한 어린령들을 위하야, 그윽히, 동정하고아끼는, 사랑의 첫선물로, 나는, 이책을 짜엇습니다.

위의 서문처럼 방정환은 나라 잃고 학대받고 짓밟히고 춥고 어두운 시대에 자라나는 어린아이들을 불쌍히 여기고 동정하여 세계명작동화 10편을 사랑의 선물로 준 것이다.

소파가 '우리나라 최초의 번안 동화집'이라는 『사랑의 선물』을 동시대 어린아이들에게 선물함으로써 암울한 시대에 새로운 삶의 의욕과 희망, 꿈과 비전을 제시하고 시도했다는 점이 큰 의미가 있다고 하겠다.

## 9. 마해송

마해송馬海松(1905~1966)은 1905년 1월 8일 경기도 개성시 대화동에서 태어났다. 본명은 상규湘圭, 해송은 아호이다. 개성제일공립보통학교를 4년 만에 졸업한 그는 불교계 학교인 개성학당에 입학했다. 그런데 개성학당은 일본인이 세운 학교인 탓에 1919년 3·1운동에 참여하지 못하는데, 그는 이를 내내 부끄럽게 여겼다. 이어서 그는 서울의 중앙고보와 보성고보에서 공부하나, 두 군데 다 동맹 휴학으로 말미암아 졸업은 하지 못했다. 1921년 니혼대학 예술과에 입학한 그는 '극예술협회' 회원이 되어 여름방학 때 귀국, 김우진·윤심덕·홍난파·조명희·황석우 등과 함께 지방 순회공연을 갖기도 했다.

마해송은 1922년에는 문학클럽 '녹파회綠波會'를 공진항孔鎭恒·김영보金泳俌·고한승高漢承·진장섭秦長燮 등과 조직함으로써 본격적인 문학 활동을 시작했다.

마해송이 창작동화를 처음 발표한 것은 1923년의 일이다. 「어머님의 선물」·「바위나리와 아기별」·「소년특사」 등을 박홍근朴弘根이 주간으로 있던 어린이 잡지 「샛별」에 기고한 것이다. 방정환·윤극영·손진태 등과 '색동회'를 꾸려 활동하던 그는 이듬해 일본으로 건너가 '분게이순주사文藝春秋社'의 초대 편집장이 된다. 마해송은 1930년에는 「모던 니혼」지를 발행하다가 광복 후 귀국, 1945년 송도학술연구회 위원장, 1950년 국방부 한국문화연구소장을 역임했다. 6·25 중에 그는 국방부정훈국 편집실 고문, 승리일보사 고문을 지내면서 평안북도 영변까지 종군했다. 그 뒤 그는 마을문고 보급회장, 대한소년단 이사 등을 지냈고, 1962년에는 서울특별시 시민헌장을 기초하기도 했다.

마해송은 해방 뒤 자리 잡은 서울 종로구 명륜동 3가의 집에서 20여 년 동안 산다. 그의 대표작 「떡배 단배」(1953)·「모래알 고금」(1958)·「앙 그리께」(1954)·「멍멍 나그네」(1961) 같은 장편동화가 그곳에서 쓰여진다. 그는 1966년 11월 6일, 61세의 나이로 새로 이사한 성북구 정릉동 집에서 뇌일혈로 숨진다.[69]

① 『바위나리와 아기별』(1923)

『바위나리와 아기별』은 마해송의 창작동화이다. 1923년 개성에서 발행되던 박홍근의 「샛별」지에 발표되었으나 1926년 방정환方定煥의 「어린이」지에 다시 발표되어 널리 알려지게 되었다. 이 동화는 박홍근이 조직한 송도소녀가극단松都小女歌劇團을 도와 지방을 순회하면서 「어머님의 선물」·「소년특사」 등과 함께 구연口演했던 작품으로, 구연하면서 다듬어진 흔적이 보인다.

남쪽나라 바닷가에 바위나리라는 빨강꽃·파랑꽃·노랑꽃·흰꽃 등 영롱한 오색꽃이 피어난다. 바위나리는 나무도 새도 풀도 없는 쓸쓸한 바닷가에서 '세상에 제일가는/어여쁜 꽃은/그 어느 나라의 무슨 꽃일까./먼 남쪽 바닷가/감장돌 앞에/오색 꽃 피어 있는/바위나리지요'라는 노래를 날마다 부르고 울기도 하며 애타게 친구를 부른다. 19세기 서양 동화의 영향으로 서사적 이야기 속에 서정적 시가 노래로 표현된다.

69) http://100.daum.net/encyclopedia

그러던 어느 날, 밤이면 남쪽 하늘에 맨 먼저 뜨는 아기별이 그 울음소리를 듣고 별나라 임금님께 다녀오겠다는 말도 하지 않고 바위나리를 찾아 내려온다. 어느덧 바위나리와 아기별은 정이 든다.

잠깐 동안만 달래 주고 돌아가려던 아기별도 바위나리가 아름답고 귀여워 이야기도 하고, 달음박질도 하고, 노래도 부르고, 숨바꼭질도 하면서 밤 가는 줄도 모르고 놀다가 새벽이 되어 하늘 문이 닫히기 전에 하늘나라로 돌아가지만 밤이 되면 또 바닷가로 내려온다.

그러던 어느 날, 바위나리는 병이 들고 아기별은 밤새 바위나리를 간호하다 그만 하늘에 올라가는 시간을 놓쳐 버린다. 하늘의 임금님은 밤마다 아기별이 나갔다 오는 것을 알고 외출 금지령을 내린다.

기다림에 지친 바위나리는 마침내 모진 바람에 바다로 휩쓸려 들어가고 밤마다 울던 아기별은 하늘에서 쫓겨나 지상으로 떨어진다. 그런데 참 이상하게도 아기별이 풍덩실 빠져 들어간 곳은, 오색꽃 바위나리가 바람에 날려 들어간 바로 그 위의 바다였다. 지금도 물이 깊으면 깊을수록 환하고 밝게 보이는 것은 한때 빛을 잃었던 아기별이 다시 빛나기 때문이다.

이 작품은 억압하는 세력이나 어른의 완고함을 하늘 왕의 폭력에 비유하여 쓴 동화로 마해송의 현실 풍자적 동화문학의 출발점이 되고 있다. 환상적 탐미성耽美性이 강한 작품으로 봉건적 가정체제에 희생되는 어린이상을 표현하고 있다.[70]

70) http://100.daum.net/encyclopedia

# 10. 강소천

강소천姜小泉(1915~1963)은 어린이의 밝고 건강한 정서를 바탕으로 시적 언어로 동화를 썼다. 본명은 용률龍律이고, 함경남도 고원高原 출신이며, 1930년에 고원보통학교, 고원공립보통학교를 거쳐 1937년에 함흥 영생고보를 마쳤다. 그는 1945년에 고원중학교, 1946년에 청진여자고급중학교, 1948년에 청진제일고급중학교 등에서 교사로 재직했다. 강소천은 6·25전쟁 때 혼자 월남하여 1951년에 문교부 편수관으로 있었고, 1952년에 「새벗」·「어린이 다이제스트」의 주간으로 있었으며, 1953년부터 1955년까지 한국문학가협회 아동문학분과 위원장, 1960년에 아동문학연구회장, 1962년에 한국문인협회 이사, 「아동문학」 편집위원을 지냈다. 그는 1959년부터 1963년 죽기 전까지 한국보육대학·이화여자대학교·연세대학교 등에서 강사로 아동문학을 강의했다.[71)]

강소천은 1931년 「아이생활」·「신소년」에 동요 「버드나무 열매」 등을 발표했고, 같은 해 동요 「민들레와 울아기」가 「조선일보」 신춘문예에 당선된 이후, 1931년에 「길가에 얼음판」·「얼굴 모르는 동무에게」·「호박꽃과 반딧불」·「봄비」, 1933년에 「닭」 등 우수한 동요·동시를 다수 발표했다.

강소천은 1937년 이후에는 동화와 소년소설을 쓰기 시작하여, 「동아일보」에 「돌멩이」·「토끼 삼형제」, 「매일신보」에 「전등불이야기」, 「조선일보」에 「마늘먹기」, 「소년」에 「딱따구리」 등의 단편과 「아이생활」에 「희성이의 두 아들」 등 장편동화를 발표했다.

강소천의 대표작 『꿈을 찍는 사진관』(1954)은 교화성 문제로 많은 논란을 겪기는 했으나, 많은 어린이 독자를 끌어들이는 데 성공했다. 그는 열렬한

---

71) http://terms.naver.com

아동애호가로, 마해송馬海松 등과 함께 「어린이헌장」을 기초, 반포하는 데도 힘썼다.

또한 그는 아동들의 독서와 글짓기 지도에 열성을 기울여 아동문예 육성에 크게 이바지했다. 1963년에 어린이소설 『어머니의 초상화』로 제2회 5월 문예상 본상을 수상한 바 있으며, 그가 49세를 일기로 타계한 뒤, 그의 공로를 기념하기 위하여 1965년 배영사培英社에서 '소천아동문학상'을 제정했다.

그의 주요 저서로는 동요동시집 『호박꽃초롱』과 동화집 『조그만 사진첩』·『진달래와 철쭉』·『꽃신』·『꿈을 찍는 사진관』·『종소리』·『무지개』·『인형의 꿈』·『꾸러기와 몽당연필』·『대답 없는 메아리』, 그리고 소년소설집에 『해바라기 피는 마을』·『꽃들의 합창』·『봄이 너를 부른다』 등이 있다. 전집으로는 『강소천아동문학전집』(전6권)·『강소천아동문학독본』 등이 있다.[72]

① 『꿈을 찍는 사진관』(1954)

어느 따뜻한 봄의 일요일, 주인공은 스케치북과 그림물감을 가지고 뒷산에 올라간다. 산에 오른 뒤 그림은 그리지 않고 주변을 둘러보던 중, 맞은편 산허리에 있는 만개한 연분홍 꽃나무 한 그루를 발견한다. 아직 살구꽃이 필 시기가 아닌데도 꽃들이 활짝 피어 있는 걸 의아하게 여긴 주인공은 곧장 그리로 달려간다. 그 나무 밑줄기에는 꿈을 찍는 사진관으로 가는 길, '동쪽으로 5리'라는 내용의 간판이 붙어 있었다. 이걸 본 주인공은 꽃나무는 금세 잊고 그 사진관을 찾아 동쪽으로 간다. 도착한 곳에는 작은 집이 있었는데, 그 집 문에는 '꿈을 찍는 사진관은 여기서 남쪽으로 5리 되는 곳으로 옮겼습니다.'라고 쓰여 있었다. 주인공이 남쪽으로 가보니, 또 집 한 채가 있었다. 그가 오길 잘했다고 들어가려는데 웬걸, 이번엔 아까와 똑같은 글에서 남을 서로 바꾼 글이 쓰여 있었다. 똥개 훈련시키냐. 투덜거리면서 주인공이 어찌어찌하여 도착한 꿈을 찍는 사진관에서 사진관 주인에게 꿈을 찍어 달라고 한다. 사진관 주인은 그에게 창문도 없는 작은 방에서 찍고 싶은 꿈에 대한 짧은 문장을 종이에 쓴 후 그것을 안고 자면 된다고 설명한다. 주인공은 어린 시절을 그리워하는

72) http://100.daum.net/encyclopedia

짧은 글을 쓴 후 잠이 들고 원하던 어린 시절의 꿈을 꾸게 된다. 잠에서 깬 후 사진관 주인에게서 꿈을 찍은 사진을 받아든 주인공은 깜짝 놀라는데, 주인공이 그리워하는 사람은 어릴 적 모습 그대로인데 주인공은 나이를 먹은 현재의 모습이 나란히 찍혀 있었기 때문이었다. 어쨌든 주인공은 감사를 표한 후 사진을 소중히 가지고 간다. 돌아가는 길에 쉬다가 잠시 사진을 꺼내 본 주인공은 또 한 번 놀라는데, 그건 사진이 아니라 주인공이 좋아하는 책 사이에 끼여 있던 책갈피였기 때문이었다.[73)]

# 11. 권정생

권정생權正生(1937~2007)은 동화작가·수필가·시인이며, 아명兒名은 권경수權慶秀이다. 그의 대표작으로는 『강아지똥』·『몽실 언니』·『사과나무밭 달님』·『하느님의 눈물』·『점득이네』·『밥데기 죽데기』·『하느님이 우리 옆집에 살고 있네요』·『한티재하늘』·『도토리 예배당 종지기 아저씨』·『무명저고리와 엄마』·『또야 너구리가 기운 바지를 입었어요』·『깜둥바가지 아줌마』 등이 있고, 시집 『어머니 사시는 그 나라에는』, 수필집 『오물덩이처럼 뒹굴면서』·『우리들의 하느님』 등이 있다. 권정생은 140편의 단편동화, 5편의 장편동화, 5편의 소년소설, 100편이 넘는 동시와 동요 외에도 80여 편의 옛이야기를 재화 혹은 재창작하고, 150여 편에 이르는 산문을 남겼다. 그의 주요 거주지는 경상북도 안동시 일직면 조탑리였다.[74)]

---

73) https://namu.wiki
74) https://ko.wikipedia.org

1937년에 권정생은 일본 도쿄 시부야에서 가난한 노동자의 아들로 태어났다. 그는 해방 후 경상북도 청송으로 귀국했다. 가난 때문에 재봉틀 상회 점원, 나무 장수, 고구마 장수 등을 하며 객지를 떠돌던 그는 1957년에 경상북도 안동군 일직면 조탑리에 들어왔다. 이후 그는 25세 때에 지병인 결핵 때문에 집을 나갔다가, 1966년에 다시 정착하여 1982년까지 마을 교회 종지기로 살았다. 순수한 그는 마을 사람 누구나 좋아했으며, 교회학교 교사를 하면서 아이들에게 직접 창작동화를 구연하기도 했다. 권정생은 동화작가로서 많은 인세를 받아 왔지만, 1983년 이후 직접 지은 5평짜리 오두막집에서 강아지와 둘이서 사는 검소한 삶을 실천하며 살다가 2007년 5월 17일 지병이었던 결핵과 신부전증이 합병증으로 악화되어 대구가톨릭대학교병원에서 71세의 나이로 사망했다. 권정생은 믿음을 바탕으로 자연과 생명, 어린이와 이웃 그리고 무고하게 고난 받는 이들에 대한 사랑을 동화작품의 주요 주제로 다뤘다.

권정생의 동화는 대체로 가난하고 소외된 것들에 대한 사랑을 아름답게 표현한 것으로 평가된다. 특히 처마 밑의 강아지 똥을 보고 썼다는 『강아지똥』과 절름발이 소녀의 꿋꿋한 이야기를 담은 『몽실 언니』는 무시당하고 상처받은 소외된 주인공들의 모습을 잘 그려 내어 베스트셀러가 되기도 했다.

권정생 동화 『강아지똥』은 닭과 진흙에게 무시를 당하고 스스로를 하찮게 여기던 강아지똥이 민들레의 거름이 되어 자신의 소중함을 깨닫는 내용으로 많은 이들에게 감동을 주었으며, 현재 중학교 1학년의 국어교과서에도 실려 있다.

그의 장편동화 『몽실 언니』는 전쟁과 가난에 허덕이지만 꿋꿋이 버텨 내는 한 절름발이 소녀의 감동적인 이야기로, 1990년에 MBC에서 드라마로도 방영되어 큰 인기를 끌었다.

권정생 동화 『황소아저씨』는 황소 아저씨가 엄마가 없는 생쥐 남매들에게 여물을 먹이고, 자신의 따뜻한 품에서 잘 수 있게 해 주었다는 이야기로서, 이야기는 짧지만 동물을 사랑하는 작가의 따뜻한 마음이 잘 드러나는 작품이다.

그는 1969년에 제1회 기독교 아동문학상을, 1975년에는 제1회 한국아동문학상을, 1995년에는 제22회 새싹문학상을 수상했다.

권정생은 세상을 뜨기 전, "인세는 어린이로 인해 생긴 것이니 그들에게 돌려줘야 한다. 굶주린 북녘 어린이들을 위해 쓰고 여력이 되면 아시아와 아프리카의 굶주린 아이들을 위해서도 써 달라. 남북한이 서로 미워하거나 싸우지 말고 통일을 이뤄 잘 살았으면 좋겠다."는 내용의 유서를 남겼다. 또한 그는 자신의 집터를 허물어 다시 자연으로 돌려달라고 부탁했다고 한다.[75]

① 『강아지똥』

『강아지똥』은 1969년에 권정생이 쓴 창작동화이다. 『강아지똥』은 같은 해 월간 「기독교교육」에서 '제1회 아동문학상'을 받았다. 이 동화는 1975년 동화책으로 발간되었으며, 2003년에 애니메이션 제작사인 ㈜아이타스카 스튜디오에서 권오성 감독에 의해 '클레이애니메이션'으로 제작되었다.

돌이네 강아지가 골목길에 똥을 누고 간다. 강아지똥은 똥이라며 더럽다고 피하는 참새와 어미닭을 만나 슬퍼하지만 흙이 격려해 주고, 겨울이 지나 봄을 맞는다. 봄비가 내리더니 파란 민들레 싹이 자라났고, 민들레는 강아지똥에게 거름이 필요하다고 말한다. 강아지똥은 오히려 자기가 도움이 될 수 있다는 것을 기뻐하고 몸을 쪼개어 거름이 된다. 강아지똥의 눈물겨운 희생으로 민들레는 아름다운 하나의 꽃을 피운다. 민들레꽃은 강아지똥의 눈물겨운 희생을 꽃 속에 담아 더욱 노랗게 피어난다.

권정생의 등단작이며, 작가가 가정 형편과 신병을 비관하던 중에 쓴 동화이다. 이 동화는 '세상의 모든 물건들은 저마다 쓸모가 있다'는 작가의 기독교적 세계관에서 탄생했다. 작가는 온갖 물상들로부터 소외당하는 강아지똥을 푸근한 사랑으로 포용하는 민들레의 말과 행동을 통해서 세상의 생명이 만들어지는 원리를 말하고, 생명이란 상생의 미학적 결정이란 것을 전하고 있다. 작가의 감각적 단문은 불필요한 수사를 생략하여 독자의 감동을 이끌어 낸다. 동화의 저변에 장치된 사랑은 작가의 고유 메시지로, 그의 작품에서 일관되게 흐르는 기본 정조이다.[76]

---

75) https://ko.wikipedia.org

76) http://100.daum.net/encyclopedia

# 나오는 말

동화를 문학사적으로 정리해 보니 동화는 시 · 소설 · 드라마와 어깨를 나란히 하는 문학 장르임이 확실해졌다. 태초에 동화가 있었고 시대가 변함에 따라 동화의 내용과 범위도 변했으며 또 다른 새로운 장르를 탄생시키는 단초가 되었다. 전래동화의 "옛날 옛날에 한 나무꾼이 살았어요."로 시작되는 '옛날'이 바로 '태초'를 말하니 말이다. 그렇게 태초에 우주 삼라만상이 만들어진 이야기가 동화이고, 인류의 원시시대 이야기가 동화이며, 고대부터 현재를 넘어 미래까지 동화는 영원한 이야기로 자리매김할 것이다.

고대부터 오늘날까지 동화문학의 거장들의 생애와 문학세계 그리고 대표적인 작품을 개론적으로 훑어봄으로써 동화를 연구하는 독자들에게 어떤 동화작가와 작품들을 연구대상으로 할 것인가 하는 방향과 목표를 선택하게 하는데 저술의 의미가 있다고 하겠다.

끝으로 서양보다 약 100년이 뒤처진 우리나라의 아동문학 시장에서 동화에 대한 문학사적 고찰을 제시함으로써 새로운 세기에는 한국이 동화문학 연구의 중심지로 우뚝 서기를 기대한다. 아울러 인문학의 새로운 패러다임이 동화를 미디어 · 콘텐츠화化하는 점임을 부언하면서 글을 마무리한다.

# 참고문헌

Apel, Friedmar, *Die Zaubergärten der Phantasie. Zur Theorie und Geschichte des Kunstmärchens*, Heidelberg: Carl Winter Universitätsverlag, 1978.

Beit, Hedwig von, *Symbolik des Märchens. Versuch einer Deutung*, 2. Aufl., Bern: Francke Verlag, 1960.

Brüder Grimm, *Kinder- und Hausmärchen*, Wissenschaftliche Buchgesellschaft Darmstadt, 1978.

Dolle, Bernd(Hrsg.), *Es wird einmal... Soziale Märchen der Zwanziger Jahre*, München: Weismann Verlag, 1983.

Geerken, Hartmut(Hrsg.), *Die goldene Bombe. Expressionistische Märchendichtungen und Grotesken*, Darmstadt: Agora, 1970.

*Goethes Werke*, Bd. 2, 10. Aufl., München: Verlag C. H. Beck, 1976.

*Ders.*, Bd. 12, 10. Aufl., München: Verlag C. H. Beck, 1982.

Jolles, André, *Einfache Form*, 5. Aufl., Tübingen: Max Niemeyer Verlag, 1974.

Karlinger, Felix, *Grundzüge einer Geschichte des Märchens im deutschen Sprachraum*, Darmstadt: Wissenschaftliche Buchgesellschaft, 1983.

Lee, Song Hoon, *Die Dualismusprobleme bei Hugo von Hofmannsthal,* Diss. Bielefeld, 1992.

Lüthi, Max, *Das europäische Volksmärchen*, 5. Aufl., München: Francke Verlag, 1976.

______, *Die Gabe im Märchen und in der Sage*, Zürich, 1943.

______, *Es war einmal, Vandenhoeck & Ruprecht in Göttingen*, 3. Aufl., 1968.

______, *Das Volksmärchen als Dichtung und als Aussage*, in: *Wege der Märchenforschung*, Hrsg. von F. Karlinger, Darmstadt: Wissenschaftliche Buchgesellschaft, 1985.

Novalis, *Schriften* (1. Bd.), Hrsg. von Paul Kluckhohn und Richard Samuel, Stuttgart: W. Kohlhammer Verlag, 1960.

_____, *Fragmente*, Hrsg. von Ernst Kamnitzer, Dresden: Wolfgang Jess Verlag, 1929.

_____, *Fragmente II*, Hrsg. von Ewald Wasmuth, Heidelberg: Verlag Lambert Schneider, 1957.

Obenauer, Karl Justus, *Das Märchen*, Frankfurt am Main: Vittorio Klostermann, 1959.

Poser, Therese, *Das Volksmärchen*, München: R. Oldenbourg Verlag, 1980.

Propp, Vladimir, *Morphologie des Märchens*, Hrsg. von Karl Eimermacher, München: Suhrkamp, 1975.

Schneeberger, Irmgard, *Das Kunstmärchen in der ersten Hälfte des 20. Jahrhunderts*, Diss. München, 1960.

Szerb, Antal, *Geschichte der Weltliteratur*, Schwabe, 2016.

Tismar, Jens, *Kunstmärchen*, Stuttgart: J. B. Metzlersche Verlagsbuchhandlung, 1977.

_____, *Das deutsche Kunstmärchen des zwanzigsten Jahrhunderts*, Stuttgart: J. B. Metzlersche Verlagsbuchhandlung, 1981.

Wellek, Albert, *Die Polarität im Aufbau des Charakters*, 3. Aufl., Bern und München: Francke Verlag, 1966.

Wesselski, Albert, *Versuch einer Theorie des Märchens*, Verlag Dr. H. A. Gerstenberg Hildesheim, 1974.

Wilpert, Gero von, *Sachwörterbuch der Literatur*, 5. Aufl., Stuttgart: Alfred Kröner Verlag, 1969.

Wolfersdorf, Peter, *Märchen und Sage in Forschung*, Schule und Jugendflege, Waisenhaus-Buchdruckerei und Verlag Braunschweig, 1958.

고정욱, 『방정환』, 산하, 2009.

권정생 외 4인, 『똘배가 보고 온 달나라』, 창작과비평사, 1983.

김열규 옮김, 『어른을 위한 그림형제동화전집』, 현대지성사, 2010.

김종회 · 김용희 편, 『강소천』, 새미, 2015.

마해송, 『사슴과 사냥개』, 창작과비평사, 1981.

박윤규, 『태초에 동화가 있었다』, 현암사, 2006.

손동인, 『한국전래동화연구』, 정음문화사, 1984.

스티븐슨 저, 신충행 역, 『지킬 박사와 하이드 씨』, 계림, 2005.

沈宜麟, 『朝鮮童話大集』, 漢城圖書, 1926.

엄혜숙, 『권정생의 문학과 사상』, 소명출판, 2017.

에디스 해밀턴 저, 서미석 옮김, 『그리스 로마 신화』, 현대지성, 2017.

윤후남 옮김, 『어른을 위한 안데르센동화전집』, 현대지성사, 2004.

이상현, 『한국 아동 문학론』, 동화출판공사, 1976
이성훈, 『동화의 이해』, 건국대학교출판부, 2003.
_____, 『그림동화－동창미인 그림형제』, 건국대학교출판부, 2011.
_____, 『동화론』, 건국대학교출판부, 2014.
_____, 『아동교육매체로서 동화』, 건국대학교출판부, 2014.
_____, 『동화치료』, 건국대학교출판부, 2014.
_____, 『동화창작』, 건국대학교출판부, 2014.
_____, 『동화힐링』, 건국대학교출판부, 2015.
이재철, 『한국현대아동문학사』, 일지사, 1978.
_____, 『남북아동문학연구』, 박이정, 2007.
조동일, 『세계문학사의 전개』, 지식산업사, 2002.
조철제, 『독일문학사』, 경북대학교출판부, 1990.
필립 아리에스 저, 문지영 옮김, 『아동의 탄생』, 새물결, 2003.
홍창의 옮김, 『이솝우화』, 하서출판사, 1999.

www.daum.net
www.naver.com
www.google.co.kr

# 찾아보기

(ㄴ)



(ㄷ)

(ㄹ)

(ㅂ)

(ㅅ)

(ㅇ)